费孝通精选集

费孝通论
文化艺术与美好生活建设

费孝通 著
方李莉 编

商务印书馆
The Commercial Press

图书在版编目(CIP)数据

费孝通论文化艺术与美好生活建设/费孝通著;方李莉编.—北京:商务印书馆,2021
ISBN 978-7-100-20147-6

Ⅰ.①费… Ⅱ.①费…②方… Ⅲ.①文化艺术—研究—中国 Ⅳ.①G0

中国版本图书馆 CIP 数据核字(2021)第 146661 号

权利保留,侵权必究。

费孝通精选集
费孝通论文化艺术与美好生活建设
费孝通 著
方李莉 编

商 务 印 书 馆 出 版
(北京王府井大街36号 邮政编码100710)
商 务 印 书 馆 发 行
北 京 冠 中 印 刷 厂 印 刷
ISBN 978-7-100-20147-6

2021年12月第1版　　　开本 880×1230　1/32
2021年12月北京第1次印刷　印张 10⅛
定价:58.00元

目 录

导读 ··· 方李莉 i

第一编　文化与艺术

更高层次的文化走向 ··· 3
文化的传统与创造 ··· 10
走到民众中去 ··· 24

第二编　工业文明与全球化

工业文明进程中的思考 ··· 35
全球一体化发展中所遭遇的文化困境 ··································· 50

第三编　人文资源与文化发展

有关开发西部的人文资源的思考 ······································· 73
九访兰州　两次讲话 ··· 83
西部开发中的人文思考 ··· 101
关于西部人文资源研究的对话
　　——费孝通先生对"西部人文资源的保护、
　　开发和利用"课题的指导 ··· 110

目 录

经济全球化和中国"三级两跳"中的文化思考
　　——在"经济全球化与中华文化走向"
　　　国际学术研讨会上的讲话 ········· 127

附 录

我的早年生活
　　——费孝通访谈录 ················ 143
补课札记
　　——重温派克社会学 ·············· 153

费孝通先生大事年表（1910—2005） ········ 262
后　记 ····························· 293

导　读

方李莉

本册精选集里的文章大多是以对话和讲话的形式发表的，而且内容也比较少。这主要有两个原因：第一是时间短，只有六七年的时间，是费孝通先生生命最后几年的思考；第二，费先生已到暮年，觉得讲话比写作容易。虽然这一部分的内容比前面少，但非常重要，这些文章基本是发表于1997年到2004年，即费先生生病住院前，代表费孝通先生生命最后的关注点。本册精选集分"文化与艺术""工业文明与全球化""人文资源与文化发展""附录"四个部分。因为这本集子是"费孝通精选集"的最后一本，为了让大家更进一步了解费孝通，本集子还附有费孝通大事年表。

一、从心态到情态的研究

费孝通先生的研究主要是来自于对社会实践的观察，因此，其始终是随着社会的发展而发展，随着社会的变化而变化。晚年面对全球化各不同的民族国家文化的日益密切联系，他从关心人的生态问题到开始关心人的心态问题。他说，生态是关心人的共存问题，而心态则是关心人的共荣问题，共存考虑的是基本生存问题，而共荣则上升到了人类精神和情感的相通问题，这是人类相互理解的更高层次的追求。而有关心态的关系及其变化由谁来研究？费孝通先生认为在人类学和社会学领域中有关这一问题的研究还未真正提及，但他看到文艺界正在接触这个问题。正因为如此，到了暮年他开始关注到文艺界的许多现象，这样的关心，让他从心态的研究开始转入对人的情感包括人的精神世界的关心。

他说，在"生物"中，人最重要的特殊性就是人有一种"精神世界"，这是其他生物可能没有的，至少在我们的认知范围内还没有确切的发现。[①]"精神世界"作为一种人类特有的东西，在纷繁复杂的社会现象中具有某种决定性作用；忽视了精神世界这个重要的因素，我们就无法真正理解人、人的生活、人的思想、人的感受，也就无法理解社会的存在和运行。他到晚年关心这样的问题，一方面与他关心在全球化中不同文化价值观的人如何做到心心相通有关，另一方面也与当时中国经济发展的变化有极大关系。

他早年关心的是中国的贫困问题，所以他说自己一生的学术目标就是"志在富民"。但到人类社会开始进入2000年的时候，中国人逐步摆脱贫困，进入了经济发展的快速期。于是费孝通先生提出了一个新的问题，就是富了以后怎么办[②]？他说，人是不会仅仅满足于吃饱穿暖的，他还要求安居乐业。这个"安乐"就是一个更高层次的追求，这个追求是要有物质基础的，没有物质

[①]《试谈扩展社会学的传统界限》，载《费孝通论文化自觉与学科建设》，第345页。

[②]《更高层次的文化走向》，载《费孝通论文化艺术与美好生活建设》，第7页。

基础是接触不到这个层次的。最高层次的文化就是艺术家所要探索的艺术。[①]也就是说,他从对人类心态的变化关注到了对人类精神层面的研究,同时又开始关注到人类吃饱穿暖以后应该有更高的文化追求问题,这两个方向对准的目标都是有关艺术的探讨。这成为了费先生最后几年的一个关注焦点,他说他的老师是不讲这些的。因为在那个年代人们还只是停留在人的基本需求的层面。但是他认为,作为我们这一代人必须要思考这一问题。这个问题涉及的是实用与精神,技术与艺术。

他说,技指的是做得准确不准确、合适不合适;艺就不仅如此,还要讲神韵。神韵是一种风度、一种神气。这些都不是具体的、物质的东西。平时我们讲精神文明,精神文明里还可以分成两层,一层是人的基本感觉,比如痛、痒;再高一层是人的气质,这里浓缩了人的思想、感受。这种思想、感受在一个美的状态里释放出来。接受这种释放是不容易的,往往只有艺术家才能做到。如果我们每个人都朝着这个方向去努力,朝艺术的境界靠近,这个世界就不同了。[②]即使现在看来他的思想也非常超前,因为到目前为止也很少有人提到将人类社会带到一个追求美的境界,建立一个美的世界的想法。针对此问题,他进一步说道,人类的文化不能仅仅囿于实用,人的需求是要超越它、要出点格。打个比方:人们吃饭,不能只讲求营养、讲求对身体有没有好处,还要追求味道,就是我们中国人说的"鲜不鲜"。这个味道是烹饪里高层

[①]《更高层次的文化走向》,载《费孝通论文化艺术与美好生活建设》,第7页。

[②]同上。

次的追求,就像艺术是生活里更高层次的追求一样。① 这个"味""鲜"不仅是舌头上的一个刺激,一个物质上的刺激,还是一种感觉,这种感觉有时是难以用语言表达出来的。也就是说吃得饱不吃饱和鲜不鲜是两个层次的问题。他在这里探讨的感觉问题,相比起他对心态的研究,又高了一个层次。在这个层次里很多问题是看不见摸不着,因为感觉是在有无之间、虚实之间,在这种"有无""虚实"的感觉中,文化达到了一个新的高度,也就是艺术的一个高度。② 费孝通还提到,当前我们的文化面临着挑战,也就是两种不同性质的文化走向。一种是重视自然世界,追求物质性、准确性;另一种是重视人文世界,追求精神性。③

他认为,这是两种不同的世界观,不同的文化导向。④ 前一种是西方哲学导向,而后一种则是东方哲学导向,在这方面中国人思考得比西方人更多。他说,中国人讲艺,是孔子讲的六艺,不是技术,艺同技是不同的。游于艺是孔子追求的最高境界。⑤ 也就是说,即使在中国的传统手工业里不仅是包含了技术也包含了艺术,所以中国的传统生活里是具有艺术成分的,而美好的生活里面需要有艺术。在工业文明占主导时,人们更多关注的是物质生活上的优势,而较少关注生活和人的行为里所包含的艺术成分,即艺术化的生活方式。他的这一思考实际早在20世纪三四十年代就有所表露,当时他就谈到,西方文明关注物质发展,在这方面

---

① 《更高层次的文化走向》,载《费孝通论文化艺术与美好生活建设》,第6页。
② 同上。
③ 同上书,第8页。
④ 同上。
⑤ 同上书,第6页。

取得了很高的成就，但却忽视了处理人与人之间的关系，而中国的文化虽然在物质生产方面敌不过西方，但在人与人相处的关系上有自己的特长。尤其中国是一种早熟的文化，在文艺的发展方面很早就透出了自己的优势，古代中国文人阶层所追求的和所实践的就是一种艺术化的生活方式。所以，如果人类社会要再次转型，需要一次新的文艺复兴时，中国文化将会大有作为。

当然，他在讨论这个问题的时候并未忽视西方文化的贡献，他认为，艺术的发展是要有雄厚的物质基础和科学技术做基础的，两者要结合好。如何结合就是我们要下工夫探讨的课题。① 为此，他对中国文艺界的工作者们充满期待，2001年他到中国艺术研究院做讲座时说："我们的艺术家同志们要有一个荣幸，就是今后的世界不是一个完全靠科学技术的世界，而是要用科学技术来促进我们的文艺发展，让人类的社会朝一个精神和物质两方面都得到共同发展的方向前进。"在这样的时代背景中，他希望艺术家们能把中国丰富的艺术资源发展出来、开辟出来，贡献给全世界。

二、有关"活历史"的思考

费孝通晚年一方面关注从人类学的角度去看待人类的艺术现象，同时也很关注如何从历史的角度来认识中国的文化现象，包括艺术现象。也因为如此，这本集子里收入了他的一些关于这方

---

① 《更高层次的文化走向》，载《费孝通论文化艺术与美好生活建设》，第8页。

面思考的讲话和文章,这些讲话和文章对中国的艺术人类学的学科建构非常有启发,尤其是在如何历史性地看待中国民间艺术方面,他是有所贡献的。

费孝通是马林诺斯基的学生,也是其功能主义思想的继承者。但和马林诺斯基不一样的地方是,他在研究中加上了历史的维度,提出了"三维直线的时间序列(昔、今、后)融成了多维的一刻"①,提出了"要了解一种文化就是要从了解它的历史开始"②,"这种文化的根是不会走的,它是一段一段地发展过来的"③的看法。而且他和马林诺斯基还有一点不同的地方,马林诺斯基研究的是遥远他乡的"异文化",其与他所研究的对象没有任何情感关系,是为研究而做的研究。而费孝通先生则不一样,他是在自己的本土家乡所做的研究,对他的研究对象充满责任与情感,因此,他是为了解决自身国家社会的实际问题所作的学问。另外,马林诺斯基研究的原始部落是无文字、无法寻求历史脉络的研究对象,但费孝通面对的中华民族是一个具有几千年历史的巨大文明体。

他认为,面对具有漫长历史的中国社会做学问,仅仅研究它的现状是不行的,必须关注其历史和传统。所以,他说:"我们的学问是要从历史里面出来的,也就是要从旧的里面长出新的东西来。"他认为"创造不能没有传统,没有传统就没有了生命的基础;同样,传统也不能没有创造,因为传统失去了创造是要死

---

① 《从马林诺斯基老师学习文化论的体会》,载《费孝通论文化自觉与学科建设》,第189页。
② 《文化的传统与创造》,载《费孝通论文化艺术与美好生活建设》,第17页。
③ 同上。

的"①。因此,他关心历史,关心传统也是在关心当下和未来;他关心学问,也是在关心学问将如何可以更好地研究中国社会,更好地为人类创造新的生活而服务。

将他的这些思考转化到中国民间艺术的研究中极富学术意义。费孝通先生到晚年阅读过一些有关民间艺术研究的论文和著作,他对中国艺术研究院音研所的原所长乔建中先生所著的《土地与歌》这本书很感兴趣。他到中国艺术研究院做讲座时指出:乔建中先生记录的"是民间的一个大矿场"②。他让大家不要忘记"这是我们国家花了几千年积累下来的歌唱的天地,音乐的天地"③。费孝通先生特别赞赏的是,乔建中先生不仅是在故纸堆里研究历史,还不断到田野中去做调查,然后把调查来的材料与从书本上学到的知识做对比,并讲出其中的道理,他认为这就是研究艺术人类学应该走的道路。

他对编者当时的博士后出站报告《传统与变迁——景德镇新旧民窑业田野考察》很感兴趣,就是因为笔者在研究中,把景德镇陶瓷手工艺作坊复兴的"前因后果都分析了出来"④,他认为"这很有意义,也很有价值"⑤。

他的这些观点发表后,影响到了许多的艺术人类学者,促使他们一方面关注传统在现代社会的复兴问题,另一方面在实地考察的过程中,不仅立足于现实的状况,还注意挖掘历史,找到艺

---

① 《文化的传统与创造》,载《费孝通论文化艺术与美好生活建设》,第18页。
② 《有关开发西部的人文资源的思考》,载《费孝通论文化艺术与美好生活建设》,第78页。
③ 同上。
④ 《文化的传统与创造》,载《费孝通论文化艺术与美好生活建设》,第12页。
⑤ 同上。

术现象发生的前因后果。这也形成了中国艺术人类学本土理论特色的一部分。

三、有关人文资源概念的提出

在这本集子里，费孝通先生提出了与自然资源相对应的人文资源的重要概念。他提出的不是文化资源而是人文资源，那是因为他更想强调这一资源的产生是由于人的活动的结果，把人的行为和人的创造性放到了第一位。这一概念深刻地影响了中国学术界的发展，并由此促使了中国艺术人类学这支学术队伍的成长与壮大。在晚年，他的学术视野从早年的"志在富民"，即主要解决中国的贫困问题，开始转移到"富了以后怎么办"，即主要解决文化中的心态和心理情感问题，这导致他看问题的角度有所改变。

费孝通先生提出这一概念的背景是：2000年当国家发出西部大开发的号召时，他开始用新的眼光来审视他所熟悉的西部少数民族地区。费孝通先生从20世纪50年代开始进入少数民族研究，可以说是走遍了中国的西部少数民族地区，去帮助他们搞建设，解决他们所面临的温饱问题。他说，"我以前只看到西部贫困的一方面，却没有看到它富有的一方面，没有看到它具有那么多丰富的文化艺术遗产，那么多还存活的和还在发展的各民族丰富的文化艺术活动。"[①] 在经济落后时期，人们不大可能会认为

---

① 《九访兰州 两次讲话》，载《费孝通论文化艺术与美好生活建设》，第83页。

人文活动留下的遗迹和传统是一种资源，但这是一个非常重要的我们以前没有关注到的领域。费孝通先生为人文资源下了一个定义：所谓的人文资源就是人工的制品，包括人类活动所产生的物质产品和精神产品，它和自然资源一样，只是自然资源是天然的，而人文资源却是人工制造的，是人类从最早的文明一点一点地积累、延续和建造起来的，它是人类的文化、人类的历史、人类的艺术，是我们老祖宗留给我们的财富。①这个定义里包含了两个部分：一部分是物质产品，一部分是精神产品，但都是人类活动和创造的结果，故称之为人文资源。这里面的物质产品就是古文物，很早人们就确定了其价值，但里面的精神产品部分人们到很晚，也就是2003年联合国教科文组织通过了非物质文化遗产保护的公约以后，人们才开始有这个意识。但即使有这个意识，大多数人还是只把它看成是过去的需要保护的遗产，并没意识到其是社会未来发展的文化基础和可以开发和利用的一笔财富，也就是促进社会发展的资源，就像自然资源一样是可以从经济上造福于社会的。

费孝通在当时之所以有这样的认识，是因为他看到了当时社会的变化和经济的发展引发了人们思想和价值体系的变化。而且，他认为，人对各种资源的认识是逐步的，"现在我们对自然资源已经了解了不少，逐步地明白了有天然气、石油、太阳能、核能等等，这也是一步一步的自觉嘛。对人文的资源也是一样，要有意识地去理解，去知道、去逐步明白，要把我们以前不知道的资源

---

① 《九访兰州 两次讲话》，载《费孝通论文化艺术与美好生活建设》，第86页。

逐步挖掘出来,要知道我们自己究竟有多少财产。"①

2001年编者跟随费孝通先生到甘肃兰州考察,费孝通在当时召开的一个会议上发言说:我这是第九次到兰州来,才第一次讲到了人文资源的问题,这实际上也是一个事物发展的必然性,这意味着人们的思想感情已经开始产生变化了,也就是说当物质发展到一定地步以后,人们就要开始重视精神了。②在这次讲话中,他指出,在经济发展的过程中我们不要丢掉了对人文资源这一领域的保护、研究和整理。③他认为,在有关人文资源的认识方面中国是有所落后的。他说:"我记得还是在我读中学的时候,中国的一批科学家和外国的一批科学家组织了一个考察团,到西北考察,他们在那里不但发现了许多的自然资源,也发现了许多的人文资源。也就是通过这次考察,发现了敦煌、丝绸之路上的一系列的古代文物和古代艺术,这些都是在西北蕴藏的丰富的人文资源。"④费孝通先生接着说,"那时候的中国由于贫穷落后,没有意识到这些人文资源的重要性。但是外国人重视它,到这里来考察,还偷走和抢走了我们的许多珍贵文物。首先是我们不懂得自己的家产值钱,不知道自己有这么珍贵的财源,没有认识它嘛"⑤。今天不认

---

① 《西部开发中的人文思考》,载《费孝通论文化艺术与美好生活建设》,第108页。
② 《九访兰州 两次讲话》,载《费孝通论文化艺术与美好生活建设》,第86页。
③ 同上书,第94页。
④ 《有关开发西部的人文资源的思考》,载《费孝通论文化艺术与美好生活建设》,第77页。
⑤ 《九访兰州 两次讲话》,载《费孝通论文化艺术与美好生活建设》,第84页。

识文物的时代,在中国已经过去了,但我们对还留存在西部民间社会的那些文化形式,包括传统的歌舞、手工艺等民间艺术就认识清楚了吗?

正因为如此,他出了一个"西部人文资源保护开发和利用"的题目,让编者的单位中国艺术研究院牵头,他担任学术指导,编者担任课题组组长并帮助他组织学者和拟定研究大纲,最后课题申报成功。他亲自到中国艺术研究院做有关西部开发中的人文思考的学术报告,他说,在西部地区的这一广阔的时间和空间里,产生过很多不同的民族、不同的优秀人物,他们共同创造了一个文化的、人文的资源在里边。之所以称之为资源,就是其不仅是可以保护的,而且,还是可以开发和利用的,是可以在新的历史条件下有所发展、有所作为的。[①]他还说,经济的发展只能解决我们生存的基本问题,但如何才能生存得更好,更有价值,使自我价值的发挥得到更宽阔的拓展,并从中发展出一种新的人文精神,是需要在原有的人文资源的基础上,用文化和艺术的再发展来解决的。[②]为了做好这一课题,他带领编者到西部的重要城市西安和兰州做考察,同时组织当地的学者加入我们的研究队伍。在考察的路上,他告诉编者说,中国传统的文人,大多是坐在书斋里看书的,不会深入到下面去考察,不会到活生生的社会生活中去体验,去了解事物真正的本来面目,所以对书斋以外的许多事情都不太了解。今后我们要改变一下我们传统的做学问的方式,要

---

① 《西部开发中的人文思考》,载《费孝通论文化艺术与美好生活建设》,第103页。

② 《关于西部人文资源研究的对话》,载《费孝通论文化艺术与美好生活建设》,第110页。

提倡真正地深入到生活中去,到广大的农村中去,在这些地方我们可以发现很多的好东西。①按照他的要求,课题组织了十个子课题组在西部不同的地方做实地考察和收集资料。他说,我们不应该忘记,科学的起源是来自第一手的观察,它是生根在技能里的,只有依靠用实验的和有系统的方法去发展一些已有成就的技能,科学才能扩展。其实社会科学也一样,也需要到生活中去掌握第一手资料。②

有许多的人文资源是以传统文化习俗及民间艺术的形式来体现的,所以课题组成员除来自人类学、民族学、民俗学、考古学外,还有来自各艺术门类的学者,如音乐、美术、舞蹈、戏曲等。面对这些学者,费孝通先生说,"如何在艺术学的基础上广泛地吸取社会学、人类学、民俗学、历史学的研究方法,变传统的单项个别研究为整体的全面研究,在学术上进行跨学科、多学科的交叉研究及理论总结,这是你们今天要做的事情"③。"这和单纯的艺术史不一样,单纯的艺术史谈的只是艺术本身的变化,这里要谈到的是社会和历史的发展对艺术的影响,我认为在这一方面我们的研究还是很薄弱的。"④在以往的中国民间艺术的领域中虽然也提倡实地考察,但很少有机会得到像费孝通先生这样的人类学家的专门指导,在这一研究的过程中,费孝通先生通过做讲座,以及与编者对话,然后将录音整理出来、供大家阅读等方式,启发

---

① 《九访兰州 两次讲话》,载《费孝通论文化艺术与美好生活建设》,第88页。
② 《工业文明进程中的思考》,载《费孝通论文化艺术与美好生活建设》,第37页。
③ 《西部开发中的人文思考》,载《费孝通论文化艺术与美好生活建设》,第106页。
④ 同上。

了不少的文化艺术学界的学者。

在研究的过程中,他告诫我们说,围绕着西部的文化变迁和人文资源的保护、开发和利用这个主题,来提出问题,然后通过考察来认识问题和回答问题,这种做法是可行的。这种从实践中得来的认识往往比从书本上得来的认识具体得多、充实得多。因为它不是从概念中推论出来的,更不是凭主观中臆想出来的,所以只要能自觉地、不留情面地把考察中一切不符合实际的成分筛选掉,它就会成为西部文化艺术变迁的历史轨迹的真实记录,即使过了几十年甚至几百年,当人们来翻看它时,仍然具有价值。[①] 每次课题组到西部考察所形成的阶段性成果,编者都会带过去向他汇报,听完后,他说,每一次的实地调查都会给我们带来许多意想不到的收获,甚至是一种认识论的提高和一种新的理论体系的初步形成。[②] 也就是在费孝通先生的这些讲话的鼓励下,课题组成员们从2001年到2008年在西部做了前后八年的考察,完成了70多个案例的研究,编辑成了一套12本的西部人文资源丛书,完成了总报告书《从遗产到资源——西部人文资源研究丛书》。在这期间为了建立人文资源环境基础数据库,课题组还收集了大量的地方文献,拍摄了大量的视频、音响、图片资料。这些资料后来被纳入到国家非物质文化遗产的保护工程中,为中国非物质文化遗产的资料收集做出了贡献。

费孝通先生没有等到课题结束就去世了,但他指导的这一课题和留下的这些讲话,却在中国引发了一个学科的发展,这就是

[①] 《关于西部人文资源研究的对话》,载《费孝通论文化艺术与美好生活建设》,第120页。

[②] 同上。

中国艺术人类学的发展。就是在当年西部课题的基础上，中国逐渐发展和扩张出了一支强有力的研究队伍，并在费孝通先生的支持下成立国家一级学会——中国艺术人类学学会。这支队伍为国家的非物质文化遗产保护的研究、振兴传统工艺、文化产业发展、乡村振兴等重大战略，提供了许多重要的具有决策意义的研究。

四、以艺术作为桥梁参与全球化建构

一位英国学者在《中东两千年》里，为读者描绘了一个非常有意思的场景：一位欧洲人和一位中东的阿拉伯人穿着西装在咖啡厅喝咖啡。对于欧洲人来讲这很平常，因为穿西装喝咖啡是从他们自己的传统延续下来的习惯，但对于中东人来讲，传统喝咖啡的场合应该是穿着长袍裹着头巾，穿西装并不是他们的传统。但为了顺应潮流，在中东地区城市里的男人在正式场合基本上都穿西装了，不仅是中东，在中国也一样。也就是说，全世界都在面临一个西方化的问题。服饰可以改变，但文化观念也就是信仰可以随便改变吗？对此，信仰佛教和儒家文化的东亚人，也许心态比较宽容，但信仰伊斯兰教的中东人就不一样，因此，文明的冲突从未停止，尤其是中东与美国、欧洲长期争端不断。费孝通晚年一直思考和关注如何处理和化解这些矛盾。

2000年，针对全球化带来的文化多样性受到破坏的挑战，编者完成了一篇《文化生态失衡问题的提出》的文章，向费孝通先生请教。这本精选集收录了费孝通先生与编者讨论这篇文章的对话录，题目为《全球一体化发展中所遭遇的文化困境》，在这篇对话里，费孝通谈到了如何通过艺术来达到不同文化的相互欣赏并化解隔阂的问题。

他说："你（在文章中）触摸到了一个人类目前遇到的最根本的、最重大的问题。"① 这个问题是"世界一体化的市场经济，需要一个大家共同遵守的文化规则和社会秩序，甚至要有共同的语言，共同的行为准则。这就不得不动摇各地方的本土文化所赖以生存的根基，文化的非地域化似乎是一个趋势"②。这种趋势就是全球不同文化要共同生活在一个统一的文化环境中，这是一件很困难但又是不能不面对的问题。在这里有三个值得讨论的问题：第一，西方人造出了一个人工的物质环境和文化环境，但自己也还不适应；第二，在当今的世界上，还有很多落后的国家没有参与创造这个环境；第三，一方面许多传统的国家需要适应由西方人建造的现代社会，另一方面西方社会也要面临如何与这些发展中国家的文化发展相互协调。费先生当年讲的这三个问题的矛盾，在当下已经越来越尖锐地凸现出来了，中东的伊斯兰国家与美国、欧洲的矛盾，俄罗斯、中国与美国之间的矛盾，包括目前产生的中美贸易问题等等，都是因为这三方面的矛盾没有能得到很好的解决。

费孝通得出的结论是，现在很多人都希望用传统的多元化文化来对抗现代的一体化文化，但这种对抗最终是会失败的。③ 因此，各民族都要面临一个文化自觉的问题，也就是如何去认识每个民

---

① 《全球一体化发展中所遭遇的文化困境》，载《费孝通论文化艺术与美好生活建设》，第61页。
② 同上。
③ 同上书，第58页。

族自身的文化的问题。① 同时还有如何面对其他的文化，与其他文化和平相处的问题。因此，费孝通先生提出的文化自觉，并不仅仅是针对对自身民族文化的重新思考。

面对全球化，是否所有的文化都要无条件地交出自己的历史与传统，他认为，这在感情上是很难做到的，从客观规律上来看，也很难说是正确。② 费先生认为，西方所崇尚的物质文化可以解决许多问题，但有些问题是不能解决的，尤其是社会心理问题。③

费孝通认识到，艺术是解决人类冲突和隔阂，以及沟通人类情感的一种工具和手段。他说："我是一个研究文化的学者，对艺术虽然没有很深的研究，但通过当年做民族工作，组织民族文工团，认识到艺术在沟通各民族和各国之间关系的重要性，在这一点上我是有体会的。"④ 他讲这段话的背景是20世纪50年代初，为了做好不同民族之间的团结与沟通的工作，在毛泽东主席的建议下，中央成立了中央民族访问团（就是费孝通先生讲的文工团），费孝通先生担任副团长。据费孝通先生回忆，当时的周恩来总理指示访问团里的文化工作者要通过艺术来促进民族间的团结。

他说，总理的想法很远大，他是想我们各民族团结起来，合成一个整体的中华民族，而加强凝聚力的办法，就是通过艺术。⑤ 他讲的这个例子是在告诉我们，通过艺术来沟通各民族之

---

① 《全球一体化发展中所遭遇的文化困境》，载《费孝通论文化艺术与美好生活建设》，第56页。
② 同上书，第62页。
③ 同上。
④ 《九访兰州 两次讲话》，载《费孝通论文化艺术与美好生活建设》，第92页。
⑤ 《有关开发西部的人文资源的思考》，载《费孝通论文化艺术与美好生活建设》，第73页。

间的相互理解是行之有效的办法，而这样的办法同样可以用在消除各个国家的文化隔阂和相互理解上面。对于不同的民族我们可以不懂他们的语言、他们的文字，但是对于美的音乐、美的舞蹈、美的画面我们是可以相互欣赏的。为此，费孝通说，"美与不美的看法是从自己的文化传统中形成的，这是由一个民族的历史所决定的"[①]，"但这并不限制我们欣赏人家文化的美，其他民族的美我们也可以喜欢"[②]。他讲的这些对美的看法，实际上是对他所讲的"各美其美，美人之美，美美与共，天下大同"的最好诠释。比如，以上讲的是"各美其美"和"美人之美"，接下来要讲的就是"美美与共"的问题，他说"但我们不要光是借鉴别人的东西，也要把自己好的东西拿出去，得到别人的欣赏。在这一方面要好好地发展"[③]，"要让人家认识到我们的美，我们文化历史的可贵，要用这些东西去打破中西文化之间的隔阂"[④]。他的这句话的核心内容就是，我们不仅要觉得自己美和会欣赏别人的美，还要能去贡献自己的美，让别人去欣赏。只有不同的国家和民族能够民心相通，情感相通，并能相互欣赏，世界才会走向和平与繁荣。

五、文艺复兴与人类的未来走向

笔者认为，费孝通讲的艺术的境界，包括了人的思想的自由

[①] 《九访兰州 两次讲话》，载《费孝通论文化艺术与美好生活建设》，第91页。
[②] 同上。
[③] 同上。
[④] 同上。

和人性的解放,以及个人创造力的发挥。这样的时代的到来,不仅需要物质基础,还需要有文化上的认识基础。在他提出这个问题时中国的经济尚处于刚刚起飞阶段,对文化的认识还尚未提到日常议事上来,人们最关注的还是物质文明的发展。所以费先生说,"我们现在讲艺术,还超前了一点"①,我们现在"讲的还是科技,是讲科技兴国。但我们的再下一代人,可能要迎来一个文艺的高潮,到那时可能要文艺兴国了,要再来一次文艺复兴"②。

费先生曾说西方文艺复兴"是对人自身的自觉"。从文艺复兴到十九世纪,西方出现过"人的自觉",而今天面临重大的社会转型,也许还需要"人类对自身文化的自觉"。

当然,这里提出来的文艺复兴与西方欧洲的文艺复兴,并不完全一样,西方式的文艺复兴是对宗教桎梏的反抗和反思,而今天的文艺复兴是对现代化的反抗和反思。但其有两个方面是相同的,一个方面是都在古代文明和传统里找资源,像当年欧洲的文艺复兴是到古希腊、古罗马文化中找资源一样,费孝通先生提出来的"文艺复兴"也是在传统中找资源,这个传统可以伸向古代,也可以伸向民间,因为"礼失求诸野",许多的传统文化就隐含在民间;另一方面是都将以艺术作为表现的形式和思考的载体。

既然"文艺复兴"是以艺术为载体,首先要讨论的就是艺术创作的方向问题,费孝通先生说:"现在的创作者只是跟着西方走,我认为这不是一个很健全的方向。"③当时费先生正带领笔者在西北地区考察人文资源,在考察的过程中,费孝通有感而发地说,

---

① 方李莉:《费孝通先生与西部人文资源研究》,《内蒙古大学艺术学院学报》2010年第7卷第2期。
② 同上。
③ 《走到民众中去》,载《费孝通论文化艺术与美好生活建设》,第25页。

"西北各地的民间的艺术非常丰富，比流行的香港艺术更是丰富多了"。针对这一情况，费孝通先生指出："……我们毕竟是有几千年积累的文化，必然有比较丰富的内容可以满足我们中国人的精神生活需要，特别在人和人的关系方面，生活的艺术、艺术的生活方面，从事文艺工作的人应当从这些方面入手，认识中国文化的性质、我们自己已经有的底子。"①

费孝通先生讨论艺术的主要目的，不仅是为了关心要创作什么形式的作品，他更关心的是艺术与文化与生活的关系，所以他提出了"生活的艺术、艺术的生活"这样的思考。而且他认为，曾在欧洲发生的文艺复兴，是当时的人类社会对人自身的理性的认识，而当今人类社会所面临的文艺复兴是对人类自身文化的认识，因此，是从"生活艺术化"开始的，所谓的生活艺术化就是要建立一个新的生活样态，这种生活样态是从复兴传统文化开始，到最终则是要建立一个新的生活模式。

为此，费孝通先生认为，现在需要产生一套大家都能接受的、能满足人们现代精神生活要求的文艺样式。这包括很多方面，从文艺作品、从画图到生活用具，都包括在内。②他当时讨论这个问题的时候，在国内的学界还很少有人关注这个问题，但今天，当代艺术界的艺术家们都在探讨艺术回到生活现场，美学界学者们都在讨论审美日常化的问题，而从国家发展的趋势来看，政府提出了"美丽乡村建设""美丽中国建设"等概念。这些概念都不仅与艺术有关，还与本土的母体文化有关。在传统中、在自身的母体文化中寻找新的文化发展的资源和基础，这样的文化复兴现象

---

① 《走到民众中去》，载《费孝通论文化艺术与美好生活建设》，第25页。
② 同上。

不仅出现在中国，也出现在世界上许许多多的不同国家和民族中。最能让大家关注到的就是非物质文化遗产的保护工作，其由联合国教科文组织推广到世界不同国家的不同角落。笔者认为，这既是属于费孝通先生提出的"文化自觉"现象，也是属于费孝通先生提出的"文艺复兴"现象。

费孝通先生曾表示，经济底子发展之后，还要有一个文艺发展的高潮。[①] 我们应该为此做好准备，他接着又说："这准备不是哪一个人要准备，是要在人心中自然地发生出来的。"[②] 这种自然地发生出来，这是因为生存问题解决了，就会去进一步追求美好的生活，这样生活艺术化才会有基础。而艺术化的生活的出现，也是文化自觉思想发展的重要基础，因为艺术化的生活，首先关注的是生活的艺术形式，而任何艺术形式都是文化的载体，即文化的内容决定艺术形式的构成，所以这里就涉及我们的艺术化生活承载的文化内容是中国式的还是西方式的问题了，而当今在中国社会出现的"中式时尚""中式审美价值""中式当代艺术"，正是对费孝通先生"文化自觉"理论的实践，也是费孝通先生所期待的"文艺复兴"现象的到来。

六、尾声

这本集子里有两篇文章是最后追加的：《补课札记》《经济全球

[①] 《走到民众中去》，载《费孝通论文化艺术与美好生活建设》，第32页。
[②] 同上。

化和中国"三级两跳"中的文化思考》，这是因为其写作的时间都是在 2000 年前，与本书的其他文章及对话都处于同一时期，有许多的关联性。从《补课札记》这篇文章中，可以看到派克教授提出的人文区位的理论，与费孝通晚年的心态研究以及他所提出的"艺术是文化的更高层次的走向"的观点有密切的关系。派克的人文区位学最重要的核心在于，把人文世界分为四个层次：基层是和动植物等同的，称之为区位层或生物层，往上升一层是经济层，再升一层是政治层，最高是道德层。[①] 而费孝通先生的研究是想在道德层上再加一层，那就是精神层和审美意识层。他曾在文章中写道，共生体系和共识体系是派克的社会学的基本概念，即他这方面思想理论的关键词。派克之所以认为人类可在共生的基础上达到共识，就是因为人心可通，而人心可通的基础就是人类有性灵[②]。费孝通先生在晚年讨论心态，讨论精神领域的研究，实际上也是在琢磨人的性灵问题。

费孝通先生在思考中，试图在派克人文区位中的生物层、经济层、政治层、道德层的四个层次里，再找到一个更高的审美与精神层。他认为，这是一个审美的情感层面，只有在这个层面上，人类才能做到人心相通，才能达到不同文化的无障碍沟通。就好像是我们可以不懂不同国家和民族的语言、文字，也不理解不同文化之间的习俗与道德标准，但我们照样可以欣赏不同文明中的艺术的美感，这些美感可以唤起人类情感的共鸣，从共鸣的美人之美进而达到美美与共的共识，这是一架能沟通各文明之间的桥

---

① 《补课札记》，载《费孝通论文化艺术与美好生活建设》，第 248 页。
② 同上书，第 259 页。

梁。如能达到这一点，也许我们就能跨越文野之分、东西之分的鸿沟。

他的另一篇文章《经济全球化和中国"三级两跳"中的文化思考》，是在写完《补课札记》后写的。费孝通先生曾说，"我是伴随着中国的工业化生长的，而美国是在我的上一辈开始的，从起点上算差了将近一个世纪。所以，我们现在学的许多东西，他们已经都过去了。因此，我们不仅要学他们现在的经验，还要学他们发展初期和中期的经验，把他们那时候的思想、文化来同我们现在比较。因为他们那时候经历的东西也许是我们现在正在经历或将要经历的东西。我在《派克笔记》中写了这样一段话：派克的思想是不是过时了？也许在美国已经过时了，但在我们国家却还很有借鉴价值，因为他那个时代所遇到的问题，正是我们现在所遇到的或将要遇到的问题"[①]。

费孝通认为，我们读西方社会学家的著作，结合现在的实际花点时间去吃透，可以让我们懂得，西方社会当时为什么会发生那些问题，为什么会产生那些思想。从他们当时的变化，来知道我们将要遇到的变化。然而，现在我们的问题是，两个变化遇到一起了，一个是机械文明，一个是信息文明。也就是说，在他们那里，这两个文明是分阶段发展的，而在我们这里两个文明却重叠在一起了。[②] 这样问题就复杂化了，也就是我们将遇到的问题，比他们当年遇到的问题要复杂得多了。可是，如果不明白他们当时的问题，我们也很难解决现在的问题。因此，费孝通觉得我们

[①]《工业文明进程中的思考》，载《费孝通论文化艺术与美好生活建设》，第40页。

[②] 同上。

要把他们那一段时间的思想理理清楚。他们那个时候正是社会科学大力发展的时候，费孝通认为我们现在也应该是。

他说，"后工业化应该是从计算机出来以后开始的。我一共访问过三次美国，一次是1944年，一次是1947年，一次是1980年。前两次我看到的美国还是属于资本经济的时代，后一次到美国，就发展到了知识经济的时代了，也就是信息时代了。在信息时代，人们开始对工业文明进行了一系列的反思，并着手解决工业文明所带来的一系列的负面问题。比如对环境的治理，对生态平衡的保护等等"[①]。

通过追加的这两篇文章，我们对费孝通先生晚年为什么会关注人文资源、关注文艺复兴、关注心态研究、关注美好生活建设等问题，会有一个更深的了解。

这本《费孝通论文化艺术与美好生活建设》的集子与其他几本集子相比较内容不多，而且大多是讲话和对话，但却是费孝通最接近生命尾声的思考，里面的许多观点和许多思考在当时并未受到关注。曾记得当年他和编者在讨论这些问题时，总是说，他讲的这些问题在当时来讲还早了一点，他是把明天的问题今天讲了。所以，我们今天看来，他当年讨论的这些问题，正是恰逢其时。这是费孝通离开这个世界前对全人类的美好期待，在这样的期待中，人类将提升自己的精神境界，进入一个以艺术为桥梁的"美美与共"的时代。

---

① 《工业文明进程中的思考》，载《费孝通论文化艺术与美好生活建设》，第42页。

第一编
文化与艺术

更高层次的文化走向①

今天借这个机会和大家见见面,谈谈天。我多年来一直在研究中国的农村,现在回过头看,一生做过的事,仅仅就是要为老百姓增加点财富。改革开放以来,通过到各地考察,我看到我国的东部地区经济比较发达,到中部出现了一个台阶,经济下来了。东部沿海地区的农民人均年收入是大约5000元,而在江西这样的中部地区,农民人均年收入只有2000元左右,两地相差一半。怎样能把中部地区发展起来呢?我认为京九铁路通车,为中部地区的发展提供了一个好机会。大家常说:要想富,先修路。但是有很多例子告诉我们,修了路不一定能富,就像电影《少林寺》里的和尚说的"酒肉穿肠过"那样。意思是说,京九路虽然通车了,如何能不仅仅是酒肉穿肠过,而把"营养"留下来?我想应该沿京九线加快发展起一批中等城市,由这些中等城市带动周边农村的发展。所以从去年开始,像穿糖葫芦那样,我访问了京九沿线的一串城市,有河北的衡水、山东的菏泽、江西的南昌、九江等。今年到了赣州,从赣州转到京广线上的株洲。20年前,株洲还是个只有7000人口的地方,但现在已经发展成拥有100万人口的中

---

① 本文是作者在景德镇民窑艺术研修院召开的"99传统手工艺百年回顾研讨会"上的讲话。

等城市了，发展得真快啊！在那里我想起了景德镇，因为株洲在湖南相当于景德镇在江西的地位。株洲的发展是得益于引进高科技。景德镇是一个历史悠久的文化名城，要发展也得靠走"传统＋科技"的道路。

说到传统，大家就会想到景德镇这个有名的瓷都。过去我总认为中华文化的起源主要是在黄河以北，但是许多考古成果都证明，我国的南方也是一个古代文化发展的中心。最近我参观了长沙的马王堆，看到了大批出土的竹简，内容虽然还没有全部翻译出来，但是已经能看出当时的吴文化已经很发达了。吴文化在中国文化中的地位，我们一直没有讲透。黄河流域是中国文化的一个重要发源地，这不成问题，但是长江流域是中国文化的另一个重要发源地，却还没有得到更好的证明。我相信当这批竹简上的内容被研究清楚后，人们对中国历史的认识，会有一个新的发展。这些年来，从发掘出的7000年前的河姆渡文化遗址和太湖地区良渚文化遗址中，可以看出长江流域很早就已经发展起来了；甚至还有人说吴越的水稻文化，不仅影响了几千年中国文化历史的发展，而且通过海上的传播，促进了早期的日本文化的发展。

江西在历史上曾经是吴国统治的地盘，受吴文化的影响，这种文化渊源，可以延续到今天。比如江浙一带受吴文化的影响，形成了传统的丝绸文化，浙江还成为瓷器的故乡，越窑的瓷器在当时就很出名，后来衰落了，瓷器的中心转移到了江西。丝绸和瓷器都是中国最有名的手工艺产品，不仅在历史上，而且直到今天还在继续发展着，和当地的经济紧密相联。我认为中国的传统文化应该有两个来源，一个来自北方，一个来自南方，它们互相补充、互相影响。这也是我的中国文化发展多元一体理论的根据。

今天会议的主题是传统手工艺百年回顾。我对手工艺的发展历史没有专门研究过，所以只能讲讲手工艺的"今天"和"明天"。缩小一点，就只讲瓷都景德镇的"今天"和"明天"。

我对手工艺和瓷器一直有所偏爱。解放初期，我在清华大学当副教务长时，对北京的手工艺品很感兴趣，曾经想搞一个有关北京景泰蓝的研究课题。后来因为我调到民族事务委员会去搞少数民族工作，这个课题就搁下了。但是，在对少数民族地区做调查时，我们收集了一批少数民族文物，也就是少数民族的工艺品。今天景德镇的瓷器又把我吸引住了。

据我了解，现在景德镇的陶瓷，有一部分又由家庭，也就是由个体户生产了。对个体经济可不能小看它，因为从理论上讲，中国社会中最基本的组织、最活跃的细胞就是家庭，在我们东方文化里，"家""家族"是可以发挥很大作用的。其实手工艺品的生产就是家庭经济的一部分，家庭生产是很重要的方式。如果我们善于利用家庭这个因素，把它的积极性调动起来，那么我们的生产就可能会有一个大的发展。

我在山东认识了一位企业家朋友，他是由挑着货郎担、到农村挨家挨户卖碗卖杯起的家，后来生意越做越大，全村都做这个买卖，现在已经发展成了一个大企业，带动了当地经济的发展。当然他卖的是老百姓日常用的瓷器，这说明我们搞瓷器的人，不仅要搞艺术陶瓷，也要注意搞日用陶瓷，要生产农民需要的东西。因为农村是一个最大的市场，要看准这个市场，占领这个市场。虽然目前农民的收入还比较低，但是等他们的收入提高以后，也会需要艺术水平高的艺术陶瓷。

我们回顾近百年来的手工艺历史，要把眼光看得开一点、远一点，要超越百年以来的框框，才能有新的想法、新的认识，进入新的时代。回顾是为了超越、为了创新。但是创新不根据旧的东西是很难做到的，这就又回到刚才我讲的"传统＋科技"的问题上，怎样在传统的基础上结合新的技术、新的科学思想，把手工艺提高一步。听说景德镇的陶瓷业，已经应用了不少新的科学技术，希望能再接再厉，更进一步。

最后讲讲我对中国手工艺未来的看法。苏州有个刺绣研究所，他们发明了一种新技术，叫"乱针绣"，是把一根丝线拆成更细的丝，用这种细丝来绣东西。绣出来的作品，有一种模模糊糊，像中国水墨画的效果。它不是线条，也不是色彩，而是一种感觉，这种感觉是很高的艺术感受。我认为，人类的文化不能仅仅囿于实用，人的需求是要超越它、要出点格。打个比方：人们吃饭，不能只讲求营养、讲求对身体有没有好处，还要追求味道，就是我们中国人说的"鲜不鲜"。这个味道是烹饪里高层次的追求，就像艺术是生活里更高层次的追求一样。

我们说吃饱穿暖，这是人们生活中最基本的要求。下一步就不仅要吃饱，而且要吃得有味道，菜肴要鲜。这个"味""鲜"不仅是舌头上的一个刺激，一个物质上的刺激，还是一种感觉，这种感觉有时是难以用语言表达出来的。也就是说吃饱不吃饱和鲜不鲜是两个层次的问题。高层次的文化要讲究味道，像人们欣赏一幅画，不光看它画得像不像，还要看它画得有没有神韵。这种感觉是在有无之间、虚实之间，在这种"有无""虚实"的感觉中，文化达到了一个新的高度，也就是艺术的一个高度。中国人讲艺，是孔子讲的"六艺"，不是技术，艺同技是不同的。"游于艺"是孔子追求的最高境界。

我对艺的理解，是从梁思成先生那里学来的。梁先生常讲，建筑师不仅仅是一个匠人，不能光讲技术，还要讲究美的感受，讲艺术。技指的是做得准确不准确、合适不合适；艺就不仅如此，还要讲神韵。神韵是一种风度、一种神气。这些都不是具体的、物质的东西。平时我们讲精神文明，精神文明里还可以分成两层：一层是人的基本感觉，比如痛、痒；再高一层是人的气质，这里浓缩了人的思想、感受。这种思想、感受在一个美的状态里释放出来。接受这种释放是不容易的，往往只有艺术家才能做到。如果我们每个人都朝着这个方向去努力，朝艺术的境界靠近，这个世界就不同了。也许若干年后，会迎来一个文艺复兴的高潮，到那个时候也许人们要提出文艺兴国了。

最近我提出这样一个问题：人们富裕了以后会怎样？人是不会仅仅满足于吃饱穿暖的，他还要求安居乐业。这个"安乐"就是一个更高层次的追求，这个追求是要有物质基础的，没有物质基础是接触不到这个层次的。最高层次的文化就是艺术家所要探索的艺术。艺术的需要有时是很难用普通的语言来表达，因为一般人还没有那个体会，只有艺术家能够体会并表达出来。如同从语言到诗歌再到歌唱，话谁都会说，但不是人人会写诗、唱歌。也像听音乐时，人们不只是接受一种声音的刺激，还应该有一种对声调的感受。我认为文化的高层次应该是艺术的层次，当然，这是美好的、是更高层次的追求，是超过了一般的物质要求，是人类今后前进的方向。这种追求我已经体会到也感觉到了，而且想把它抓住，尽力推动人类文化向更高的层次发展。

讲一个我亲身体验过的例子。解放前，有一次我到扬州。那时扬州是个经济、文化繁荣发达的地方。一天夜里，我们几个人在一条深巷里听艺人唱曲子。夜半月下，听着悠扬、婉转的笛声，我产生一种飘飘忽忽、朦朦胧胧的感觉，真是进入到一种用语言表达不出的艺术境界里。对于这种感觉，学艺术的人可能比我感觉更深刻，可以讲得更清楚。我想人类最终就是要追求进入这种艺术的、美好的精神世界，一种超脱人世的感受。这里包含着我们艺术家所承担的责任。

当前我们的文化面临着挑战，也就是两种不同性质的文化走向。一种是重视自然世界，追求物质性、准确性；另一种是重视人文世界，追求精神性，这似乎就是东西方文化的差异。今天我们讲文化的艺术导向，就是在追求人们的生活达到一个艺术的境界，这个工作就要艺术家来完成。艺术家的工作是不能用机器来完成的，不能讲规模生产、降低成本，相反，他要不断增加成本，要把人类精神文明的资源加过去。有的艺术家为了一个信仰、一种追求，把生命作为投资，耗尽一生精力，死而无憾。这是两种不同的世界观，不同的文化导向。有人认为，中国文化是最接近这种精神的文化。

在来参加这个会议的路上，我一直在想，应该有人出来把现在的文化导向改变一下，希望能有这么一天，人们把对物质高度发展的追求，改变成对艺术高度发展的追求。当然，我们不能把这两个方面对立起来，因为艺术的发展是要有雄厚的物质基础和科学技术做基础的，两者要结合好。如何结合就是我们要下工夫探讨的课题。我讲的话有的是超前了，出了格，但的确是我从实践中、从看到的事实里感受到的。讲出来，希望能对大家的讨论有所帮助。

我还想，景德镇曾经是世界闻名的瓷都，在我国经济和文化的发展上占有重要的地位。历史上中国最有名气的手工艺品就是瓷器和刺绣。希望景德镇的陶瓷研究所和苏州的刺绣研究所加强交流，不断创新，共同把中国的手工艺术推向一个新的高度，为人类追求艺术生活的导向出力。

1999 年 8 月

文化的传统与创造①

费孝通（以下简称费）：你的书稿《传统与变迁》，我已经看过了，写得很好，就这样继续研究下去，一定会有所成就的。你这本书稿也引起我的许多回忆和思考，简单地说一下：中国是世界上做瓷器最早的国家，所以被外国人称为"China"，记得1981年我到英国去接受皇家人类学会赫胥黎奖时，参观了英国历史最悠久的也是英国最大的一家陶瓷公司，叫埃奇伍德。该公司的董事长知道我是从中国来的，非常激动，当时就让公司升起五星红旗来对我表示欢迎，因为他们最早生产瓷器的方式就是18世纪从中国学来的，在瓷器生产方面中国是他们的老师。他们的董事长还亲笔签名，送给我一本记载了他们公司历史和英国陶瓷历史的书，我现在将这本书转送给你，希望你能从这里面了解到瓷器是怎样在英国发展的，中国的陶瓷文化又是怎样和世界的陶瓷文化联系在一起的，18世纪中国陶瓷对世界的陶瓷发展起了个什么样的推动作用。

方李莉（以下简称方）：谢谢费先生，回去后我一定会好好地读一读。其实我在研究景德镇民窑的时候，就对这一段历史非常感兴趣。中国从唐、宋开始向国外输出瓷器，到明末清初达到高潮，那时的欧洲贵族们无不以能得到一件景德镇的瓷器而感到荣

---

① 本文是作者对方李莉进行学术指导时的谈话。

耀。其实这时候中国向世界大量输出的不仅仅是一种生活用的器皿，而且，还是一种中国的文化。它对世界的文化艺术的发展产生过很大的影响，如18世纪风靡欧洲的"洛可可"艺术风格，就是在中国瓷器装饰的影响下而产生的，这种影响是巨大的，从建筑到家具、室内装饰、绘画等方面都无不受到其影响。

费：我看了你在书稿中曾对这段历史有一个较详尽的叙述，这很重要。我认为中国的陶瓷生产既然有一个很长的历史，从彩陶算起有7000年左右，那么发展到今天，应该有新的东西，新的艺术、新的美学观点、新的陶瓷文化，这就要看你们这辈人的推动了。我认为陶瓷的生产有两个方面，一个方面是艺术陶瓷，另一个方面是日用陶瓷。日用瓷是实用品，可以大有发展。记得小的时候我们用碗吃饭，不小心打破了，因为是便宜东西，本身又容易破，所以大人是不骂的，只是说一句"岁岁平安"就行了。碗这个东西很普遍，从小就出现在我们的生活里面，可以说是要伴随我们一生的，是谁也离不开的生活器物。尽管科学发达了，出现了许多的新材料，但人们在生活中的食具还是以陶瓷器为主，就连外国也一样。"民以食为天"，所以作为人人每天要用的陶瓷器，就和人类的生活及文化有了许多说不清道不白的联系。

说到这事我就想起，当年我在干校劳动的时候，要做东西吃，没有炉子，就用泥巴做了一个土炉，土炉我是很会做的。当人能用土为自己做一个用具的时候，我想，这就是人类文化起源的开始。我认为中国的文化就像陶器一样，是从土里面出来的。我写过一本书叫《乡土中国》，后来这本书翻译成了英文，当时问我这个书名怎么翻译才好，我就说翻成"From the Soil"，意思是从土里面长出来的东西。什么叫作文化呢？用人工把自然的土变成用具，变成能服务于人的生活的东西，这就是文化。人类第一次改变物质的化学成分，并将其制作成用具的就是陶器。我的意思是我们不要丢掉对这方面的研究，这种研究不仅是器物上的，还有文化上的。这种文化在我们中国一直延续了近万年（从最早的陶器开始）。后来又出现了瓷器，而且，发展到后来，不仅有提供人们生活用的日用陶瓷，还出现了供人们欣赏的工艺陶瓷、艺术陶瓷。你在书中也写得很清楚，近年来在景德镇新出现了许多的制作工艺瓷的手工艺作坊，这是中国传统陶瓷文化艺术的延续，应该发展、应该研究。你把这种发展的过程记录了下来，并从这种发展看到了一种文化和技术的变迁过程，这很好。陶瓷艺术是科学技术和艺术的结合，所以，我认为你在书中谈了两个问题：一个就是如何用制瓷用的泥、釉和燃料，通过人工的技术来进行制作的问题；还有一个就是，在这制作过程中如何注入作者的艺术思想的问题。前一个制作过程就是科学技术实施的过程，在这一方面我们可以吸收西方先进的科学技术。你在书中也说到了，景德镇的窑已经从传统的柴窑改成了瓦斯窑，对温度的把握也不再是凭经验和肉眼，而是用了先进的科学仪器来加以测试。后一个问题是，这里边不仅是要把西方的先进技术放进去，还要把作者的新的艺术思想放进去。

方： 也就是把一种新的文化和观念放进去。

费： 对，是一种代表新的思想、新的时代的艺术观念。你在书中把这些都记录了下来，并把前因后果都分析了出来，这很有意义，也很有价值。这不仅是一个科学技术发展过程的记录，也是一个文化艺术发展过程的记录。要把中国陶瓷的历史和现状的发展过程记录清楚，透过这个过程我们还会了解到中国其他文化的发展状况，因为文化像一张网，它们的发展是相互渗透和相互影响的，要把它们相互联系起来考虑。

你的研究不是从书本上来到书本上去，而是到生活实践中去，亲眼看人的事情，亲身体验社会的发展，这是很好的。在书中，你通过对几个从乡下来到景德镇打工和开作坊的青年艺人的生活经历及遭遇的描述，比如他们怎么来到景德镇，怎么从打工到开店，从这样一个个人的历史和发展的经历中，去发现整个社区和行业的发展趋向，还有国家政策的改变、新技术的引进等所引起的一个传统手工业城镇的文化变迁的过程，也就是从各个案的具体研究中发现整体，这很好。

你在书中所记载的基本上是一些手工艺人们的活动，他们所制作的都是一些工艺瓷，也就是艺术瓷，这些瓷器不是日用品而是用来装点生活的陈设品。这些陈设品只有在人们的生活达到一定水平以后，才会有需求，才会有市场，人们才可以买得起和收藏得起。我觉得，景德镇不光要发展这些艺术陶瓷，还要发展日用陶瓷和建筑陶瓷，这些陶瓷需要量大，市场宽阔，当然，这是一种大规模化的机械生产，和你在书中记录的小手工业作坊的手工生产是不一样的。

不过我认为景德镇的这些手工艺术陶瓷还是会很有发展前途的，刚才我已经讲了，艺术陶瓷是社会生活和经济发展到一定程度的需要品，现在国内的经济发展很快，人们的生活水平也在逐步地提高。在这种情况之下，人们也希望用各种艺术品来装点自己的家庭和环境，甚至进行一些高档艺术品的收藏。这样也使得景德镇的一些手工艺术陶瓷从国外市场转入国内市场，从这里面也可以看到，中国的经济正在发展，人们的精神需求也在不断地增加。随着经济的发展，人们的生活也在要求艺术化，这种艺术化不仅是表现在作为装饰用的艺术瓷方面，也表现在日用瓷方面，也就是说日用瓷也可以艺术化。是不是也可以用手工来做一些成套的、少量的日用瓷，既可以欣赏也可以用。当然，这种手工做的日用瓷价格是非常昂贵的，只有少数人才能买得起，也就是经济还没有发展到这种程度。你们不是创办了一所民窑艺术研修院吗？对这些问题有没有一些考虑？

方：我当时参加民窑艺术研修院创办的目的，有两个方面，一个方面是，这几年来我一直在研究景德镇的民窑，从传统的民窑到新兴的民窑，共写了两本专著。在这个过程中，我就萌发了要有一个社会实践的基地的想法，希望通过这个地方，来不断观察景德镇新兴民窑业的发展和变迁过程。因为我觉得中国目前正处于一个转型期，整个的社会发展可以说是日新月异的，每一年都会有所不同。比如，去年东南亚经济风波以后，我又去了一趟我在前年考察过的景德镇仿古瓷、工艺瓷集散地——樊家井村，发现虽然只相差一年，但却发生了许多的变化。由于国外市场的萎缩，艺人们便把眼光转向了国内市场，由于市场的改变，产品的种类和艺术风格也开始跟着改变了不少，当然，这只是一种表面的现象，如果深入下去还会发现许多新的问题。我希望通过对一个社区的追踪考察，来发现中国文化和社会在变迁中所遇到的一些问题。我希望我对社区的研究是一个动态的、过程的研究。另一方面，我们还希望通过研修院来进行一些学术探讨活动，为一些对民窑文化历史和艺术感兴趣的国内外学者们提供一个相互交流的场所。同时也希望通过这个地方，来表达自己的一些新的艺术观念和设计思想。当然，刚才费老所提到的那个问题正是我们下一步所要研究的内容。

费：我是一个实用主义者，总在想你们的研究怎样才能和"富民"联系在一起。怎样才能为景德镇的艺人们，提供一种新的艺术观点，新的思想方法，让他们的产品有人欣赏，有市场、有出路。

方：我没有费先生那样的高瞻远瞩，所以，在这方面考虑得较少。但我和研修院的研究人员，也一直在考虑着费老在前面所提到的一个问题，那就是怎么样让日用瓷艺术化，艺术瓷生活化的问题。我们取了一个名字叫"生活陶艺"，主要是希望艺术家们也能参与生活，关心生活，为生活服务。

费：这是第二步，等到人们的生活水平都提高了，年人均水平达到1万元时，大家就会考虑日用品的艺术化的问题。现在中国农民每年的生活水平一年是3800元，还差得远呢。但发展起来也快，到那时景德镇的陶瓷手艺人们也许还会有一个更好的发展前景。到那时候不仅仅是要在生活日用品中加上一点艺术了，可能还有一些更高的精神要求，这就是要产生一些艺术上的质的变化，你们这批人要跟得上时代，要不断满足人们在艺术上的要求。不同时代的人对艺术有不同的要求，在这些不同的要求里隐藏了一种文化，是一种经济水平和技术水平的具体体现。这里面的研究是很有意思的。在这地球村的时代，任何现象都不会是孤立的，都是和世界接轨的，所以你们还要密切注视世界文化和艺术发展的总动向。

方：对，我觉得费先生说得非常正确。其实纵观景德镇的陶瓷艺术，就会发现，景德镇的陶瓷艺术很早就和世界联系在一起了。据考察，世界上有100多个国家都发现过景德镇的陶瓷，这都是在古代的不同时期内从景德镇输出的。即使在现在，我所考察的这些工艺瓷也主要还是出口国外市场。所以在研究景德镇时，就必须把它放在一个国际性的坐标上来研究。这也是和世界的文化发展联系在一起的，它是一种世界文化的需要，只有有需要才会有市场，只有有市场才会发展得起来。

费：对的，这是问题的关键。18世纪的景德镇瓷器，那么繁荣，就是因为有世界市场，欧洲的许多皇室都到中国来购买景德镇瓷器。当时英国皇室还订了一批景德镇瓷器作为礼品送给俄国，现在还被陈列在博物馆里。在英国的一些博物馆里，有不少明清时期的景德镇的瓷器，在我到过的一些英国上层家庭，也陈设有不少从祖传留下来的景德镇瓷器，可见当时景德镇的瓷器在欧洲是广为流传的。它之所以流传得这么广，是因为它是和生活结合的实用品。

方：明、清时期景德镇瓷器大量地出口到国外，而这些瓷器的制造者是谁呢？我认为是当时的民窑，因为官窑是专门为宫廷做御用瓷的，而大量输出到国外市场的是民窑生产的商品瓷。这种高峰是从明末开始的，那时刚好是一段官窑停烧、民窑兴旺发达的时期，也就是市场经济得到充分发展的时期。我觉得这一段历史和90年代1000多家私营手工业作坊在景德镇的兴起有很多的相似之处，所以我比较重视对这段历史的研究。我觉得了解历史的目的是为了更好的认识现在，同样只有对现实问题有一个深刻的了解以后，才会对历史的问题有一个更进一步的认识，它们是互为应答和互为参照的。因此，在考察景德镇这些新兴的手工业作坊的同时，我还写了一本反映景德镇民窑文化历史的书，题目叫《景德镇民窑》。里面的内容，一方面是从古今中外的文献中得来的，记载的主要是民窑发展的历史；另一方面，也是从一些还健在的、曾生活在清末民初的老艺人们的回忆中得来的，这里面主要回忆的是民窑的风俗文化和传统的手工艺技术。

费：这很好哇。任何文化它都是有根的，因此要了解一种文化就是要从了解它的历史开始，这是对的。这种文化的根是不会走的，它是一段一段地发展过来的，能把这个道理讲出来也是很有意思的。

方：我用这样的方法来进行研究，其实费老的思想对我的影响是很大的。您看，我在《景德镇民窑》一书的导言中，曾引用了您的一段话："凡是昔日曾满足过昔日人们的需要的器物和行为方式，而不能满足当前人们的需要，也就会被人们所抛弃，成为死的历史了。当然说'死的历史'并不正确，因为文化中的死和活并不同于生物的生和死。文化中的要素，不论是物质的还是精神的，在对人们发生'功能'时是活的，不再发生'功能'时还不能说是死。因为在物质是死不能复生的，而在文化界或在人文世界里，一件文物或一种制度的功能可以变化，从满足这种需要转去满足另一种需要，而且一时失去功能的文物、制度也可以在另一时期又起作用，重又复活。"我觉得这段话讲得很精辟，受了费先生的这些话的启发，所以我在考察传统民窑业时，就非常注意它的哪些传统被90年代新兴的民窑业继承下来了，哪些传统又消失了，其被继承和被消失的内在原因是什么。从这里我们就可以了解到，它们之间所发生的文化变迁的真正动力和意义是什么。而且，我记录和研究这些历史和现实的目的是什么，我也在费老的书中找到了我所想说的话，那就是，不仅仅是为了"为将来留下一点历史资料，而是希望从中找到有前因后果串联起来的一条充满动态和生命的'活历史'的巨流"。

费：有关文化的死活我一直想写成一篇专门的文章，但现在精力不行了，你今后把它发挥发挥写出来。文化的生和死不同于生物的生和死，它有它自己的规律。它有它自己的基因，也就是它的种子，这种种子保留在里面。就像生物学里面要研究种子，要研究遗传因子，那么，文化里面也要研究这个种子，怎么才能让这个种子一直留存下去，并且要保持里面的健康基因。也就是文化既要在新的条件下发展，又要适合新的需要，这样，生命才会有意义。脱离了这些就不行，种子就是生命的基础，没有了这种能延续下去的种子，生命也就不存在了。文化也是一样，如果要是脱离了基础，脱离了历史和传统，也就发展不起来了。因此，历史和传统就是我们文化延续下来的根和种子。

我们的学问是要从历史里面出来的，也就是要从旧的里面长出新的东西来，这就是传统与创造的结合的问题。怎么结合法呢？创造不能没有传统，没有传统就没有了生命的基础；同样，传统也不能没有创造，因为传统失去了创造是要死的，只有不断的创造才能赋予传统的生命。中国的人类学研究离不开传统和历史，因为它的历史长，很多东西都是从这里边出来的，因此，许多的问题都要回到这里边去讲起。如果我们将这个问题深入研究下去，真是有意思极了。

方：记得您在一篇文章中曾引用过马林诺斯基的一段话："研究历史可以把过去的考古遗迹和最早的记载作为起点，推向后世，同样也可以把现状作为活的历史，来追溯过去。两种方法互为补充，且须同时使用。"看了这段话后我就想，我在书中所记叙的由一些老人们所回忆的传统习俗和制瓷技艺，实际上就是一部活的历史。通过这部活的历史,可以使我们追溯到景德镇民窑业过去千余年的一些历史发展的概况。而这部活的历史中的一些传统有时也是可以中断后再出现的,也就是说,传统不仅连接着过去和历史,也连接着现在和未来。

费: 你的想法是对的。我觉得你的研究是很有意思的,有历史、有文化、有技术、有艺术,还有创造,可以说是一个综合性的、学术交叉型的研究。现在还有了一个社会实践的基地,一定要把它好好地进行下去。

方: 谢谢费先生的鼓励和指导。实际上我的研究许多都是学了费先生您的研究方式,您的《江村经济》《云南三村》都是我在研究过程中的学习指南。

费: 你就这么做下去,了解人、了解社会、了解生活实践中活生生的东西。今天我要告诉你的有两个事情:一个是面向外面的世界;一个是面向传统历史的根本。对历史要拉得长一点,要拉到六七千年以前,中国的彩陶时期,也就是仰韶文化时期,那正是中国文化形成和萌芽的时期。那时最重要的物质文化设备就是陶器,所以,陶器是中国文化的起源和根本。我向你推荐一本书,是我的朋友苏秉琦写的,名叫《中国文明起源新探》。这本书写得很好,你可以好好地看一看。在这本书里作者就是从考古学出发,用原始时期各种不同形制、不同装饰纹样、不同成型方式、不同用途的陶器来判断当时活动在中华大地上的、各个不同文化区系的发展和起源及相互交融和相互衔接的过程。这些陶器不仅是文化的起源,也是艺术的起源,最早的艺术也是从这里开始的。这些陶器不仅是很好的生活用品,也是很好的艺术品。从这些陶器里面我们可以了解到当时的生活方式、技术水平和艺术思想等原始人的各个方面，所以陶瓷器不仅是一种生活的日用品，也是一种文化和历史的载体。我还希望你在研究中，要找到艺术文化的发展的源头，然后再从这源头中找到中国文化的内在本质。我在这里讲的就是文化有它的深度、有它的广度；有它的过去、有它的未来，我们要在创造中继承这一关系。刚才我们讲的是一个历史、一个传统和创造怎么结合的问题，这是一个很重要的问题，希望你在这方面要多思考、多下点功夫。

我们今天讲话的主题就是，从传统和创造的结合中去看待未来，创造一个新的文化的发展，也就是，以发展的观点结合过去同现在的条件和要求，向未来的文化展开一个新的起点。你写的书就是表达这样一种思想的一个例子。我们文化的发展不能离开它的历史，也就是它的传统，传统不能让它死，你在书中用的那段话很好。不能把文化埋起来，不提供它新的血液，那样它就会没有生命，就会死掉，这新的血液就是创造。还有一点我想要讲的，就是要吃饱、要穿暖，也就是小康经济，是中国人的生存问题。只有这种生存问题解决了，就会去进一步追求美好的生活，这样生活艺术化才会有基础。现在有些地方已经发展到了这种程度，我们不能完全靠西方人来给我们提供这种精神上的、艺术上的享受，我们中国自己的艺术家要看到这种前途和需要，要创造一些群众所欢迎的、喜闻乐见的艺术品和生活用具。艺术家要深入到生活中去，了解时代需要什么，人民需要什么。也可以用各种方式把自己新的艺术思想传播给大家，引导大家追求一种艺术化的生活。

其实艺术也可以分大众艺术和精英艺术两种，精英艺术只能面对少数的收藏家和博物馆，因为它价格太贵，一般的民众是买不起的。但大众艺术这一块怎么办呢？艺术家要不要关心这一块？我认为我们要考虑这个问题。

方：我认为艺术的发展正如费先生所说的，有两个方面，一个就是艺术家们的个人创作，这种创作是单件的，充满个性化的，只为少数收藏家和博物馆服务。还有一个方面就是，参与生活用品的设计，这是一种既有艺术性又有实用性的、可以批量化进入市场的产品。生活是多层次的，作为艺术家要为不同层次的人服务。当然，这里面大众是很重要的。

费：因为从文化来讲，其本身就应该属于大众的，是从大众中长出来的。当然，从大众文化中还会长出一种文化叫精英文化，也就是一种大传统和小传统，我们要弄清它们之间的关系。

方：我在书中所描述的基本上是陶瓷手艺人，也就是工匠们，他们是大众文化，也就是下层文化的创造者。也许很多人瞧不起他们，认为他们没有文化，不懂艺术，但曾经风靡世界、甚至影响了18世纪欧洲艺术风格的景德镇陶瓷艺术，却是他们所创造的。他们的智慧和他们那自由奔放的民窑陶瓷艺术，也曾使一些世界级的大师如毕加索、高更、马蒂斯等所为之倾倒。

费：对呀，工匠们往往是艺术的真正创造者，但历史却常常不承认这些工匠，也不承认他们所创造的文化。这就是大传统和小传统、群众和精英的关系的问题，你要把这些道理讲出来，就是一篇很好的带有指导性的文化定义方面的论文。文化的定义有两层，我们不能只管一层，经济不发展，不发展大众艺术，精英艺术就出不来。因为艺术是从生活里出来的，精英艺术又是从大众艺术里出来的。这里有一篇我和李亦园先生的对话录《中国文化与新世纪的社会学人类学》，里面就讲到了有关大传统和小传统、大众文化和精英文化的问题,你拿回去好好地看一看。

今天我们所讲的,实际上有两个内容,一个是传统和创造的关系,一个是生活和艺术的关系。生活就是生存,当生存问题解决以后,就是追求生活的美好。我很高兴地看到,我们中国人的生活现在有了很大的提高,有一部分人已达到小康水平。但也因此而出现了一些令人担忧的现象,就是有了钱不知道怎么消费,吃喝嫖赌、挥霍浪费,这样问题就来了。因此这个时候艺术就要发挥作用了,艺术家要跟得上,不要脱离群众的生活,要进入到群众的生活里面去,了解他们生活需要的是什么,帮助他们创造一种高层次的精神化的、也就是艺术化的生活。中国人的生活现在出现了两极分化,一部分人先富起来了,但还有相当一部分人的生活是在发展之中,这一部分服务对象你们也别忘记了。

艺术家不要忘记了大众,艺术始终是属于大众的,你要把这些话写到你的文章中去,让艺术家们注意这个问题。当然,这里面有一个层次的问题,对于那些先富起来的人们,艺术家们也可以为他们服务,用艺术来提高他们的文化修养,丰富他们的精神世界。我现在提出一个问题,就是富了以后怎么办?如果这些富了的人能向艺术发展,向美好的生活发展,把一部分钱投资到艺术的收藏和参与一些艺术活动中去,那么,中国人的文化素质就会很快得到提高,也能推动民族艺术的蓬勃发展。也就是说,艺术家要给这些先富起来了的人提供一个新的生活的方向,要让他们用挣来的钱创建一个美好的生活,我在这里说的美好生活,就是艺术化的生活。

今天我们的谈话就到这里,我送给了你两本书和一篇文章,希望你回去后能好好地看一看。一本有关英国陶瓷历史的书是希望你能在立足本土文化的同时，能面向世界面向未来；还有一本《中国文明起源新探》，是希望你能够仔细研究中国文化的传统和历史，掌握中国文化的根本。也就是一手伸向传统，一手伸向未来，并把它们融会贯通起来进行自己的研究。

方：谢谢费先生送的书和费先生的指导，回去后我一定会按照您的要求去继续努力。我在来北大以前就已经看过许多您的书，也开始了对景德镇民窑的田野考察，但我始终有一个愿望，就是希望能得到费先生的亲自指导，所以当我从中央工艺美术学院取得博士学位以后，就来到了您所创建的北大社会学人类学所做博士后，到了北大以后我终于如愿以偿，得到了费先生的亲自指导。我的这两本书稿的素材虽然是在来北大之前就开始收集了，但真正的完成却是在做博士后的两年时间里。所以我的这两本书稿，实际上是在费先生学术思想的影响下和亲自指导下所完成的。特别是后一本《传统与变迁》，也就是我的博士后出站报告，去年费先生已仔细地看过一遍，给我提了不少宝贵的意见。现在又为我重新看了一遍，并在百忙中抽出宝贵的时间，来指导我，来和我一起讨论，我在这里真的是非常地荣幸和非常地感谢，希望今后还能有更多这样的机会。

1999 年 1 月 15 日

走到民众中去

周玉宁（《文艺报》记者，以下简称周）：非常感谢费老能接受我的采访。想请您谈谈进入新世纪以后，尤其是在国际国内形势发生巨大变化的今天，我们在文化建设上所面临的问题。当然这个题目很大，但我想可以从一些细节入手。您对当前文化现状的基本估价是怎样的呢？我听说您在一些会议上提出这样一个观点，即目前我们所处的是一个注重物质的时代，而您期待着一个人们更注重精神生活、更追求艺术表现的时代，即非物质时代的来临。您又是怎样看待当前颇流行的追求享乐的社会文化现象？

费孝通（以下简称费）：现在从整个世界来看，有不少人生活的基本要求、文化的基本要求，大致上可以满足了。当然这么说也不完全准确，事实上还有相当多的一部分人的基本生活要求没有得到满足。在中国，包括我们在内的一部分人在生活资料上，也就是在衣食住行的基本生活需要上，是可以满足了。现在进一步还要得到什么东西呢？精神上需要得到什么东西呢？

从理论上讲，在满足精神生活的需求方面，我们应当有丰富的满足方式，这可以从多个方面来进行。但我们目前，在以什么样的方式去满足精神生活需求上，还没有比较清晰的方式出现。从社会表现上看，现在城市中追星的风气很盛，这不仅仅是年轻人赶时髦，也从另一方面表现出他们需要有精神生活。但应当怎么去满足他们的精神生活，这个问题也还没有取得很大的进展。这不是我的问题，是你们的问题。文艺工作者应当把这件事情（指怎样满足群众的精神需求）看作是社会的需要来对待。现在，这个问题提出来了。在一部分人特别是青年里面，生活问题解决以后，他们又追求什么呢？他们追求精神上有所寄托，这个问题要靠文艺工作者为他们提供一个满足精神需要的方向、一些满足精神需要的资料。这像满足人们衣食住行的需要一样，也要有人去提供。

方李莉（以下简称方）：费老讲的这个，就是指非物质文化的消费服务问题。

费：现在需要产生一套大家都能接受的、能满足人们现时精神生活要求的文艺样式。这包括很多方面，从文艺作品、从画图到生活用具，都包括在内。目前群众对精神生活的要求我们是看到也感觉到了，但是，满足这些要求的创作力量我们还没看到，也没有人自觉地去做；文艺工作者还没感觉到自己从事的事业对群众的重要性，我们看到的是群众对文艺作品的强烈需要。

方：这就是说群众的需要已跑到创作前面去了。

费：我们的文艺工作者也没有研究现在群众究竟需要什么，什么样的文艺作品才能满足他们，现在的创作者只是跟着西方走，我认为这不是一个很健全的方向。可是我也拿不出一个正确的方向来。我觉得，应当从我们的传统文化里面去找一套东西，能比西方文化更能适应中国人精神生活要求的东西。这方面还需要开掘的东西很多，可是还没有多少人很好地去研究它，因为我们毕竟是有几千年积累的文化，必然有比较丰富的内容可以满足我们中国人的精神生活需要，特别在人和人的关系方面，生活的艺术、艺术的生活方面，从事文艺工作的人应当从这些方面入手，认识中国文化的性质，我们自己已经有的底子。刚才我们讲得很清楚，我们要去发掘一套我们喜闻乐见的艺术表现方式，没有一批人去做这些事情是不行的，我们需要一套既在技术层面继承传统，又适合中国人新的精神生活需要的文艺作品。现在中央人民广播电台有一个新的栏目叫"民间中国"，这个创意很好，是到民间的生活里去发掘一套既有新内容又让人喜闻乐见的文艺形式，来满足当前中国人民的需要。我自己不是搞文艺工作的，可是我很喜欢文艺作品。

周：您喜欢哪些方面的文艺作品？

方：费老散文写得很好，诗也写得不错，书法更好。老先生以前还画过一点画，挺有艺术细胞的。

费：可是我的艺术细胞没有发展，现在要发展来不及了，它要有很多条件的。现在文艺工作者可以利用他们已有的条件，为满足人民群众的精神生活服务，还需要定一个方向，艺术发展的方向应由大家研究一下、讨论一下。这个方向在我看来就是传统结合创造，也就是在传统基础上吸收新的文化、新的未来文化。

方：新的未来文化不是在没有土壤的情况下成长的。

费：在继承传统上，日本做得比较好。日本已失传的文艺形式，还发掘出来进行表演。中国呢，有些文艺作品学西方学得很好，可是它没有结合进中国的文化传统，表现我们自己的特点，我还没有看到多少这样的文艺作品。最近电视上看到骆玉笙唱大鼓戏。骆玉笙有民间的色彩，人们是乐于接近她的，她也有很多新内容，我觉得她这个方向是对头的，可是她的继承人不多。

方：费老是说民间的文化、民间的艺术不能把它全丢了。

费：我们那时唱白毛女，这个方向是对的。可是最近这种艺术创作方式没有得到发展，现在的明星都是香港式明星，这关系到一个中国的艺术方向问题。在这方面没有培养人才，没有给他们机会，这需要你们媒体工作者的参与，要提出一个艺术发展的方向，这个方向毛主席曾指出过，很清楚。我的理解，就是不能放弃传统，要在传统基础上创新。

周：当前的世界潮流是全球一体化趋势在加强，您现在强调坚守传统，其实也是对本土文化的坚守。如何既保持自己的民族传统又与世界科技、经济、文化发展潮流保持一致？有的学者提出21世纪是中国文化的世纪，认为中国文化将引导世界潮流，您怎样看待这个问题？

费：中国文化自己要革新，要有新的东西才能参与到世界文化之中，我不是说领导世界文化，而是要参与到世界文化之林，我们自己有自己的文化。

方：也就是说西方不能领导我们，我们也不能领导西方。

费：我们人多，我们有十几亿的人民，十几亿的人民不能都去追香港明星。我们在毛泽东时代有创立自己的新文艺的苗头，我自己不是参加文艺工作的人，可是我们在旁边看，认为这个方向对头，可是这点好像没有继续下去，没出人才嘛。现在还是我年轻时熟悉的人，他们一个个都死了，新的一代人没有出来，没有新的明星出来也意味着这个还不成风气。这个责任不在没人，人是有的，没有去培养，去鼓励他，给他创造条件。明白我的意思吗？

周：明白。您的意思主要说新的一代没起来，主要是我们没有去培养，没有给他一定的机会和氛围。

费：对。给他捧场。要捧场的，要鼓吹，给他机会出面，同群众见面，这是你们媒体的责任。

方：应该扶植一些有中国特色的艺术家。

费：现在条件好多了，电视天天有，但却不常看到真正有中国本土风格的艺术家，中国现在艺术还是没有深入到民间去。当然，这与媒体的工作不够也有关系，媒体没有感觉到这是自己的责任，天天讲毛泽东的文艺路线，可实际上现在的文艺很多并没有同民众结合起来。

方：您是不是认为有民族特点的文艺作品和演员比较少？

费：对。他们不走到民众里面去。

方：脱离了民间。

费：从民间出来为民间服务，不要依靠好莱坞文化，好莱坞文化不是中国的文化。当然，技术方面，科技方面我们也要吸收它的，要大量地吸收，以此来培养我们自己喜闻乐见的民间文艺。现在这个风气不强，比如说苏州的评弹，在我小时候可以在城市里面看到，现在条件好了，反而大家不注意了。

方：都看电视了。

费：电视上也很少出现这种文艺形式。电视天天都播什么"同一首歌"。"同一首歌"里面多是些香港式的文化。在声乐方面讲，现在可能比白毛女时代提高了，可是同民间结合的风气不是很强，但是民间本身也在变，我自己也不很清楚，也没有人研究，究竟民间的习惯是不是改变了，我也不清楚，我是太老了。可是在我这过去的一代人物看来，这一代里面没有出来有强烈的时代代表性的明星。没有看到。这也许是因为我自己的年龄问题，我自己的文化基础问题，我不能适应现在的新的时代。

周：不是的，我认为您这些看法都很有价值，对于今天的文艺工作者是有启示的。

费：这代表老年人的看法，上一代的看法。是上一代对于这一代人的看法，觉得他们的代表人物还没出来。这几年变化特别大，我自己也赶不上这变化，我写东西还是我的老笔调。

周：您的笔调直白明了，是大家风范，谁也学不来。

费：可是喜欢的人可能越来越少了。

周：也不见得，不少年轻人都很喜欢您的著作，大家都知道您，今天我来采访您就是想请您谈谈文化艺术方面的问题。下面想请您谈谈您对"中华文艺复兴"的看法，中华民族的振兴也意味着文化艺术的全面复兴，前一段《文艺报》亮出了"中华文艺复兴"这么一个旗号，您是怎样看这个问题的呢？

费：文艺复兴要有人来做，要有角色的，要有明星的，要有代表性的人物。明星两个字嘛是要有新名字，我们旧的说法就是有代表性的人物。要有明显的风格，要为群众所接受，有群众喜欢的风格，这个风格是必须从民众（民间）里面出来，这点很清楚。

我的风格嘛代表当时的知识分子，大概高中程度的知识分子都看得懂我的文章，这是我文章的特点，在那个时候是大家喜欢看的，因为看得懂，不卖弄文字。心中有群众。心中有群众必然会受欢迎。不离开老百姓说的话，而讲的内容呢正是大家要知道而不知道的东西。这是讲文章的问题，艺术方面也一样。现在我们再讲苏州的评弹的，也出来几个评弹的明星，后来没有人提倡啦，就没有什么发展，新的内容出不来，还是梁山伯祝英台的阶段。

方：它要生存下去，还要跟得上时代的变化。

费：发展是要人的，要培养人才。这几年在大变化的时代里面，没有推出很多新的真正代表时代的明星。这个话呢，是我老一代说的，不一定对的。

周：我记得您在一些对话中提出过物质文明和精神文明在当前还没有真正地协调一致，就是说我们的文化建设还没跟上我们时代的发展，也就是说我们的社会工作者、人文工作者，我们的研究家，包括我们的文学艺术家，面对时代的挑战没有提出新的东西来。

费：对。

周：那么，我们要建设一种与我们这个时代相协调的新的精神文明、新的文化观念，我们这些人文社会工作者，我们的文艺家，首先要做的重点工作有哪些呢？

费：首先要认真。把这个事情作为自己一生的事业做，而不是一个手段、一个目的。我们（这一代）做学问不作为赚钱的手段，而是有其他的目的的，做事情是看这个事情是否有价值，是对的、是好的、应当的。这是就价值观的问题，做人应当做这样的人。现在吃的喝的都能满足了，生活的要求满足之后，应当有精神生活的要求。

周：那么您认为我们在精神生活方面的追求首要的是什么呢？

费：追求一个更好的世界观，追求更美好的世界。

周：您对艺术的提倡，也包括在您对精神的追求里，您理想的世界就是一个艺术的世界、精神的艺术，而我们的物质生活不需要过于张扬、过于铺张，您觉得我们怎样才能与这个目的更接近，也就是怎样去追求这个世界呢？

费：要有人出来提倡的，没有人提倡是不行的。你们媒体要敞开园地，有新的人物出现，没有人物也就没有艺术了。要办很好的刊物，我以前等着看一些刊物和栏目，现在等着看的东西越来越少，没有什么特别想要看的东西。办杂志、办刊物要办得人家等着看才行。报纸也不好看。你们《文艺报》要办得人家等着看，那就成功了。这是不容易办到的，一个国家一个时代都有几个杂志吸引人的。

周：您在《读书》杂志发表过一篇文章，好像说中国没有经过文艺复兴这个阶段，对我们的文化是有影响的，您觉得我们是不还要补上这一课？

费：流产了，没有爆发出来，没有爆发出一个感情的高潮，文化的高潮。

方：现在来爆发还行不行？

费：出来一个"文化大革命"，完蛋了嘛。高潮是"文化大革命"，破坏性的高潮有，建设性的高潮还没有。

周：那您觉得这个建设性的高潮，还是会出现的吗？

费：这不能创造出来，它是历史决定的，不是哪个人决定的。它来了就来啦。在这想象里面，中国至少要推出一个高潮。经济高潮已经逐步出来了，这两年不错，我下去跑着看过。

方：文艺高潮下一步出来？

费：应当有一个高潮。

方：否则这个社会发展就不平衡了。

费：反正高潮的准备工作不够。希望来一批人呢。现在的年轻人没有像我们那个时候的人有劲，我们那一代人是很有创新劲的。现在的年轻人很多到外国去了。

周：您觉得受西方教育的年轻人，回国以后会对国内的文化建设有促进吗?

费：没有出现很多了不起的人才，至少我没有碰上过，也没有看到一代新的人才脱颖而出。这东西不能着急的，它自己要出来就出来，不出来也没有办法。

周：现在我们国家提出要培养跨世纪的人才，您今天也讲了很多关于我们的文化艺术人才的问题，从国家文化发展的角度看，我们应该怎么样推动这批人才的出现？

费：这个问题太大了，这是党的一个事业方向的问题。现在主要还是经济发展的问题。这是我们的责任，底子没有不行。底子发展之后，还要有这样一个文艺高潮，现在就应当去准备的。看的远一点就应当准备的。这准备不是哪一个人要准备，是要在人心中自然地发生出来的。

周：再次感谢您接受我的采访。

第二编
工业文明与全球化

工业文明进程中的思考

费孝通（以下简称费）：我给你的那本《工业文明的社会问题》的书看完了吗？有什么体会，谈谈看。

方李莉（以下简称方）：这本书是美国的社会学家梅欧写的，是 1945 年由美国哈佛大学商学院研究所出版，六十年代由费先生翻译成中文的，书中主要是描绘了当时西方工业文明所面临的种种问题。这本书是半个多世纪以前写的，而我们中国的工业革命从发展上来看，刚好比西方晚了半个多世纪，所以，这本书中写的一些情况和我们国家现在正在经历的一些情况很相似，看完后我觉得很有启示。

费：梅欧是我的上一代，他生于 1880 年，比我大三十岁，整整一代人。他这本书讲的问题正是我们现在要碰到的问题，这是很有意思的，这也是为什么我要把这本书作为我们今天讨论的内容的目的。你继续谈下去。

方：他这本书讲的，我认为有两个大问题：一个问题是，他认为人类社会可以分两个大的类型，一个是农业社会，这是一个定型的，也就是比较稳定的、变化不大的社会。在这个社会里，每个人从他一懂事就知道自己该怎样生存，他可以在父母的教育下和同伴们在一起生活，这些同伴不仅是小的时候和他在一起长大，而且以后也许是他的邻居或是共同在一起工作和劳动的合作者，他一生的朋友基本上是固定的、变化不大的。并且父母的生活方式就是他未来生活的模式，是他未来生活的参照对象，他的一生都是生活在他熟悉的人和熟悉的环境之中。还有一个就是工业社会，这是一个适应型的社会，也就是一个快速发展的、充满变化的社会。在这样的社会，每个人并不会按照父母的生活方式来决定自己未来的生活方式，因为每个人所遇到的问题都可能是以前父母们所从未遇到过的问题。而且在他的一生中，也不会固定在一个地方或一个行业里工作，朋友和伙伴是经常换动的，未来是未知的、缺乏参照物的。在这样的社会里人是经常流动的，不稳定的、缺乏安全感的。在这样快速发展的社会中，我们的文化往往跟不上科学技术的发展。这就造成了许多人能处理好技术的问题，却处理不好人与人之间的合作关系的问题，也包括民族与民族、国家与国家之间的关系问题。也就是说，科学技术的发展和人文教育的发展发生了失衡。

另外一个问题，就是现代机械文明的日趋复杂，特别是在比较高度的工业社会化的国家里，需要有相应的高度的组织。这种组织不能只限于在这复杂局面中的物质要素，它不可避免地要扩及社会的本身，并通过社会而扩及个人的道德和心理的生活。因此，历史的趋向已从政治转到社会学方面。在一个世纪前认为纯粹是政治的问题的，在十九世纪的下半叶却变成了经济的问题，而这个世纪又变成了社会学和心理学的问题了。正因为如此，在现代社会中，社会学就成了一个非常重要的学科。但他认为在当时的社会学研究中，存在着相当严重的理论脱离实际的问题。他认为，知识有两种，第一种知识是直接从事物或情况的经验中得来的，而第二种知识是深思熟虑和抽象思考的结果。那种从经验中得来的知识除了示范、摹仿和试验之外，是不容易传授的，而学识，也就是第二种知识（间接的理性知识）却容易用符号——文字、表格、图解——来表达的。所以使得大学里社会科学的讲授也就偏重了这种知识，而忽视了对第一种知识的学习。

费：但是，我们不应该忘记，科学的起源是来自第一手的观察，它是生根在技能里的，只有依靠用实验的和有系统的方法去发展一些已有成就的技能，科学才能扩展。其实社会科学也一样，也需要到生活中去掌握第一手资料。

方：所以，梅欧认为，当时的社会学虽然已经很发达，但主要是一些获得学位的习题，教学生怎样去写书讨论别人的书。对于实际生活的社会学以及有关人与人的亲密合作的社会学，则简直没有。学生们对于社会事实并不去做经常的和直接的接触，他们读书本，在图书馆埋头终日；他们反复考虑古老的公式，并不逐步发展实验的技能的控制。因此，他们写出来的东西往往是脱离社会的，甚至是落后于社会和落后于时代的，是跟不上时代步伐的。我觉得，我们国家也存在这样的一个问题，这是要值得注意的。

费：嗯，很好，继续谈下去。

方：美国的另一个社会学家贝尔，在他的一本《后工业社会》的书中谈到，在农业社会人类所面临的是人与自然的关系，在工业社会所面临的是人与物的关系，而后工业社会所面临的是人与人之间的关系。这本书是写于六十年代，与梅欧的这本书相隔了二十几年，说明西方社会关注在科学技术高度发达的社会里如何处理好人与人之间的关系，是已经有很长的时间了，而我们则是刚开始。梅欧的书里还有一个重要的章节，就是"进步的黯淡面"，也就是说科学的进步固然是很好，但也会带来很多的负面作用。当然，现在谈这个问题的文章和专著都很多，但在当时他却算是比较早地敏感到了这个问题。而这也是我们中国才刚刚面临的一个问题。

费：谈得好，下面我来谈谈。我刚刚写完一篇文章，叫《派克笔记》，现在打印去了，你下次来就能看到。派克是我的老师，和梅欧的年纪差不多，是在四十年代去世的。梅欧也是四十年代去世的吧？

方：是的，是1949年。

费：我的意思是讲，他们都可以说是过去了的历史人物了。所以这里就牵涉到了对历史怎么看、怎么学历史的问题了。他们都是过去了的人，是属于老一辈了，他们写的东西对于我们来说是不是过时了？这就要看你如何去看待这个问题了。我们中国和西方发展的水平是不一致的，我们要从发展水平上去找出我们和西方的一个共同时间。他们都是过去了的人，就像你刚才所说过的，我们不能够再跟着祖父或父亲去学种田了。可是从我们发展的阶段讲，我们还是刚刚进入到工业化的阶段。刚才你讲了差半个世纪嘛，不管怎么讲，都要差一段嘛。

我是在抗战期间1944年到美国去的，写了一篇文章叫《初访美国》，你可以拿回去看看。梅欧是我的老师的朋友，他是澳大利亚人，我的老师是波兰人，他们因为思想很接近，所以比较要好。我的老师在英国搞人类学，他在美国，在哈佛大学商学院当院长。他当时做的是工业化变化的最前沿的研究。因为老师的关系，我到哈佛去看他，他把我留下了，我当时在那里写一本书。我的一个学生史国衡（西南联大毕业的），在昆明的时候写了一本书，叫《昆厂劳工》。那时我们在昆明办了一个研究所，我是研究农村的，写的是《云南三村》，我们是从工业、农业不同角度进行研究当时的中国社会的。

1944年我到美国去，是因为第二次世界大战，美国参战了，我们变成了同盟国。美国就请了中国的大学派了十个教授访美，我就是其中的一个。在访美的最后一个阶段，我到哈佛去了，在那里待了一个学期，也就是四个月。这期间，我找到了梅欧，我告诉他，抗战期间，从上海搬了一些兵工厂到昆明，这样，就有些祖祖辈辈种田的农民开始变成了工人。这里面出现了许多问题，我们看到农民很不容易进入现代工业。那是中国现代化工业的开始，是真正的开始。那时候的内地农村还从来没有看见过大的机器，尤其是大的新式机器。史国衡研究的就是那时的工人。我把这些事情讲给梅欧听，他很感兴趣。他说，他们没有看到过最早的工业化的过程，因为他们的工业化开始得比较早。他们出生的时候，美国的工业化已经达到了相当的程度，早就已经城市化了。那种从农村里面出来的、直接由农民变成工人的过程，他们根本没有看到过，也没有研究过，因此，他觉得很有意思。在他的办公室里，他要我把那本《昆厂劳工》翻译出来。翻成英文就叫《中国进入机械化的时期》。我的意思是怎样由一个农民变成工人，这牵涉到一个社会转型的问题。他看了很高兴，他说记录这些变化很重要，翻译完以后他的夫人还同我一起改了一遍。后来这本书出版了，是英文的，现在我找出来了，正在请人翻回中文。

这里反映了一个人类社会的变化，人类社会从一个没有机器的时代，发展到了一个机械化的时代，这是一个大变化。中国最早的机械化，从内地来讲应该是在抗战的时候开始的。沿海要早一点，南通的张謇是中国最早的民族企业家之一，那时我的父亲在通州教书，和他在一起，是朋友。张謇当时搞的是纺织工业，后来被荣家，也就是荣毅仁的家庭接下来了。那个时候我还是刚出生，张謇就开始办企业了。我的名字费孝通，就是为了纪念通州而取的。也就是九十年以前，差不多一百年了。

方：这样算来，中国的工业化还是不太晚，只是发展得比较慢而已。这是不是它同传统文化比较根深蒂固，对外来文化抵抗力强有关系？

费：当然有关系。另外，中国的地方大呀，发展到四十年代，才发展到昆明。最早的还有武汉，张之洞在武汉开始引进西方的工业，那是在我出生之前，就是一百年前的事情嘛。我是伴随着中国的工业化生长的，而美国是在我的上一辈开始的，从起点上算差了将近一个世纪。所以，我们现在学的许多东西，他们已经都过去了。因此，我们不仅要学他们现在的经验，还要学他们发展初期和中期的经验，把他们那时候的思想、文化来同我们现在比较。因为他们那时候经历的东西也许是我们现在正在经历或将要经历的东西。我在《派克笔记》中写了这样一段话：派克的思想是不是过时了？也许在美国已经过时了，但在我们国家却还很有借鉴价值，因为他那个时代所遇到的问题，正是我们现在所遇到的或将要遇到的问题。

而且，结合现在的实际，我们还可以理解到，他们那时为什么会想到那些问题。因此，这一批人的思想还值得我们花点时间去吃透它，懂得他们当时为什么会发生那些问题，为什么会产生那些思想。从他们当时的变化，来知道我们将要遇到的变化。但现在我们的问题是，两个变化遇到一起了，一个是机械文明，一个是信息文明。也就是说，在他们那里，这两个文明是分阶段发展的，而在我们这里这两个文明却重叠在一起了。

这样，问题就复杂化了，也就是我们将遇到的问题，比他们当年遇到的问题还要复杂得多了。可是不明白他们当时的问题，我们也很难解决现在的问题。因此，我觉得我们要把他们那一段时间的思想理理清楚。他们那个时候正是社会科学大力发展的时候，我想，我们现在也应该是。这个阶段社会科学是很重要的，我们正好赶上了。

派克是1944年去世的，梅欧是1949年，所以我1944年到美国碰上了梅欧，他研究的是工业化问题，那个时候，我们中国还是刚开始。本来我刚开了一个门，想从中国最早的工业化，也就是农民怎样变成工人开始研究，我想跟上去，让史国衡继续做下去。但后来他到法国去念书了，回来后，抗战胜利了，他也不继续搞了，再后来他到清华去搞事务工作了。这个研究就没人搞了，就中断了。如果这个研究一直进行下去，到现在就很重要了。很可惜这项研究成了中国的空白，这是一个损失。现在没人做这件事了。在改革开放以后，我有一篇文章，谈到了这个问题。

现在做这件事就不容易了，现在虽然也有农民在转变成工人，但现在的农民已经对工业化很熟悉了，和工业化初期的农民不一样了。因此，现在这种研究已经过去了。

方：您的谈话给我的启发就是，很多历史事件，就要在当时把它记录下来，当时不记录，等到以后再做的话，就已经过去了。所以，社会学和人类学的时代性很重要。

费：不过，这种变化，在中国还有，改革开放以后，农民还在不断地进城。只不过像半个世纪以前那么封闭的地方已经很少了。

现在西部大开发，在那里有些地方还是属于工业化初期，甚至还尚未进入工业化。要是有人从这个起点去研究的话，也还是很有意思的。目前，中国有两个问题：一个是工业到农村里面去，成为乡镇企业；一个是农民出来到工厂里面去，成为城市工人。这两个过程是很有意思的，这是中国的一个大转变，真正社会的转变就是人的转变嘛。许多在西方已经看不到了的事情，在中国还存在。只是中国更复杂一点，前现代的问题还没有解决，现代问题和后现代的问题却已拥上来了。

方：中国的发展是很不平衡的，在北京据说已有一千万台电脑加入了国际互联网，和国际接轨，进入了信息时代。但在一些边远的农村，连工业化都还没有进入。

费：所以，我们要研究这样一个过程，对历史不要绝对地看，要看发展过程，要讲发展过程里面的比较。现在我们值得研究是西方工业化初期到后期的这样一个过程，要看看在他们这期间发生过一些什么样的问题。梅欧写这本书的时候已是西方工业化的中后期了，也就是二战结束的时候了。

方：第二次世界大战结束时，西方的工业文明已经是很成熟了，并从那以后，开始逐步地向后工业文明发展。

费：后工业化应该是从计算机出来以后开始的。我一共访问过三次美国，一次是1944年，一次是1947年，一次是1980年。前两次我看到的美国还是属于资本经济的时代，后一次到美国，就发展到了知识经济的时代了，也就是信息时代了。在信息时代，人们开始对工业文明进行了一系列的反思，并着手解决工业文明所带来的一系列的负面问题。比如对环境的治理，对生态平衡的保护等等。

方：我们中国实际上，也在面临这个问题了，环境的污染、生态平衡的破坏等等。

费：所以说，中国要两个问题一道解决呀，要边开发、边发展、边注意保护，避免犯西方已经犯过的错误。你们这一代人的任务很艰难，工业文明还没有完成，新的后工业文明的问题又出来了。我们在发展工业文明的时候已经落后了，在发展后工业文明的时候，我们要善于抓住时机，明白我们现在所处的阶段，我们现在和将来所要面临的问题。一定要有这种思想和这种头脑。我们要知道我们现在是在两个变化的交织之中，两个阶段相互覆盖。我们的工业基础还很差，真正来说中国的工业基础还是在乡土经济里面，我们还没有完全离开农业社会。前工业文明的问题还没有完全解决，要大家懂得我们的这个处境和定位，要知道我们现在处于人类社会变化中的什么位置。

我们今天讲的问题有两层性：一层是如何解决工业文明，即市场经济的问题；另一层是如何解决后工业文明，即知识经济的问题。要处理和解决好这两个问题之间的矛盾。

方：中国的社会学和人类学的研究，应该针对中国的这些具体的问题，进行大量的社会调查和长期的田野考察工作，但目前这样做的人还不是很多。许多学者只是热心于把国外现成的理论照搬过来，对中国的一些实质性的问题却缺少实实在在的深入的考察和研究。

费：这种工作在中国还没有真正的开始呢，这种认识还要有一个过程。我们所做的研究工作首先要有一个定位，一个历史的定位。不要看我们在世界上的绝对的年代，要看具体发展的年代，找好自己所属的位置和发展的阶段。就是工业化里面也要分成好多段，那么，我们到了什么地方？找准这个位置，研究起问题来就要清楚一点。我们的工业化发展阶段不仅跟西方不同，就是国内，不同的地方、不同的地区所迈的步子也不完全相同。不过，我们要达到西方同样的发展程度，可以不需要它当时所发展过来的同样多的时间，因为我们在他们的后面，可以不重复走它的一些老路，而走点捷径。

这个世界发展得很快，虽然我们的工业化还没有完全发展好，但信息时代已经到了中国，新的文化和新的思想对中国的冲击很大，使中国在很多地方也在和西方同步发展。

方：刚改革开放的时候，我们对西方的很多文化现象都理解不了，因为我们和他们社会发展的阶段和国情都不一样。

我最早学的是美术，当时对国外的一些前卫艺术、先锋艺术很不理解。他们的艺术有很多都是具有破坏性的，和农业时代的艺术形式完全不一样。梅欧在他的书中曾经写到，在西方最早对工业文明的进步性表示怀疑的人就是一群艺术家。如果说哲学家和社会学家，是以理性分析和逻辑推理来看待这个世界的，而艺术家，则是以心灵的直接感受来看待这个世界的。他们是一群敏感的人，而且心灵感受往往早于理性分析和逻辑推理。所以还在人们盛赞工业文明的丰功伟绩时，艺术家们就看到了其黯淡的另一面。他们是最早提出打破标准化，追求个性化的人群；也是最早提出回归自然，返璞归真口号的人群。这种思想导致了高更远离繁华的巴黎到南太平洋的土著人中间寻找灵感，成为了表现主义画派的创始人；也是这种思想导致了毕加索从非洲的原始绘画和雕塑中寻找灵感，最后创立了立体画派；还有马蒂斯从东方的地毯纹样和民间剪纸中汲取营养，创立了野兽画派。在他们以后的装置艺术、达达艺术、行为艺术等等，则带有更强的前瞻性和实验性。当时国内的很多艺术家对这些画派很不理解，包括我自己。但现在我已经理解了，因为我们自己的国家也在开始面临他们很多同样的问题了。

就拿先锋艺术所强调的实验性和前瞻性来说，其实，这和后工业文明的文化背景是很有关系的。比如，在农业社会，人们对社会的学习是向后看的，也就是从父辈和祖辈的经验中，找到自己今后的生活方式；在工业社会是向眼前看的，注重的是了解现实，在现实中寻找自己生活的位置；而在后工业社会则是向前看的，人必须不断地面向未来，在面向未来的发展中把握自己生活的方向。但在后工业社会也就是信息社会中，人对自己的未来是很难判断的。父亲、母亲的经验不再能在自己的生活中发生效用，他们所经历过的生活方式也不再是自己可以重复的模式。未来生活是不确定的、没有模式的、不可重复的，因此，每个人的生活都是带有前所未有的实验性的，都是可以有多种的可能性的。生活对于我们来讲是未知的，因为，我们不知道在我们明天的生活中会出现什么样的新的事情、新的机遇，所以对于将来是很难判断的，是可以做各种设想和各种努力的，而这正是前卫艺术所要表达的一种思想和精神。

费：这是一种创新性的思想和精神，所以在现代人的生活中创造性就成了一个很重要的内容。要理解一种文化和一种艺术，必须要把它放在一个特定的历史时期和一个特定的社会背景中去理解，这样才能理解得清楚和理解得深刻。

方：是的，不同的时代的艺术反映的是不同时代的文化精神。在向后看的农业社会中，对艺术强调的是摹仿性，比如摹仿自然、摹仿古人。但在向前看的现代工业社会中,摹仿的艺术已经没有了位置,创新才是一种艺术的灵魂。

对那种向后看的传统社会看来说,社会的发展是缓慢的;以创新为动力的现代社会来说,社会的发展是迅速的、日新月异的,这是一个适应性的社会,人们需要不断地去调整自己,去使自己适应它。但是,这样的社会也是有其很困惑的一面的,因为社会发展得太快了,人们的思想跟不上它,也就是说科学技术发展得太快了,人们要不断地去学习新的专业技术,避免被淘汰的危机。但正因为如此,人文的教育就被忽视了,包括对孩子的教育,只要学习好,就能代替一切。人文教育和科技教育的不平衡,所带来的后果是,我们的社会就像是一个发育不完整的人,即四肢(代表科学技术)很发达,但头脑(代表人文学科)还没有发展成熟。这就很危险了,因为人的身体要靠清醒的头脑和理性的思维来控制,如果理性和思想不能够去约束发达的四肢的话,这个社会就要出毛病了。

对于这个问题,梅欧在他的书中提到了:"我们已经懂得怎样在一刹那间毁灭千万的生灵,而不懂得怎样有系统地引导各种团体和国家在创造文明的事业上进行合作。并不是原子弹要毁灭文明,而是文明社会能够毁灭它自己——无疑地,最后要用到炸弹——如果它缺乏明智的理解和不能控制对合作的支持和阻碍。"这是梅欧在半个多世纪以前所说的话,他那个时候所看到的问题,到今天不但没有解决,而且还更加严重了。因为他那时候所看到的,只是科学技术和人文教育发展的不平衡所带来的社会次序的不稳定,还没有看到人类盲目开发所造成的生态失衡,环境污染等问题的出现。当然,现在西方已经在开始提倡人文教育了,但中国好像还没有重视这个问题。

费：其实，就连西方现在也还做得不够，而中国，不是不够的问题，还是有没有理解的问题。人文并不是一个抽象的东西，它也是一种资源，一种无形的财富。和自然资源一样，是需要保护，但同时也是可以开发和利用的。这个问题谈的人还不多，下次我们来专门谈谈这个问题。

方：我最近写了一篇有关文化生态的文章，下次来带给您，请您指导一下。

费：文化生态的概念很好，但文化生态，谈的只是保护的问题。不像人文资源，还有一个开发和利用的问题。保护并不是要放在那里不动，而是要让它为现实服务。但如何保护？如何利用？这都是一个大问题。回去以后你多思考一下，把人文资源作为一个理论问题提出来。研究后再用到实践中去。

方：也许我比较保守，总是害怕破坏，因为我觉得人是地球上破坏性最大的一种动物。有些东西破坏了还可以恢复和重建，但有些东西确实无法恢复和重建的。自然生态和文化生态都是如此。前面我们已经谈到了，科学技术的发展要和人文教育的发展同时进行，不然的话，科学技术发展得越快还可能对人类社会和生存环境的破坏性越大。科学技术本身是中性的，有理性的人可以用它，失去理性的人也可以用它。可以用它去推动社会的发展，也可以用它去毁灭整个世界。所以作为掌握这些科学技术的人的思想、人的观念就很重要了。这些人必须要对人的社会、人的文化有很深刻的理解，不是只作为了解某一个问题的局部的专家而存在。未来的社会发展需要的是完整的人，而不只是某一方面的专家。我们现在所培养的基本上都只是具有一技之长的专家，轻视了对人的全面的培养。在中国的古代对人的要求是德才兼备，但现在，对这个"德"是有所忽视，包括家长培养孩子。光是培养一个人的专业技术是不行的，还应该培养他的品格，包括他的思想、他的行为以及他和人相处的本领，也就是与人合作的本领。

费：在这一点上，梅欧讲得很多。这种合作的本领不光是体现在人与人之间、国与国之间、民族与民族之间，只有这个关系处理好了，世界才能安宁，人们才能过上和平的生活。

下面我们回到我们的主题上来，我认为我们今天讲的主题有两个：第一个是如何确定中国现在发展的位置，也就是处于人类工业文明发展的什么阶段？所发生的变化是什么样的变化？我们可以参考西方的经验，因为毕竟他们走在我们的前面，看看他们所走过的路，看看他们所遇到的问题，对我们是有好处的，是有帮助的，也是可以借鉴的。第二个就是我们中国工业化文明发展过程中的复杂性，在中国一些边远农村，还是处在农业时代，但许多地方已经是工业时代了，而在大城市信息文明也已经进来了。也就是在中国，前工业文明、工业文明、后工业文明的发展是重叠的和交织在一起的。你要把这里边的复杂性和独特性讲出来，正因为这样的一个复杂性和独特性，所以我们又不能照搬西方的经验，还应该走自己的路。

另外，我们是要开发我们的经济，但不要跑得太快了，要注意到我们的基础。而且要保护和开发同时进行，既要发展经济，又要注意保护自然的生态和人文的资源。眼光要放长远一点，要注意可持续性发展。但又不能太慢了，太慢了，老是看背后也不行，也就是说，不敢往前走。因为往前走是需要勇气的，需要创造性的，是很不容易的。我们要有创造的能力，中国近百年来的发展是缺乏创造性的,因为没有办法,我们比别人落后,所以只能跟在别人的后面。但一个国家要没有了创造性就成大问题了,在这一点上,我们要注意。我们这一代人是要过去了,而你们这一代人的任务是艰巨的,你们要在发展中找对自己的坐标,要站稳脚跟,稳步发展。

方:从这次谈话中我学到了不少的东西,谢谢费先生。

方李莉记录整理
载于《民族艺术》2000年第2期

全球一体化发展中所遭遇的文化困境

费孝通（以下简称费）：你写的《文化生态失衡问题的提出》[①]这篇文章，我昨天反复地看了两遍，并在上面写了不少我的意见，有些地方还用铅笔作了记号，你可以回去慢慢地看看。

下面谈谈我对这篇文章的看法，首先可以肯定这是一篇写得不错的文章，你动了脑筋，对人类文化互相间的关系，人类文化和自然环境、人工环境之间的相互关系等方面，提出了一些非常重要的看法，有些观点可以给人们一定的启发。但在这里我还是要提一点和你不同的看法，在这篇文章中，你用了不少生物学中的现象来论证你的观点，这是我不太赞成的。第一，生物世界不能等同于人文世界，人文世界是超机体的，它有它自己的规律。第二，人类学的研究要求科学性和准确性，你以生物学中的现象来类比文化学中的现象，很难得到真正的证实，因此是非科学的。你在文章中把不同的文化比喻成不同的生命体，我也是不太赞同的，生物界的生命是会死的，但文化是不会死的，只是会改变。

文化有文化的生长规律，生物有生物的生长规律，虽然说文化是从生物中发展出来的，可是已经离开了生物，高了一个层次。

[①]《文化生态失衡问题的提出》一文由费孝通先生看过以后，经作者修改，于2001年5月由《北京大学学报（哲学社会科学版）》第3期刊出。

不能将这两个层次的东西放在一块讲。当然对于文化的死和活，我们也不能绝对化，比如玛雅文化就死了，究竟是怎么死的，原因还不知道。现在印第安土著文化、澳大利亚的土著文化也都正在濒于死亡。包括我们中国的赫哲族也很危险，面临一个这样的问题，我们该怎么办，这是你在文章中提到的一个很核心的问题。

方李莉（以下简称方）：我在文章中提到的主要观点是：在现代化文明迅速席卷全球的今天，每时每刻都不知道有多少传统的土生土长的文化在消失。一种落后的传统地方文化的消失，谁也不会注意、谁也不会感到惋惜，但当成批的这样的文化群落都在消失的时候，人们有没有想到过，这是不是一种文化的生态在遭到破坏？也就是说，以人为中心的观念正使得生物圈的生物在急剧地递减，同样，以西方文化为中心的观念也正使得文化圈内的文化种类在急剧的递减。这种现象告诉我们的是：我们现在感到的是自然生态的被破坏，自然资源的在减少，但同样我们将面临的还有一个文化生态的被破坏和文化资源在减少的问题。

费：我认为你的这一观点提出来很及时，是一个值得讨论的问题。但有关这个问题的讨论，最好是放在文化层里来讨论，不要以生物学来做你的理论根据，不要以生物的规律来讲文化。当然以生物现象来做例子是可以的，但只能讲文化的规律与生物的规律有相似的地方，不能直接地推论过去。

这里主要涉及的是一个文化本身的分析，按我的理解，你在文章中主要谈到的是本土文化和外来文化的关系，也就是外来文化的影响和文化自身发展的规律之间的关系，这里涉及的是文化本身变化的规律。文化的发展和变化，一方面是受其所处的环境的制约，要不断地和周围的环境相互调适而生存，另一方面还要受到外来文化的影响、促进及交流。也就是说，各个民族的文化都是在自己所处的特殊的自然环境和人文环境中发展出来的，即使到现在，很多民族也还依然生活在他们的这一特殊的传统环境中，还在保持着他们自己的传统文化。但面临着全球一体化迅速发展的局面，这些传统文化还要不要保持，这就是你在文章中提到的一体化和本土化的问题。

方：我在文章中提到，文化是一种技术、社会结构和观念的综合构成，它经过调整而适应与其自然居住地和周围的相互竞争的其他文化。这种适应过程具有两个特征：创造与保持。前者是一种结构和模式的进化，这种特定的模式能使一种文化根据环境进行必要的调适；后者则为一种稳定化的趋势，即保持已实现的合适的结构与模式。文化创造过程的全部结果就是产生一个有组织的文化整体，一种综合性的技术、社会和观念。它受制于可供其选择的自然界和外部文化的双重影响。文化适应中创造性的主要结果就是，它能在特殊的环境下产生人类文化的多样性。也就是说，地球上多样性的自然资源、地理环境和多样性的发展历史造就了人类文化的多样性，而正是这种多样性的文化才使人类有可能利用地球上多样性的各种资源。但工业文明的发展，却用人工的物质环境割断了文化和其居住地的自然环境之间的密切联系。因为其建立在机械文明基础上的先进的生产力，可以使人们建造一个自成体系的第二自然，也就是人工自然。在这种人造的自然中，人们的生产方式，甚至生活方式都可以不受自然条件和地理环境的制约，它可以适用于所有的地区和国家。这种先进的工业文明的技术方式是从西方文化的母体中孕育出来的，对于非西方世界，这种技术方式本身没有文化上的合法性。但是，西方技术方式一经转移到非西方世界，它就能再生其母体文化，并且瓦解其他文化，使世界不同文化的差异减弱，甚至拉平。

费：我觉得你的这段意思还是讲清楚了的，我也比较赞成。我理解你的意思是说，传统的文化是在不同的自然环境和地理位置中成长起来的，当然也不排除它和周围其他文化间的相互影响。而现代文化是在一个统一的人工的物质环境中发展和创造出来的，一体化的人工环境、一体化的人工空间，是由一体化的科学技术所造成的，最后还将形成一个一体化的、世界性的经济市场。因此，文化差异的拉平和削弱，则是必然的趋势。

以西方文化为基础的现代科学技术，为我们创造了一个人工化的物质世界，同时也在此基础上建立了一种新的现代文化，也就是一个新的人文世界。为了能够适应这样一个新的人文世界，所有的民族都必须放弃自己传统的地方性文化，以便能够加入到这样一个新的人文世界中来。也就是说，全球一体化的发展，实际上就是要在新的人文世界，或新的人工物质环境中再造人类新的文化。但这种在人工物质环境中建造起来的新文化，是否就一定是人类文化的先进代表呢？我现在也很难确定。

方：我总觉得这种在人工物质环境中再造的文化，有点像农作物中人工栽培的高产良种植物。作为人工栽培的植物，其特征是繁茂多产，便于栽种，生长期短等，总之，有着无数的优点，不仅比野生的植物，就是比传统的农田作物也优良得多。因此，它倍受人们的青睐，许多地方的人们，都开始放弃传统的农田作物而改种这种优质的人工品种。在一般的人看来这没有什么不好，相反这是一种科学的胜利，是人类战胜自然的表现。但有一天，我无意中在一张报纸上看到一篇文章，文章报道的是，在湖北一个地区，从国外引进了一种高产的优质大豆，本来大豆长势很好，但由于虫害，豆苗大批地枯萎。科学家们研究后认为，主要是由于其基因有了弱点，才会遭到如此的天敌。要解决这一问题，就要到野生的环境中去找到一种和这种大豆有亲缘关系的豆科植物，而这种野生的植物，由于长期在恶劣的自然环境中生长，具有强壮的生命力。如果能把这种强壮的基因提取出来注入人工培植的大豆中，就能抵御病虫害的侵袭。

这篇短短的报道给了我很大的震动，因为我从来没有想到过，野生植物的生命力竟然比人工培植的植物的生命力强得多，更没有想到过，它们之间的这种相互依赖的关系竟是如此地重要。我又接着找来了一些有关方面的资料。并进一步了解到，避免动植物灭绝的唯一办法，就是保留足够的遗传品种来成功地适应环境改变。如果它们的遗传多样性减低，那么它们所受到的危害程度就相对增加，有时会超过一个限度，结果一个品种就会无法避免完全消失的命运。其实，在农业史大部分时期，遗传的多样性不仅可以在粮食的野生亲属中间找到，还可以在所谓的农田种族或称原始栽培变种中找到。这些植物在遗传上与全球农业系统中使用的粮食作物有关联，是较原始的农业系统中开发出来的。不幸的是，许多农田种族由于现代高产品种的蔓延，目前也受到危害。1990年，在印度马拉斯举行了一次国际会议。这次会议作出结论说："不幸的现实是，许多国家在知道或不知道的情况下，由于高产品种的蔓延而丧失了他们传统的农田族类，从而增加了遗传单一性。"而这种遗传单一性的后果就是将导致许多农作物的灭绝，人类的粮食将由此发生危机。从这个例子，我想到了文化，想到了如果文化单一性发展，不仅会导致许多较原始的土著文化，甚至会导致许多发展中国家的本土文化的消失,而这种消失会不会也将导致人类社会文化发展的危机,这就是我着手写篇文章的动因。

费:你从生物学的现象受到启发,这是可以的,只是不要把它作为你论文中的主要依据。因为文化虽然也是从生物里面出来的,但它本身已离开了生物,隔了一层。生物层和文化层是宇宙发展中的两个不同的层次,它们各有自己的特点。

你在文章中提到,人类社会的发展需要多样性的文化和多样性的智慧。本来应该是这样讲的,但很多的传统文化它们之所以不同,是因为当时它们各自发展的条件和所处的环境不同。现在整个世界都发生变化了,它们也不得不变,但是怎么变,现在很难说,这是一个很深刻、很值得人思考的问题。前面我已经说了,我赞成你所说的,西方人用现代的科学技术制造了一个统一的人工化的物质环境,同时在这样的基础上出现了一个统一的大的新的文化环境。作为非西方国家的人怎样去适应这样的一个环境,也就是如何走向世界一体化的问题了,这是非常困难的,因为各自的文化基础不一样,各自文化发展的初始条件也不一样。

不仅如此,就是西方国家本身也还并没有适应他们自己造出来的这样一个新的人工的物质环境,也就是说,当今的物质文明和精神文明还并没有真正地协调一致,新的物质文明需要有一个新的精神文明、一个新的文化观念、一个新的道德标准,但到现在为止,这个新的精神文明还没有真正跟上来,还在探索和完善之中。也就是说,人类新的发展建造了一个新人文世界,这个新的人文世界不是和自然统一的,而是对立,是和自然相对抗而存在的。但这种对抗的结果,就是自然环境的被破坏,河流、空气被污染，地球成为了不适合人类和其他生物居住的地方。如何解决物质发展和自然环境相协调的关系，这就是西方文化所面临的问题。就是说现代人自己造出了一个人工的物质环境和文化环境，但自己也还不适应。而且，在当今的世界上，还有很多落后的国家没有参与创造这个环境，这些人和这个环境相隔很远，要他们适应这样的环境也就更难了。

在全球一体化迅速发展的今天，我们不时听到一些唤起种族和民族情感的疾呼。这些力量所表现出来的外在形式是多种多样的，但从根本上来讲，它们都代表了一种在失范的和混乱的世界上寻找归属的渴望。这一切都证明了这个世界的文化发展是不和谐、不平衡的。这里有两个问题，一个问题是，一些落后的非西方国家有自己本身的文化传统，但这些文化传统已不适应现代社会的发展了，他们要面临的问题是如何去适应现代社会的发展。第二个问题就是，西方社会也要面临如何与这些发展中国家的文化发展相互协调，避免造成各种文化的对立化，以保证整个世界能和平相处下去。其结果就是，各民族都要面临一个文化自觉的问题，也就是如何去认识每个民族自身的文化的问题。你文章中总的观点我是赞成的，认为是有一定深度的。关键就是你要把自己的意思和观点表达清楚，让大家来共同关心和探讨这个问题。

方：谢谢先生的提醒。我认为，人类社会正在面临着一个重大的转型，在这个转型的过程中，人类社会将从传统的、各自独立生存的民族国家的世界，变成一个互相联系和相互依赖的、以高科技为基础的一体化的世界，同时共同结成一个高度的、容易冲突的、技术化的工业体系，因而将直接遭遇一系列经济、社会、生态问题，尤其是生态问题。对于生态问题不仅是有自然的生态，还有文化的生态。对于自然的生态，现在几乎全世界的许多领域都在关心，因为它直接关系到人类未来发展的生死存亡的问题。但对于文化的生态，真正关心的人微乎其微。很少有人能够真正认识到，其实我们所面临的自然生态的失衡与文化生态的失衡是有密切相关性的，是西方的文化以其强势的姿态介入世界每一个角落的结果。

在西方文化基础上发展起来的、以最大限度的追求经济利益为目的的现代工业文明，是一种奢侈的和浪费的文明，它的发展正在迅速地耗尽地球上许多珍贵的、不可再生的自然资源，也正在迅速地污染和破坏着地球上所有生命栖居的自然环境。表面上这是由于科学技术所造成的，但实际上，却是一种文化观念所造成的，在全体的人类社会中并不是所有的文化，都崇尚奢侈、舒适、浪费，都认为人是可以战胜自然和主宰自然的。因此，在人类未来的发展中，要想真正地解决自然生态的问题、环境污染的问题，仅仅依靠科学技术是不行的，因为科学技术是中性的，它是为具有不同的文化观念的人服务的。因此，人类今后真正要面对的，不是进一步快速地发展我们的科学技术，而是要重新调整我们的文化观，调整我们和大自然的关系，重新绘制我们心中的宇宙图像。在这调整和绘制的过程中，我们不仅需要西方文化，还需要其他多种文化和宗教的相互补充，只有这样，我们才有可能在此基础上发展出一种新的文化观念，以解救人类目前遭遇到的困境。但我们如果在现代化的发展过程中，逐渐地失却了文化的多样性和丰富性，我们就会失去许多宝贵的、智慧的源泉。尤其是一些在与大自然长期斗争中成长出来的原生态文化，里面也许还包含着人类社会未来发展的某种宝贵的基因和经验。它对于现代文化的重要性，也许就像野生植物对于人工培植的、高产的农作物一样重要。当然也许我这个比喻是不恰当的。

费：你讲的这种文化的多元化是很重要的，现在很多人都希望用传统的多元化文化来对抗现代的一体化文化，但这种对抗最终是会失败的。我们现在面对的是一个新的社会、新的世界，历史是不会往回走的，面对这样的情况，我们应该怎么办？对于这个问题，学术界一直有两种意见，一种就是保持自己民族文化的独立性，但刚才已经说了，这一点是很难做到的，尤其是在全球一体化迅速发展的今天。另一种就是三十年代胡适提出来的"全盘西化"，但这条路也是走不通的，是不可能，也是做不到的，因为一个民族是不可能忘记自己的过去和历史，重新开始的，它有自己的文化传统，有自己根深蒂固的民族习俗，除非这个民族消失了或被毁灭了。因为一个民族的文化是慢慢地一点一点积起来的，我们的文化习惯也是从小养成的。要改变这些是很难的，有些地方几乎是变不了的。这样一来，两种不同的文化就会发生矛盾。

我认为，西方的文化固然有它的优越性，但它是不完善的，起码它没有解决好人与自然的关系，所以这种文化所创造出来的人文世界还是不完整的，要想让它完整化，还需要其他的许多文化来共同参与。所以，不能强迫所有的文化都一致，要强迫所有国家和民族的文化都一致，这是大家不能接受的，也不可能接受的。因为西方本身的很多问题都没有解决，包括它内部的各种社会问题、经济问题、生态问题等等。这个世界是人类共有的，它需要大家来共同参与，但不同文化和不同社会背景的人们，怎样才能携起手来创造一个共同的新世界，这是一个值得探索的问题，这是新世纪所要面临的一个新问题，用传统的观念和办法是很难解决这个问题的，这恐怕要有一个新的方法和一个新的思维。

方：正因为如此，我才更觉得保持文化的多元化有多么地重要。也就是说，在人类社会已经步入新千年的今天，我们不仅要庆贺人类在各个领域中所取得的种种胜利，同时还要反思我们现在在什么地方和我们将要向何处去。因此，我们对未来的展望和判断，要有一种全新的眼光和全新的认识，包括对落后民族文化的重新认识，包括对一些非线性思维方式的重新认识。

近几百年来，由于工业文明的发展，人类对于认识线性关系的自然事物和机械系统，取得了巨大的成功，但是，人类的理性能力对于非线性的自然系统，尤其是对于复杂的生态系统的认识和控制，则是粗浅的。一些前沿研究的科学家们承认，我们与宇宙的关联性正回到物理学，也回到生物学，他们认为在宇宙和生物圈中共同生存和共同进化的一切事物之间永远有纠缠和通讯。在此微妙的相互作用网中，人的心灵成为一个意想不到的积极参加者。但在有关心灵与宇宙的相通和感应方面，原始人以及一些土著民族比只相信科学的现代人要强得多。在这些人中间，常常采用一种比看、听和触摸更自发的通讯形式，他们中的一些巫师们和萨满们似乎有超人的视力和心灵感应的能力，在科学中称这种能力为变异的意识状态。有学者认为，这种变异的意识状态是人的心理的基本因素，它的状态的一端渐入疯狂，另一端是到达最崇高的创造、深刻见解和天才的领域。变异状态的共同特征是，它使人与人之间和人与宇宙之间的联系高度加强，具有显著的超越个人相互作用和通讯的能力。

也许这种能力在传统科学看来是落后甚至是愚蠢的，但处于这种状态的人们却常常能根据这种超常的能力，敏锐地预感到生态系统将发生的种种变化，他们用自己的心灵与宇宙与自然保持联系。另外，在大自然中的长期生活，使一些落后民族的人们对自然中的气候、节律等方面的变化，比现代人敏锐得多。也就是说，近几百年的科学发展的确通过各种器材，延伸了人的各种外在的能力。但人自身的能力却不仅没有得到发展，反而正在迅速地退步。现代人追求的是效益，是大量物质的拥有，是经济的高速发展，这种追求确实使人类的物质生产达到了前所未有的繁荣，人类征服世界的能力也达到了前所未有的高度。但这种追求却使得人们失去了许多天生具有的各种能力，如：对事物直觉感悟的能力，和大自然直接相通的能力，与人亲和的能力，甚至爱的能力。人类发展了自己的物质空间，却窒息了自己的精神空间。因此，在新的世纪里，人类将面临的不仅是来自物质方面的革命，还有来自人类精神方面的革命，也就是人类自身的革命。如对人自身潜力的发掘，对自我创造力的发展，对人和人、人和宇宙、和自然关系的重新认识，以及对自身文化传统的重新认识和挖掘整理等等。从而使人类在一个更加广阔的历史空间和文化知识的基础上，重新认识世界，重新认识我们的尖端科学，重新认识我们人类的自身，并从中找到一条新的通向未来的路。相反，如果我们在向前发展的道路上摒弃了许多优秀的文化传统，把它们作为一种落后的因素加以剔除，使许多民族和国家在失去其文化自信心的同时，也失去了其文化上的原创力。那么人类的文化的未来发展就将受到种种局限，并将失去许多新的可能性。

费：这就是说，在今后人类社会的发展道路上要允许不同文化的自我发展。现在西方文化在其先进技术的引导下，正在创造一个新的人文世界，但这个世界是不完善的，因此，不能强迫所有的国家和人们都要进入这个世界，并不是所有的人和所有的文化都能接受这个世界的，这是一方面。另一方面，就是接受了也不能解决问题。因为，西方世界的一些重要问题并没有解决，内部的社会问题没有解决，如吸毒、艾滋病、社会暴力、种族歧视等等；外在的怎样与其他文化共同相处的问题也没有解决，各种民族争端还在不断地发生。

另外，在人类未来的发展中，怎样才能创造出一个人类共同的文化，这是一个大问题，怎么创造，现在谁也说不清楚。最大的问题就在这里，你触摸到了一个人类目前遇到的最根本的、最重大的问题。世界一体化的市场经济，需要一个大家共同遵守的文化规则和社会次序，甚至要有共同的语言、共同的行为准则。这就不得不动摇各地方的本土文化所赖以生存的根基，文化的非地域化似乎是一个趋势。但这种趋势使人类进入了一个两难的矛盾境地，这就是追求物质文明的发展与自然生态和环境污染之间的矛盾，还有追求一体化经济与文化多元性之间的矛盾。

目前文化所遇到的一个根本的问题是，现代人创造出了一个新的局面，这个局面一方面是人创造出来的，但又不完全是被动的和受人支配的，它有它自己的发展规律，有时是人难以控制的。就目前的情况来看，它正在不断地发展，而且发展的节奏越来越快，这种发展最后会把人类的社会带到一个什么地方，真的是很难说。在有些方面人应当控制它，但现在却控制不了。老实说，在我的思想里面，觉得这样如果下去实在不行，最终也许就是毁灭。西方文化创造了一个一体化的环境，在这个环境里，许多地方性的文化不能适应它了，因为它们文化的来源不同嘛。现在困难的是，在一个统一的世界市场、一个统一的经济环境中，一定要有一个共同的道德规范、共同的价值标准，因此，所有的文化都在面临一个转型的问题，都要无条件地交出自己的历史与传统，这在感情上是很难做到的，从客观规律上来看，也很难说是正确。所以人类遇到了一个进退两难的尴尬境地。而且，这个问题现在不仅是文化的问题，还成了一个政治性的问题，里面还隐含着一个霸权主义扩张的问题。

西方所崇尚的物质文化可以解决许多问题，但有些问题是不能解决的，尤其是社会心理问题，在这个竞争的社会里，大家互相矛盾，互相仇恨，造成很多的社会问题。同时自然资源的破坏、环境的污染，都是目前西方国家难以解决的问题。这些问题都在说明，西方人创造出了一个新的人文环境，这是一个高度人工化的环境，在这样一个高度人工化的环境里，不仅是发展中国家不能适应，就是它自己也不能很好地适应。因为现在的地球已经承受不了这种文明所带来的巨大负担，就是自然界的生物圈也很难适应这种环境所带来的负面作用。它的这种发展状态，不是向着一个相互平衡的、相互融合的道路上行走，而是朝一个极端的、失衡的道路上前进。当然，现在西方的许多学者也意识到了这一系列的问题，因此，才产生了后现代主义的文化思潮来试图扭转这种趋势。

我认为，在今后人类社会发展的道路上，世界上的三种最主要的宗教文化要互相补充，一种是基督教文化，一种是佛教文化，一种是伊斯兰文化。除此之外还有许多文化的分支和土著文化。对于原始的土著文化在我们现在看来是很落后和很愚昧的，但是我们也要看到这落后和愚昧里面也还蕴藏着许多我们现代人无法理解的智慧。更何况他长期生活在大自然中，对大自然变化的节律、对自然生态的理解可能会比我们这些现代人把握得更多。所以我们不要认为只要是传统的、原始的文化都是落后的、不合理的，都是要丢掉的或抛弃的。其实里面还可能有一些东西是可以值得我们今天新的文化借鉴的，可以成为我们今天新的文化发展的基础。

当然明确地说来，在原始文化和传统文化中是有很多不好的、落后的东西，是我们今天要抛弃的，但我们不要倒洗澡水，把孩子也给倒掉了。要留下许多优秀文化的种质，并在这基础上让它们得到重新发展，为人类的未来发展不断地提供新的养分。

方：按照生物学的观点，每一粒种子（以及每一根芽苗）都携带着种质；它不仅含有基因，而且还包含着全套的特殊机制，借以控制遗传，规定基因结合的模式，表现基因的特性。植物的未来健康取决于种类繁多的不可代替的种质。人类的社会也是如此，人类社会未来的健康发展也将取决于多元化文化的继续发展与保持。

对现代化过程中文化多元性遭到破坏问题的担忧，最早是由人类学家们开始的。美国著名人类学家萨林斯曾说："比较矛盾的是许多人类学家所描述的传统都是受到了西方文化浸染过的文化，没有人能描绘出他们最初的文化，许多文化都是在吸取了西方文化后重新塑造出来的。"但他后来又认为，对文化多元化发展的担忧是没有必要的，因为从80年代开始，大部分第三世界出国生活的移民们又回到自己的国家来创建新的生活，他们的变化是在技术和生活方式上继续学习西方，但一些已经失去了的传统观念和文化正在恢复,如传统的庆典活动、传统的公众仪式、传统的亲属网络等。他还认为,这种传统的恢复是创新的一种手段,世界文化的一体性和差异性是同时发展的,保护自己的文化传统已经在第三世界和第四世界形成一个普遍的现象,这些非西方的人创造他们文化观的斗争已摧毁了传统与变迁的对立、一体化和多样化、西方化和本土化的对立。在他看来这种本土化运动的出现使文化多元化的问题已经得到了解决。

但实际上只能说,在全球经济一体化越来越深入发展的今天,民族文化的自我保护机制正在产生作用。但这种自我保护只是一种下意识的,无意识的,还是对自身文化有一种真正的认识和真正的原创性发展?另外,还有一个问题就是,我觉得文化不仅仅是一种习俗、一种观念之类的意识形态,它还应该包括生产方式、消费方式、生活方式等等这些人们赖以生存的、根本的、核心性的内容。当这些核心性的文化内容已经走向了一体化时,它所恢复的传统文化还是其真正意义上的传统文化吗?我在这里并不是反对非西方民族国家文化的发展,也不是要求所有的本土文化都要原封不动地保持它的原貌,而是希望这些国家的文化,在吸收外来文化的基础上还能保持自己文化的原创性,还能具有一种原创性的生命力,其发展是真正原创意义上的发展,而不是消亡或被取代,只是留下一种表面的躯壳。

费:你讲的这些有一定的道理,但具体怎么写,你还要做进一步的思考。在我看来你的这篇文章要讲的实际问题就是,我们现在正面临一个新的文化因素,这种新的文化因素,改变了全球各民族文化原有的存在条件。每个国家、每个民族都要适合这个条件,因为假如我们不能适合这个条件就不能生存下去。但事实上这种新的文化又是不完整和不完善的，它的发展面临着许多的困境，因此，需要从其他的文化中去寻找一种能够补充其发展的不同的养分。就像你刚才所讲的，有一些传统的或原始的文化，它们和现代的这个新的文化，在认识世界的观念上，在研究问题的方法上都是完全不同的，但他们还是生存下来了，也就是说，他们有他们自己独特的生存方式。

在昨天的一次会议上，我提到了中国的医学问题，就是说，我们中国人在这地球上生活了几千年，那时候并没有现代概念中的医院，但是他们是怎么活下来的呢？这里面有很多的办法，有许多办法很经济、很实用，比如针灸、拔火罐、刮痧等等，有时并不需要药，就能解决问题。不但简单而且副作用很少。也就是说，在我们传统的文化中实际上是有很多好东西，值得我们去继承和挖掘的，所以这里就涉及了文化自觉的问题，我们对我们自己的传统文化究竟有多深的了解，在这方面我们要好好地去研究和认识。

现在我们人类进入了一个新的历史阶段，一个新的人文世界和人文环境，我们要怎样去适应它，同时又不完全失去自己民族文化的根基，这的确是一个值得好好研究的问题。一方面要学习外来的新的文化，要想办法去适应这个新的世界，另一方面又要发展我们的传统文化。其实传统文化不一定都是好的，里面也有很多的糟粕，就是看我们将如何去认识它和理解它。也就是说，我们要在新的条件下发展我们的民族文化，要创造适应新条件的办法，不是说把过去的传统拿来就用了，要从旧文化里、本土文化里选取一部分继续发展。时代变了，条件变了，生存的环境变了，我们面对的客观世界也变了，这个客观世界，包括自然环境，也包括人造的环境，这些变化太厉害了，现在连太空、海底都在改变。现在是人造的世界在改变自然的世界，同时创造出了一个前所未有的新世界，在这个新的世界里，人类将面临许多的问题，有自然生态的问题，也有你所提到的文化生态的问题。我认为，解决这些问题，也可以采取多元化的办法，不要只看到一个途径和一个办法，不同的民族有自己不同民族文化的出发点。我们要根据自己不同的文化传统来进行创造，这就是文化的自觉和自新。自新，就是自我更新，从自我传统的基础上来自新，而不是从零开始。

你在文章中所说的文化生态是一个新的概念，这个新的概念值得进一步探讨。在我看来，概念并不重要，重要的是如何解决实际问题，如何把道理说明白。简单地说，我们现在所遭遇的世界是一个新的人文的世界，各方面条件都适应了就是生态平衡了。所谓生态就是主观的条件适应一个客观的条件，一个客观的世界。这个客观世界本来是以自然为基础的，但现在有很多人造的东西进去了。我们在二十一世纪所要面临的，就是一个由西方文化所制造的人工的环境和世界，在这个世界里，所有不同的民族文化将如何去自新，如何去与其他的文化共处。这是一个重要的问题，同时也是一个文化的自新与共处的问题。

方：先生提出来的从文化自觉到文化自新再到文化的共处，这样的一个过程，帮助我解决了许多概念上的问题。这个观点出发，就是我们要在认识和发展自己文化的同时，还要考虑到如何处理自己的文化和其他不同文化相处的问题。我在文章中谈到了许多文化之间的相互关系的问题，其实这种关系，随着环境的变化也在不断地改变。

费：这种关系的改变，使我们面临到了一系列的重大问题，要解决这些问题，不能仅仅满足于一个概念的提出，还要做很多深入的研究。你讲的是文化生态的问题，我也曾在文章中讲过文化适调的问题，但这些问题都还没有讲清楚。其实简单一点来讲，就是人生活在一个客观的世界里，为了适应这个客观世界，人们找出了一套办法，这个办法就是人所创造的文化，现在这种文化和自然产生了矛盾，也就是说，我们的人造世界和自然世界发生了矛盾。那么如何解决这个矛盾呢？这就是我们目前所遇到的问题。

方：我认为，这种矛盾正是我们的文化观念所造成的，因为不同的文化观念会使人们构造出不同的人文世界，所以根源还是在于我们的现代文化不能顺应自然的发展规律，我们想到的是我们要去改造自然，让自然为我们服务，没有想到我们的人也是自然的一部分，不仅要利用它，同时也还要和它协调一致。所以归根结底还是以人为中心的文化观念在起作用。

费：这里涉及一个文化的目的论，文化是干什么的呢？我认为，文化是为了让人更好地生活在这个世界上，更深入一步下去，就是要创造一个美好的世界，一个艺术化的世界。也就是说，在物质丰富的基础上，再追求一个美好的精神世界。

方：我理解先生的意思，也就是说，人不仅仅是一个生物的人，还是一个精神化的、富有创造性的人，他不仅希望能满足生理上的需求，还希望能有自我发展和自我表现的机会。而艺术就是一个能自我发展的、自我表现的巨大空间。其实在人类的早期，艺术并没有脱离民众的生活，在那时每个人都能唱歌舞蹈，每个人都可以绘画和从事手工艺劳动。只是到了工业文明以后，高度专业化的分工使艺术开始脱离了民众，脱离了民众的日常生活。随着人类物质生活的进一步丰富，艺术又将回到人们生活的中间。人们将在物质丰富的基础上重建自己的精神家园，重建自己的艺术世界。对于现代的人们来说，艺术将不仅是艺术家的事业，也是每个人都可以参与、也乐于参与的日常活动。各种艺术活动的开展，实际上就是人类未来的自身革命的运动的开端，是人类另一次新兴革命开始的前兆。

费：我希望通过人类这样一次观念上的革命，而建立起一个美好的世界，一个艺术的世界。在这样的世界里，人们将从纯粹地追求物质享受中解脱出来，追求一种更有意义的非物质的精神享受，这样不仅能使自己的生活进入一个更高的境界，也可以使地球减轻不少的负担，从而能部分地缓解环境污染和自然资源被破坏的状况。当然这只是我的一点愿望而已，能不能实现还很难说，我总是希望人能从物欲的贪婪中摆脱出来，从拜物主义的泥坑里自拔出来，更多地追求一种精神性的需求。因为，作为人最基本的文化的世界，远远地超出了生物的世界，人所追求的吃饱穿暖的物质方面的需求，还只是生物世界的要求。人作为一个生物体，他需要营养、需要活动的空间，这和动物的要求没什么区别。但人类超过了这种动物的需求，进入了一个文化的世界，因此，他还有比动物更高的需求，这种需求就是精神方面的需求。

为了满足人类在物质和精神两方面的需求，人类建立起了自己的文化世界，可是现在这个文化世界里出现了许多难以解决的问题，如何去解决这些问题，这就是我们今天讨论所涉及到的主题，这个主题我们今天只涉及了问题的开端，今后还需要做更进一步的探讨。我们今天就讲到这里，有些问题你回去后再好好思考，并把它写到你的文章中去。

方：谢谢先生的指导，回去后我一定会再做进一步的认真思考。

方李莉记录整理

载于《民族艺术》2001年第2期

第三编
人文资源与文化发展

有关开发西部的人文资源的思考

各位同志：

我今天到这里来不是做学术报告，而是想结识一些艺术家的朋友，上个月的8号曲院长到我家，邀请我到这里来同大家见面，后来身体出了一点小毛病，在医院住了半个月，现在已经恢复了，所以，我来了却这个心愿。今天来开会的新老两个文化部长都是我的朋友，一个是我的老乡（孙家正部长），一个是我五十年前交的朋友（周巍峙老部长）。

五十年前，周总理组织了一个中央民族访问团，我参加了。当时，这是我们国家的一个很重大的事情，是开展民族工作的第一步，这个访问团的目的是到少数民族地区去，开展民族工作。总理认为，接触少数民族最好的办法就是通过艺术来接触，为此，当时组织了一个文工团。我就是在这个时候认识了周巍峙同志，我当时五十岁还不到，现在都九十岁了，一过就是几十年了。所以，我和艺术结缘是从周巍峙同志开始的，当时，他负责文工团，我负责领队出去，我不懂文艺，但职务却是文工团的团长。总理的想法很远大，他是想我们各民族团结起来，合成一个整体的中华民族，要加强各族人民的凝聚力，而加强凝聚力的办法，就是通过艺术，所以，我们到少数民族地区去首先组织的就是文工团。后来这个文工团回来后成立了一个民族歌舞团，这是我一手培养起来的，它成长起来后我就不管了，因为我不懂艺术。可是，我同艺术接触以后，就觉得总理的看法很重要，我们通过艺术这条路接通和各个民族的关系，这是行之有效的办法。我们的中央民族访问团，就是新中国第一个做实际民族工作的工作团体，为了能让少数民族欢迎我们，愿意接触我们，那就是开展艺术活动，大家在一起唱歌跳舞，总理一再交代我们一定要虚心学习，学习少数民族的歌舞，然后将它们带回来融进我们新的创作中。当时的那些人都老了，许多都已经不在了，吴松华还在，他歌唱得很好，我们还有来往，他还叫我老团长。

我同艺术的关系就是从这里开始的，前几天我还同方李莉讲，你一定要找到周巍峙同志，我不但要恢复我五十年前的关系，我还想发展一步，在五十年前周总理的意思上扩大一步，通过艺术的渠道，和西部的大开发联系在一起，也就是说，通过艺术的渠道来了解和开辟西部的人文资源。这就是今天要讲的题目，即"保护、开发和利用西部的人文资源"，最近我一直在想这个题目。促使我考虑这个问题的是你们这里的一个研究人员——方李莉同志，她是我的一个学生，我在北大成立了一个社会学人类学研究所，至今我一直都没有脱离这个所的工作，还在那里指导学生，方李莉就是其中的一个。其实我对艺术一直就很有兴趣，五十年前还有过一段缘分，那时我还很想进入这一摊子，而且几乎快进来了，当时彭真是北京市市长，我同他谈了北京有很多有特点的手工艺，比如，景泰蓝就是其中之一，我很想去研究这些手工艺品，那时，我就提出来了要保存和发展我们自己传统的手工艺，但这个愿望没有实现，后来我又去做民族问题研究了，所以北京的对传统手工艺的研究我只是提出来了，但却一直没有机会研究。

后来我碰到了方李莉，她到北大来向我学人类学，她想从人类学的角度来研究艺术，我觉得很好。她在博士后期间所作的出站报告是有关景德镇陶瓷艺术的田野考察，后来写成了一本书，我看了觉得写得不错，我很有兴趣。她的研究重新唤起了我的爱好，让我又回到了五十年前想做又没有机会做的事情上。

为此，我还专门去了一趟景德镇，方李莉他们组织了一个学术研讨会"99中国传统手工艺百年回顾"。在那个会上我做了一个发言，我说，我们研究人类学，研究人的文化，人的文化今后最高的发展方向，我认为，从吃饱穿暖了进一步之后，就是进入一个艺术的境界，文化里面的最高一层领域就是追求美，追求艺术。从人类发展的前途来看，首先是满足基本的衣、食、住、行，也就是人生存的基本生活的需要，然后再上一层就要满足感情的需要，人之所以为人，之所以与动物不同，就是因为有感情这个东西，把这种感情发挥出来就是艺术。文化最后、最重要的追求就是要进入一个艺术的世界。艺术在人类历史里已经存在了几千年了，我看了很多的考古资料，发现中国的艺术和西方的艺术，有个很大的不同点，就是中国艺术里面有玉器，而西方没有，玉器不仅是一门艺术，也代表了一种文化观念，它是中国艺术和西方艺术所形成不同特点中的一个重要因素之一，我和我在考古学界的朋友们提到了这个问题。我的意思就是说，我正在想逐步地认识艺术，想进入这个圈子，我现在还是圈外之人嘛。这一次曲院长请我来讲话，我也想乘此机会，认识认识你们院里的许多艺术家，你们这里是中国艺术人才最集中、也是艺术理论研究层次最高的地方。我希望你们能大大发展，能担任起进一步发展中国文化艺术的责任。

谈到这一点，我就要谈到我们今天要谈的题目上去了，谈到有关开发西部的问题上去了，这是党中央和江泽民主席向我们提出的号召。现在我们的经济已经发展到了一个地步，必须要向西部继续发展，我从84年、85年就开始研究和注意了西部的问题，当然，我那时想解决的还不是艺术问题，而是怎么样让西部人民吃饱穿暖的问题，因为我一辈子的目标就是"志在富民"。1938年我写了一本书叫《江村经济》，最后的结论就是，中国最大的问题就是贫穷，就是生产力太低。我们中国人要想在这个世界上继续存在下去，就必须提高我们的生产力，否则我们就存在不下去了。这个问题已经得到了普遍的共识，我们党中央的几次大战略都是为了解决这个提高生产力的问题，也就是首先要解决我们的基本生存问题。80年我被取消了右派的帽子，重新恢复了工作，我把它称为是我的第二次学术生命的开始。我又回到我以前的学术起点，调查农村，研究如何提高农民的生产力，我提出了工业下乡，并看出来了发展乡镇企业是一条解决农村贫穷的有效道路。乡镇企业发展以后，我又提出了小城镇的建设问题，现在小城镇的建设正处于一个高潮。但这些研究都是为了解决一个吃饱穿暖和贫穷的问题。

这几年，我又提出了一个新问题，那就是当我们吃饱了和穿暖了后，又该怎么办？这就涉及艺术的问题了，我们是不是能再提高一步，在吃饱穿暖的基础上，发展艺术，让我们能在艺术的世界里得到进一步发展。这是我最近想到的一个问题，由这个问题我又想到了西部开发的问题，就是有关西部开发的问题大家谈得很多，但都是偏重于物质方面。物质方面是很重要，但精神方面，也就是文化艺术方面也同样重要。我记得还是在我读中学的时候，中国的一批科学家和外国的一批科学家组织了一个考察团，到西北考察，他们在那里不但发现了许多的自然资源，也发展了许多的人文资源。在里面有一个叫斯文·哈定的瑞典人，通过这次考察他写了很多的东西，在世界上很有名。也就是通过这次考察，发现了敦煌、丝绸之路上的一系列的古代文物和古代艺术，这些都是在西北蕴藏的丰富的人文资源。如果我们要发展到我们的文化里面去，开展我们的文化建设，以及确立我们的文化的走向的话，就要在研究上进入一个新的阶段，解决一个全世界都需要解决的一个文化和艺术方面的问题。

在科学方面我们已经进步得很快了，我第一次看见计算机是在北京大学工作的时候，那时有两个楼是专门用来装计算机的，计算机的面积很大。一个计算机所占的面积有我们这两个大厅一样大。而发展到现在，计算机都小得可以放在口袋里了。这电子世界的发展是从七十年代开始大发展的，我赶上了，很高兴。从进入工业时代看到了进入电子时代了，这两个人类世界的大变化我都碰到了，但这第二个变化会把人类世界带到什么方向，我就说不出来了，我想，没有人能说得出来。第一个大变化是人类从手工业时代进入工业时代，现在全世界的人都在用机器生产，这个变化已经普及了，并快结束了；第二个变化是人类社会从工业时代进入信息时代，这个变化才开始不久。它最后会变成什么样，我可能看不到了，这是你们这一代人的事情了。就是说，这个信息时代究竟会给人类的文化带来什么样的影响，大家还是刚刚开始琢磨，甚至有人提出来我们人类文化走这条路已经不是一条正道了。我认为，我们不能光讲究人的身体的需要，讲究人与物的关系，还应该发展人与人的关系，要关注人的感情的问题，这就涉及艺术的问题了。最近我看了几本书，北大的张志文教授写的书，这书写的内容是有关中国哲学中的"天人合一"的问题，又回到了我们早年的天、地、人浑沌一体的情感领域里面去了，这是一个艺术的天地，其和西方讲究的理性世界是不一样的。

我在这里不想要讲什么大道理，而是想提出一个我们今后要大力发展的领域，这个领域就是文化艺术的领域。前几天你们这里的乔建中先生，送给了我一本书，叫《土地与歌》，他是西北人，他在书中写到了"花儿""信天游"，他是你们这儿研究音乐的专家、学术带头人，他把现在还存在的民间的音乐，一直理到历史上的《诗经》，看它是怎么一步一步发展过来的，从《诗经》到"信天游"，这是民间的一个大矿场。当然，有关音乐我们一方面要学习西方的，吸收西方的文化。但我们也不要忘记了，我们还有一个很大的天地，这就是我们国家花了几千年积累下来的歌唱的天地、音乐的天地。我很赞成乔先生的学术路子，不断地下去搞调查，他和我的研究有一个相同的地方，就是花多少年到下面去，到民间的生活中去，做实地调查的研究，然后，将从学校学到的知识来和实际对比，讲出其中的道理。

大家一直在讲，我们中国的文化如何同西方的文化接轨，谈到这个问题，我就想到了总理的话，民族之间最容易接触和交流就是艺术，因为在这一方面我们可以不靠逻辑、不靠理性思想，而是靠感触，靠感情交流，这是每一个民族都有的、共同的东西。比如，我们对外国的音乐，就是不懂它的语言也可以听，也可以欣赏，因为人同人的感情是相同的。我们虽然文化不同但我们可以在音乐里面交流，绘画也一样。我最近看了一本陈志华写的书，他是梁思成的学生，写的是建筑方面的内容，把中国农村里的传统的民居拍成照片，记录下来，其中主要是浙江楠溪江中游一带的民居。他为了研究这些民居，曾花了好几年时间住在那里，我觉得他的研究很有价值。现在到处都在建高楼大厦，这都是现代西方式的建筑，我们中国的建筑究竟应该朝哪个方向发展，我们中国的文化究竟应该如何和西方文化融合，能不能交流，能不能融合，这是我们下一代要解决的主要问题，解决这个问题的路子在哪里呢？我又回到五十年前总理告诉我们的话，要通过艺术接触不同的民族，沟通不同的文化传统。那时讲的是汉族和少数民族的关系，是一个小的、国家的范围，现在我们要讲的是一个大的、世界的范围。这里涉及的是我们中华民族和全世界各民族文化的关系，最容易使得其他国家理解我们文化的，懂得我们的文化，知道我们的文化可以通到西方的文化中去，为世界的文化发展做贡献，就是要通过艺术这条路子，这是一条最好的路子。我今天请周巍峙同志来的目的，就是希望我们可以一起回忆一下五十年前，为什么总理要我们成立访问少数民族的文工团，这个意思非常深，用在现在的局面里面，就是我们和西方的文化怎么能融合起来，这条路就要靠你们艺术研究院去走了。

我现在已经老了，成了高龄人物了，但我还可以培养下一代，你们艺术研究院也要培养年轻人。怎么培养呢？要让他们下去，到生活中去听、去看，用我们在大学里面学到的知识去和生活接通。今天我来就是要说，我们的艺术家要看到我们有一个大的责任，我们的艺术家同志们要有一个荣幸，就是今后的世界不是一个完全靠科学技术的世界，而是要用科学技术来促进我们的文艺发展，让人类的社会朝一个精神和物质两方面都得到共同发展的方向前进。我们可以利用这种物质的科学技术，来站在传统的根基上，发展我们新的艺术，让我们民族艺术的根成长起来。同时，把中国丰富的艺术资源发展出来、开辟出来，贡献给全世界，这是我的一个梦想。现在党中央号召开发西部，在这个大开发中不能丢掉了文化艺术这一块，五十年前我们也去了西部，到少数民族地区去帮助他们搞建设，但那个时候艺术没有发展起来。一方面温饱问题没有解决，另一方面人才也还没有培养出来，要多培养一些像乔建中、陈志华那样下去搞研究的人，还有一些更年轻的三十岁、四十岁的人。他们跟我说下去研究没有钱怎么办？我说钱不要担心，国家经济发展了自然会考虑这个问题的，这样，我们新的一代前途就比较光明了。

刚才有同志提出来，我的讲话没有入题，西部的问题还没有讲出来。西部的问题现在讲得很多了，都成为一个热点了，我也不想多讲了。我想到的一个问题就是，对西部的文化艺术我们注意得不够，但外国人却注意到了，克林顿访华的第一站就是西安。还有一个日本首相到敦煌去了，还讲他们愿意出很多的钱把敦煌保护好。西安也好，敦煌也好，引起了外国人的注意，那是因为它代表了一个文化的中心呀！我们都说我们是炎黄的子孙，那个时候我们中国文化的中心，就在西北。前面我已经讲了，还在我小的时候，瑞典人斯文·哈定，就到西北做了大量的考察，并在世界上发表了许多的文章，引起了很大的轰动。但我们中国人自己却忽视了西北，那是因为最早的交通是陆路，从西汉开始到唐代，通过丝绸之路，打通了中外及各民族之间的交往，所以那里非常繁荣，成为中国文化的中心。但后来文化发展到了沿海，那是因为水上交通比陆路交通更方便。可是现在又改变了，有火车了，有飞机了，陆路交通也很重要了。所以，西部又有一个新的发展机会。在历史上看不起西部的观念比较深，现在我们要把这个观念纠正过来。尤其是在人文资源上，西部保存得比内地好，一个是它的气候干燥，文物容易保存；另一个因为它交通不便，地方偏僻，受现代文明冲击得少，传统文化资源保护得相对完整。但在这西部大开发中弄得不好，就会把这些重要的人文资源破坏掉。所以在西部开发的过程中，我们一定要大声疾呼，要注意对古代文物和传统文化的保护，要只是为了一点小的眼前的经济利益，而牺牲了我们几千年文化遗存下来的一些宝贵财富，那就得不偿失了。另外，要开发西部，一定要注意民族问题，这又回到了五十年前的问题了。我们必须要发扬各民族优秀的传统文化，不要看不起少数民族，他们的文化也有很多好的、值得我们学习的东西，我们要帮助他们发掘出来，帮助他们发展。汉族看不起少数民族，西方看不起东方，这都是不对的。应该用平等态度对待各民族、各国家的文化。我希望你们艺术研究院能带个头，组织一批人做西部人文资源的研究。首先我们要了解西部的人文资源，知道我们有多少财产，现在我们还没有底，要进行一个概况的考察、整理，敦煌也是后来发现的嘛，以前也并不知道有敦煌，这就叫作发掘、开发。

去年，我去了大同，那里有一个云冈石窟，大同现在煤的市场不太好，就想开辟旅游来代替煤的生产。这想法是很好，可是要人家来看，首先自己要将其历史搞清楚，讲出道理来，要不然别人怎么来看。对云冈石窟日本人倒研究了不少，出了一本书我看了，就是我们的财产我们自己都不知道，还被别人知道了。人文资源和自然资源一样，要有一个逐步认识的过程，李四光就是一个例子，还是我在读大学的时候，就听说中国没有石油，我也相信这一点，后来李四光提出了中国有石油，并且，后来的事实也证明了这一点。所以我们下一步就是要到西部去了解我们的家底，发掘蕴藏在西部的人文资源，为西部的文化和艺术的发展做贡献。

方李莉录音整理

载于《文艺研究》2000年第4期

九访兰州 两次讲话

一

今天我们召开一个座谈会,在这个座谈会上我们要研究一个问题,这个问题就是,在西部大开发的中间怎么样认识人文资源在其中的作用和意义,要如何去保护、开发和利用西部的人文资源。西部的人文资源,不仅包括过去我们祖宗给我们留下的许多人文方面的遗产,也包括现在还活着的并还在继续发展的各种人文方面的活动,尤其是现存的各民族的文化艺术方面。

长期以来,我一直对西部很关注,关注的原因是什么呢?是因为觉得在全国的发展中,西部落后了,为了全国经济发展的平衡它必须赶上去,我要为此出把力,帮一帮它。这是我经常到西部考察的出发点,仅仅甘肃,在这十几年间我就来了九次。这期间我所注重和关心的都是经济的发展,目的是"志在富民",是想提高农民的收入。所以,到甘肃我挑的第一个地方就是农民生活最苦的定西县,那还是在八十年代。那时我从研究东部的发展,开始转到了西部,当时我对西部的贫困印象很深,这种印象不是假的,是真实的。但片面性很强,这种片面性就在于,我只看到了西部贫困的一方面,却没有看到它富有的一方面,没有看到它具有那么多丰富的文化艺术遗产,那么多还存活的和还在发展的各民族丰富的文化艺术活动。当然这种片面也是有一定历史原因的，因为当时的经济实在是太落后，如果不解决经济问题，一切问题都免谈。但这种经济发展又不能全靠国家，必须自力更生，所以认为西部的发展，首先是要发展生产力解决经济问题，在这一方面我是对的。但在这一期间却忽视了西部的另一方面，那就是它富有的一方面。如果早一点认识这个问题，对西部人文资源的保护、利用和开发的工作就能早一点开展。

记得还是在我在读中学的时候就听说有一个西北考察团在西北考察，其中还有一个瑞典人叫斯文·哈定，那时我只是觉得西北很神秘，有很多有趣的生物和民俗文化，但没有看到它对中国文化发展的意义，也没有看到它在今后中国文化发展中的地位。我当时的富民思想也没错，但现在改革开放已经二十几年了，西部落后的局面还没有完全解决，国家又提出了西部大开发，这是对的。但是不能重复我的错误，忘记了西部的另一面，也就是它所具有的丰富的人文资源这一方面。今天上午我们参观了甘肃博物馆，感到你们这里的人文资源太丰富了，我们所看到的都是已经发现了的，其实还有很多是尚未发现的。博物馆中的许多藏品都是在近一百年或几十年中收集和发现的。在早些时候中国人是不重视这些人文资源的，但是外国人重视它，到这里来考察，还偷走和抢走了我们的许多珍贵文物。首先是我们不懂得自己的家产值钱，不知道自己有这么珍贵的财源，没有认识它嘛。我们这代人是很苦的人，因为我们中国的经济落后，在国际上没有地位。我出生在1910年，这是一个中国悲惨局面的段落。我的一生所看到的都是中国人贫穷的一面，所以，让中国人富起来，是我这一辈子的最大愿望，认为首先要有经济基础，要有生产力的发展，没有经济基础，不然，其他的东西就谈不到。就像甘肃的博物馆有那么多的宝贝，但却没有一个好的陈列，有很多的文物都没有展出来，因为没有那么大的地方，这就是我们的财力不够。有了宝贝不能表现出来，不能宣传出去。但在这二十年当中，中国的经济有了发展了，农民的收入也有了提高，西部虽然还是比较落后，但也发生了很大的变化。现在江苏的农民收入是向万元进军，当然，比较起来西部就有距离了。

所以西部的重点还是在发展生产力，只是不要忘记了，我们还有一部分很大的财富，也就是在人文资源方面的财富，经济发展了，我们就要注意到这一部分财富，首先要保护好它，才能谈得上今后怎么去利用和开发它。在保护这些人文资源方面你们还做得不错，起码在这二十年来，没有什么大的破坏，在早期很多东西都被外国人偷走了或抢走了，最明显的例子就是敦煌，解放以后就不会再有这样的情况了。虽然，在"文化大革命"时许多地方的传统文化和文物都遭到了不同程度的破坏，但甘肃省好像还比较好。

我在甘肃下面跑，有一个印象，就是在群众里面、农民里边对我们的传统文化很重视，到很多农民家里去看，门口都贴有对联。在下面我碰到一个青年，他把他父亲写的字给我看，是草书，写得好极了，问他父亲是干什么的，他告诉我说是个小学教员。这说明这里的传统文化深入到民间去了，这不简单。在我们江苏，农民的生活很富，但在乡村里对传统文化有兴趣或有研究的却不多。所以在甘肃不少农村还有传统文化的底子，我当年在定西，到洮河一带去考察，感觉到当地的农民对传统的文化有一种爱惜的心理，他们虽然文化不高，但对传统的民间艺术却很热爱，也很热心地举办和参与各种民间的艺术活动,很多的传统文化和文物都保存得比较好。我不知道我讲得对不对,总之,我有这样的印象。我们还要加强宣传,要让当地人进一步认识到这些东西的重要性。也有很多人对于这些古文物和古文化遗产不懂,也不认识,主要是基础知识不够。

我这是第九次到兰州来,才第一次讲到了人文资源的问题,这实际上也是一个事物发展的必然性,这意味着人们的思想感情已经开始产生变化了,也就是说当物质发展到一定地步以后,人们就要开始重视精神了。也就是在这个时候人们才发现我们面对的不仅有自然资源,还有宝贵的人文资源,这是在我们的感情产生了变化、物质发展到一定程度才能看到的。在经济落后时期,人们不大可能会认为人文活动留下的遗迹和传统是一种资源,是因为经济的发展才促进了人们对人文资源的认识。

所谓的人文资源就是人工的制品,包括人类活动所产生的物质产品和精神产品,它和自然资源一样,只是自然资源是天然的,而人文资源却是人工制造的,是人类从最早的文明一点一点地积累、延续和建造起来的,它是人类的文化、人类的历史、人类的艺术,是我们老祖宗留给我们的财富。人文资源和自然资源一样,有很多是属于不可再生的,一旦被破坏掉,就永远无可挽回。

我昨天在甘肃博物馆看到了许多原始的彩陶,真是美极了,那时候人类的生产力还很低,还是属于新石器时代,但在陶器上所反映出来的精神世界却是很丰富的,那么多抽象的和具象纹样,表达出了我们祖先最早对世界的认识和看法,还有那些为了不同用途而做成的不同造型,也反映了最初人类的生活方式。因此,它们表现出来的不仅仅是一种陶器,而且还是一种文化,一种早期的中国人的文化。尽管我以前知道，早期的人类社会有石器、有陶器，但那都是空的，是书本上的。这次到博物馆，实际看到了，才被感动，才有了一种新的认识。所以，我们今后要多普及历史和考古方面的基础教育，不仅是在书本上学，还要带学生多到博物馆看看，让他们通过这些认识我们国家的历史，知道哪些是我们祖宗留给我们的宝贵财富。甘肃现在发现的文物古迹已经很多，但还有没有尚未发现的文物古迹呢？这都很难说，就像当年的敦煌也是偶然被发现一样，当年看守敦煌的王道师就是因为不懂得那些文物的价值，所以把许多珍贵的国宝都很便宜地卖给或送给了外国人。因此，我们先要提高我们的认识，提高人们的素质，提高大家在文化历史方面的修养，只有这样人们才会自觉地去保护我们珍贵的文化遗产。刚才我已经说了传统的文化在我们甘肃是有基础的，这种基础存在于群众之中、农民之中，这要把它保持下去，并进一步培养起来。这是第一点。

第二点，我想讲的是，我们对于人文资源的态度，首先要宣传，要让老百姓知道，这些是宝贝，是有文化价值的，甚至还是有很高的经济价值的。在干部里面也要加强教育，干部很重要，有些群众碰到了珍贵的文物却不认识，干部要有这方面的知识，不要让群众随意丢掉或破坏掉。尤其在西部大开发期间，在进行一些基础设施的建设时，很可能会无意中发掘出一些古文物或要破坏掉一些古文物，包括一些古建筑，我们尤其要注意。比如你们今天给我看的一块当年中原皇帝给西藏王的令牌，就是在收破烂的废品堆里无意中发现的。这一类的东西一定还很多，只是我们没有发现而已，有时候因为我们不懂所以也就在我们的眼皮下溜过去了。就像二十年代的斯文·哈定等一些外国探险家，到中国西北考察，拿走了我们的不少文物，虽然是一种强盗行径，但他们却帮助我们发现了这些东西，知道了这些东西的价值，所以，在历史上他们还是有功的。中国传统的文人，大多是坐在书斋里看书的，不会深入到下面去考察，不会到活生生的社会生活中去体验，去了解事物真正的本来面目，所以对书斋以外的许多事情都不太了解。今后我们要改变一下我们传统的做学问的方式，要提倡真正地深入到生活中去，到广大的农村中去，在这些地方我们可以发现很多的好东西。我们的知识是从哪里来的呢？我认为决不会仅仅来自书本，而是在实践中，在实际的生活中产生我们的知识。对中国的历史的也不要光看书本，要到博物馆去看一些真正留下来的实际的东西，我们对它的认识才会更深刻，更全面。

就拿我自己来说，虽然我有条件接触过不少的历史文化方面的东西，但由于学习和关注得不够，所以在这方面的认识还不够，现在我还要开始补课。前面我们讲到了人文资源，它的涵盖面可以包括得很广很广，人文资源也就是文化的产品，我们现在不光要发展经济，也要重新认识人文资源，要回头看到这种资源给我们带来的影响，另外，还要利用这些原有的资源给我们创造出一种新的文化，来服务于我们新的生活，这里面有很深的学问。西方经济高速发展的结果，只是强调了人同物的关系，但却把人同人的关系、人同自然的关系给丢掉了。现在西方人已经认识到了这一点，正在局部地把它恢复起来。人和自然的关系，包括了人同自然生态的关系、人同自然资源的关系；而人同人的关系则包括人同人文历史的关系、人同人文资源的关系。

人文资源虽然包括很广，但概括起来可以这么说：人类通过文化的创造，留下来的、可以供人类继续发展的文化基础，叫人文资源。我们要好好地利用这些人文资源，让它变成我们丰富的生活资源。大的我们不讲了，就讲音乐、美术、舞蹈、戏剧等这些艺术活动，就是为了满足我们的感情需要，通过我们的大脑、眼睛、嘴巴来表达、传送和接受人类的各种的感情。也就是通过我们的器官来欣赏和接受各种不同的微妙的心理感受。人通过艺术吸收外界的东西，刺激我们的感觉，帮助我们从各个方面去认识世界，让我们感受到大自然中的或人类情感中的许多美好的东西。而这种感受的辨别，这种审美观念的形成，很多都是从小培养和从传统的文化中潜移默化中形成和习得的。所谓美和不美，实际上既是客观的也是主观。但作为人的存在，总是向往美的，向往精神享受的。所以，将来人类的物质发展了，吃饱了，穿暖了，就要讲究吃好，讲究穿漂亮。这个吃好就不仅要讲究营养，还要讲究味道、讲究气氛、讲究形式、讲究食具等等，就连吃也可以成为一种文化和一种艺术了。从这个例子，我们可以看到，人类首先要讲究生存，要活下去，才能讲究生活。我们以前要解决的都是生存问题，现在我们要逐步地解决生活问题。生活和生存是不同的，生活里面必须要解决的是衣、食、住、行，我现在还加了一个"学"。现在已是一个知识经济的时代了，不能光满足于吃饱、穿暖，还得不断提高自己对世界的认识，这就是"学"，活到老要学到老。这就是信息时代的特点，时代发展得很快，如果不学习就会发现自己跟不上时代，好多事情都弄不清，不认识了。

信息时代就是知识竞争的时代，我叫它高知识时代。这时候的人们不光是面临有钱没有钱的问题了，还要面临有知识没有知识的问题，所以，以前大家羡慕的资本家，现在人们羡慕的是"知本家"了。这是一个斗智的时代，是一个比知识的时代，这不是一个有钱没钱的问题,而是有知识没知识的问题、先进不先进的问题。这个问题讲起来就太长了,今天就不讲它了,其实这里面也涉及一部分审美的问题。懂不懂得美的意义,懂不懂得对更高一层精神生活的追求,让自己的生活更具一定的质量感,这也需要修养和知识。这一部分随着物质生活的提高,将来一定还有一个大的发展,这是经济发展到一定程度人类将面临的更高要求。人类的天性就是这样,吃饱了就要求要吃得香,还要有环境美,要享受音乐,要观看舞蹈,要欣赏绘画。这比解决吃饱穿暖来说高了一个层次,我是属于一个人们还在苦苦追求吃饱穿暖时代里产生的人物,所以我这高一层的文化艺术的追求方面,发展不大,但我也接触一下,就算是一个边缘人物吧。我在中国艺术研究院讲话的时候说,我在艺术领域里也有一些朋友,也有过一些接触。主要是解放初时,我做过一些民族工作,当时党中央让我参加民族工作访问团,这个访问团怎样和少数民族接触呢?周总理教我们要通过艺术来接触,所以又组织了一个民族文工团,向他们学习,和他们一起跳舞,一起唱歌,少数民族很高兴,觉得我们和他们是一家人了。这就是"美人之美",他们觉得美的,我们也觉得美,这样就有了沟通的基础。这是很重要的,是做人的基本道理。一个人生下来、一个民族的发展都是"各美其美",都觉得自己好看,这还不够,还要能"美人之美",能理解别人的美,人与人之间和民族与民族之间的界限才能打破,才能沟通相互之间的感情,成为自己人。这是周总理的创造,让我们通过艺术来打破民族之间的隔阂。这种方法到现在也还有用,现在世界的各个民族、各个国家要相互理解,相互团结,就是要能够"美人之美"。

外国人以前看不起我们中国人，觉得中国人不美，身材不漂亮，不高大，不健壮，但现在看看奥林匹克比赛，我们的成绩还不错。人其实也是艺术品，那些运动员表演的技术，运动的技能，人的精神状态，都是一种艺术的表现，这种表现的结果，改变了外国人对我们的看法。当时周总理就是通过打乒乓球使得中美关系得到了缓和，并最终走向了和解。这里面是有学问的，艺术是解决人类冲突和隔阂的一个工具，一个手段。现在全球一体化了，各个民族各个国家必须同处一个地球，同在一个地球上生活，但即使如此，要大家的文化都一样是不可能的。美与不美的看法还是从自己的文化传统中形成的，这是由一个民族的历史所决定的。就像中国从仰韶文化开始，就不断地形成了自己民族的审美观，我们的文化基础养成了我们对美的看法。但这并不限制我们欣赏人家文化的美，其他民族的美我们也可以喜欢，比如我们也喜欢西方的音乐、西方的绘画、西方的舞蹈，甚至包括他们的服饰和生活方式，这也是一种文化借鉴嘛。但我们不要光是借鉴别人的东西，也要把自己好的东西拿出去，得到别人的欣赏。在这一方面要好好地发展，现在我们有条件了，我们的经济已经发展起来了，下一步我们要宣传我们的文化，要让人家认识到我们的美、我们文化历史的可贵，要用这些东西去打破中西文化之间的隔阂。这就要我们能发展出中国好的文化传统和艺术，把老祖宗给我们的传家宝继承和发扬出来。甘肃就是蕴藏着这些传家宝的重要地方之一，我们要好好利用和开发它们，为我们国家服务，为我们的中华民族服务，为取得世界人民的认同做努力。

我是一个研究文化的学者，对艺术虽然没有很深的研究，但通过当年做民族工作，组织民族文工团，认识到艺术在沟通各民族和各国之间关系的重要性，在这一点上我是有体会的。同时，对艺术在今后人类文化发展中的重要性也是有认识的，只是我不是搞专门搞这一方面研究的专家，所以在这方面不能做很深入的研究，但我可以敲敲边鼓，出点力量，通过你们的研究来达到我的希望。把全世界文化的隔阂消除一点，让中西文化能互相见面，互相理解，互相欣赏。

开发和利用人文资源，要有历史文化和艺术方面的基础，在这一方面西北地区的基础要比东南地区好，这不仅仅是要有些古代的文化遗产，还要有群众的基础，文化艺术是生长在群众之中的。西北各地的民间的歌舞、民间的美术、民间的各种艺术活动比东南各地丰富得多，比香港更是高多了。但现在我们的很多西北女孩子还在学香港，赶时髦，但时髦并不是艺术，真正的艺术是要有很深厚的文化底蕴的。为什么克林顿到中国来第一步要到西安，他看中的是西安的古文化，是中国早期历史上许多代皇帝的古都，有世界著名的许多重要文化遗址，在那附近有黄帝陵、半坡遗址、兵马俑、武则天墓等等。他觉得这些东西了不得，那里有秦汉的文化、唐朝的文化等。首先是他有这种认识，所以，他要先到西安。还有以前日本的一个首相，到中国来第一个地方到的是敦煌，说明了他对中国的文化历史还是有认识、也认同，觉得那是中国人创造的了不起的文化。但对于这些文化和艺术，我们要把它们整理出来，发扬出来，就像是敦煌的丝路花雨的舞蹈一样，我们不但要继承还要创新，让我们中国传统的文化艺术重新发扬光大。这就要培养人了，我们做政府工作的人就是要想办法为这些人创造条件，奖励他们，让他们发挥出他们的艺术才能。

今天来的都是专家，等一下我要听听你们的意见。我们怎么样来组织一支队伍，我主要是想办法来帮助大家，在这一方面不是我的本行，但我愿意以我的力量来帮助一批人，帮助一批艺术家、艺术理论家和考古学家组织起来，看到他们的任务，看到他们将要对国家所做的贡献和以后将要发展的道路。为创造一个全球化下面的、二十一世纪的、能代表中国新的精神面貌的文化艺术出来，做点有意义的事情。当我们考察和研究了西部的人文资源以后，我们就会知道我们究竟有多少家底了，这些都是我们发展未来文化的基础。现在你们要了解这些家产，找到一条发展的路子，不要只限于敦煌，敦煌只是甘肃省的一个地方，也不要只靠祖宗吃饭。外国人帮我们发现了敦煌，我们就只限于敦煌了，我们要把眼光放开阔一点，在丝绸之路上面，还有不少丰富的人文资源未被发现出来。我的意思是说：第一，还有很多的宝贵财富我们可能还没有发现；第二，这些宝贵的人文资源还要靠我们去保护、开发和利用；第三，要提高群众的认识，知道这些东西是珍贵的文物，不能乱破坏。我们的责任就是把这些重要性讲出来，宣传出来。

在西北地区二十年内会有一个很大的发展，这是不成问题的，我们要想到的就是在这发展的过程中文化的地位。甘肃有那么多珍贵的文物却没有一个好的像样的博物馆，因为建一个博物馆要很多的钱，等我们的经济发展了，建一个好的博物馆就不成问题了。所以，经济的发展也是为了提高文化，复兴文化。甘肃应该有一个这样特殊的责任，因为你们住的地方就是一个人文资源极其丰富的地方，要好好地利用这块土地。甘肃的地方和气候也适合古文物的保存，因为天气干燥，东西不容易腐坏。总之，在经济发展的过程中不要丢掉了对人文资源这一领域的保护、研究和整理，这是我们这些从事文化艺术研究工作人的责任。

二

在西部大开发中，国家的政策是帮助西部大发展，缩小西部与东部的差距，这是一个大好机遇，希望西部利用这次机遇把西部发动起来。现在很关键，是发动期，要抓住机遇，振兴西部。我认为，要在整个西部搞一个中心区，也就是工业开发区，我看中了河西走廊，要把它搞成推动西部发展的动力，一个西部的特区。

沿海有特区，有深圳、厦门，我们开发西部也得有特区，所谓的特区，也就是具有特殊政策的区域，它享有特殊的权利、可以发展的优待，用国家的力量来帮助它，这种帮助不仅仅是投资，还包括有一套相应的设施与政策，这样就可以发展成一个中心，也就是发动区，这个发动区的涵盖面很大，是个大的少数民族自治区地带。新疆、西藏、内蒙古、宁夏，这些少数民族自治区都在河西走廊的四面，如果河西走廊成为一个中心，成为一个发动区的心脏，成为一个工业经济的中心，就可以带动这四个自治区的发展，就有一个团结在一起的力量。

我在九十年代初就有了将河西走廊建成一个特区的设想，但当时条件还没有成熟，但我觉得现在可以慢慢把它提出来了。因为现在国家正在搞西部大开发嘛，开发总得要有一个发动机，要有一个中心地区，这个中心地区就像是一个香港和上海，它们是珠江流域和长江流域的发动机。那么西部开发也要有一个发动机，这个发动机就在河西走廊。我看中这个地方有什么根据呢？这个地方在历史上很重要，汉武帝时期，中国人最怕的是匈奴，匈奴究竟是哪个民族，现在还没完全确定，据说蒙古族是他们的后裔，这个是历史问题我们不用去管它了。当时汉武帝要抵抗匈奴，他就开辟河西走廊，当时大批的汉人到这里屯垦，这样就把匈奴一切为两，分成南匈奴和北匈奴，南匈奴就同化成汉族，北匈奴就跑了。这个历史很值得注意，一个发达的文化中心可以把四面的少数民族团结在一起，也就是我说的多元一体，中国是一个多民族的国家，多民族的国家要有一个凝聚的中心力量，这个凝聚力还要有一个经济积淀的中心。那么在西北地区这个经济积淀的中心就在河西走廊，河西走廊作为一个中心，不仅是要发展，还要特别的发展，并用这种发展来影响到新疆、西藏、内蒙古、宁夏。这几个大的少数民族自治区都集中在这个力量之下。这个中心我们不能叫它汉族中心，我们不能有大汉族的思想，应该叫它"现代化的经济中心"。它要首先进入信息化的时代，进入人类社会发展的第三个阶段，要进入网络经济。

我今天讲的意思是，我们要把发展河西走廊的意义看得更重要一些，它的发展不光是可以辐射整个西部，就是整个中国的发展之中，它还应该有一个的重要地位。但当中心要有条件，现在西部大开发还没有找到一个中心，重庆是大城市，但太偏了，不是西部的中心地区。河西走廊作为一个中心，有它的条件，水资源比较丰富，靠祁连山，祁连山是河西走廊的冰箱，水结成冰在山上保留着，可以慢慢用。但这个水怎么用它这就要靠你们了，上帝给了你们一座雪山，冻结了很多水在上面。这些水要怎么去保护它、利用它，要像定西城一样，对水要节约，一点一滴都要很好地利用起来，不要浪费它。当然，这个工作是不容易做的，还需要大家努力。

这也许是个梦想，但这个梦是有道理的，我们要多宣传，要讲道理，还要让更多的人来理解这个道理。当然，这种共识要有一个过程，要大家共同努力来圆这个梦。那么，你们现在要先做一些事情，把这个计划先准备一下，眼光要放得远一点，地方要先走一步，要把祁连山的水保护好。

我认为河州也是一个中心，河州在历史上是有地位的，是中原地区到西藏地区的一个商业中心。回民聚居的地方，一般就是商业发达的地方，从民族的角度来看，回民比较懂做生意，在做生意方面的经验多。所以，我认为，宁夏应该连同西藏和西南发展出一个贸易中心出来，这是有条件的，有历史的根据的，可以和海东联合起来成立一个合作区，经济发展是要先有一个中心的，不是普遍发展。这和发展农村经济是相辅相成，不矛盾的，真正的财富是在劳动者身上，只有农村里面的农民袋子里有钱了，事情就好办了，因为有了钱他就要买东西，一买东西就会出现一个市场经济，这就是初期的农业经济。河州从明朝开始就是这样一个农业经济贸易的中心，这个贸易中心发展到现在，我们还要发展它的优势，发展它在区位即地域上的优势和特点，要利用它把甘肃的南部这一块发展起来。我现在是看中两个地方，一个是河西走廊，一个是河州地区。

宁夏的河州容易发展，因为它有基础，当年，我想帮助宁夏的回民到拉萨去做生意，他们提出来交通不方便，有了路没有车，我就想办法找南汽商量，要了一百辆车。意思就是说，有了路还要有车，有了车要有人，有了人，还要有货，没有这四样东西，商业就是空的。所以，我们西部大开发的第一步重点，就是交通，我看中央的政策是对的，第一步就是要把路修起来，把交通搞好。没有这一步，我们就没法发展经济，这是一个地区发展的基本设施。从公路、高速公路、铁路、飞机，首先要在交通上实现现代化，在这一点上，中央是要保证做到的。美国也一样，罗斯福的时候，首先就是造路，有了路就出了一个汽车大王，福特公司出来了，经济也发展起来了。我们也是要这样，一步一步来。我相信五年里边，在西部的交通方面会来一个大改变。我昨天在路上走，看到铁路旁正在修双轨路，但这双轨路还没有出境，这修路是西部的第一步工作，接下来，就是发展运输工具。再接下来就是人，有了车还要有开车的，记得我刚到宁夏时，经常听说到西藏的路上有翻车的现象，那是因为，开车人的技术不行，道路也不好走。现在路通了，有了人，还要有货，这才会形成一个市场经济。有些什么货呢？比如，你们有羊毛，可以搞羊毛加工，哪怕是粗加工，也比直接卖羊毛好。在传统的商业经济方面，回民兄弟懂得一点，但有关现代化的市场经济，恐怕还得要学习。就像刚才讲的，人家外地的人来买当地的羊毛，里面夹的都是灰，这是欺骗的行为，是传统商业里面留下来得不好的行为，以前的中国人是看不起商人的，叫"无奸不商"，在传统经济里面商人经常是弄虚作假的，在我们的脑子里面，商人就是骗人的，这种观念并不是凭空产生的，而是事实上在传统的商业经济里确实存在这种行为。但在现代化的市场经济里，要靠这样的行为是不行的，相反，在现代化的市场经济里面要处处为客户着想，要把顾客当上帝，要让顾客感到方便和满意。所以我们要从小农经济中跳出来，要有市场经济的概念，要符合现代经济发展的要求，要在这方面补课。我们政府要教育农民，帮助他们提高各方面的知识，普及现代化市场经济的各种知识。在这一点上要教育、要开各种补习班。如果还是停留在弄虚作假、粗制滥造的基础上，以后就没有市场了，没有人要你的东西了。另外，要开辟市场，开辟市场最重要的就是自己加工，将农副产品加工，这是小城镇发展的一个大的关键性问题，这是现代发展的要求。我们不要还是停留在收集农副产品的基础上，要加工，加工的程度越深越好。甘肃这地方很好，有很丰富的资源，关键看怎么去利用它和加工它。我们领导要注意到这一点，要开个头。老是靠农民自己去摸索经验，吃了亏再来接受教训，这样发展太慢了。我们要补这一课，要让农民们知道现代化的市场和以前老的生意经有什么样的不同。要让他们知道讲信用、讲质量，才能在市场上立得住脚，同时只有搞深加工才能进一步提高经济效益，提高竞争能力。有的地方还要采取高新技术，这个高新技术不是空话，是要根据外面市场的要求，进行改革，这种改革，不仅包括观念改革，还包括技术改革。通过这些改革市场就会扩大，市场扩大了，农民就富裕了，经济也就发展起来了。

你们这里是羊毛的出产地，完全可以利用优势，发展各种羊毛的深加工，不要只是仅仅供应原材料给别人。要引进他们的技术来发展自己，这要政府来做点工作，让他们去参观取经，并训练出一批人，开展羊毛生产的事业。这一事业可以大发展，可以发展成一个重要的纺织事业，这是在初级阶段，在我们进入世界经济之后，我们还要把眼光放远一点，跟上世界发展的形势，发展高科技事业，要抓住重点发展。在这一方面你们有基础，农民不能光种田，光种田富裕不起来，要发展多种经营。小城镇不是造出来的、规划出来的,而是根据经济规律自己发展出来的,是经济发展的最后结果。有人看到了我写的"小城镇大问题"的文章,就问我,你怎么想出了一个小城镇,我说我没有想出小城镇,是我看到了小城镇的发展,大问题是它自己出来的。我们要认识它,当然,它出来后你也可以不认识它。通过小城镇的发展,我认为中国要向现代化的发展,必然首先要人口集中。有人说到2002年,全世界的人口有一半要集中到城市里,不在农村里了。这种话也适合中国目前的情况,现在中国有大量的人正在脱离农业进入到工业领域里去,进入到第三产业里面去,作为农村来讲,大量人口要进城,作为我们领导来说,要准备好一个地方来吸收他们,这个地方就是小城镇。所以,小城镇不是想出来的,是必然要出来的,是形势所迫,而且要大量发展,这就是工业化的趋势。但就我们目前的情况来看,要从乡土经济跳到工业化经济,这是第一跳,这一跳还没有跳好,时代的发展对我们又有了更高的要求,要求我们再从工业经济跳到高科技经济,也就是信息化的经济。因此,我们所面临的困难还是很大的。

现在国家搞西部大开发,对于你们来讲是一个机会,在基础设施方面,国家投了很多资,花了很多钱,为你们将来的发展创造了许多有利的条件。当前的一个大问题就是农民怎么变成工人,他们住的地方不同了,要求不同了,这里面就涉及到一个城乡关系。在城乡关系的发展中,我们要规划小城镇,规划就是重视,不规划、不重视就是不行。就像对孩子要教育,要一步一步引导一样。这里随之出来的还有一个城市居民的问题,城市也是从小城镇到中等城市再到大城市,一步一步发展起来的。就像将来的兰州还要进一步发展,再高一个层次,发展成为西部的一个经济中心，当然，没有基础也发展不起来，这并不完全是个梦，这个梦是有根据的。可是它不会完全自己出来，要我们去一步一步造成它。我们的这一辈子，和我们的下一代人，大概要做的都是这一工作。也就是要帮助我们中国人，从乡村里边到城市里边去"安居乐业"。只有安居了才能乐业，也就是说，等中国人基本安定了，我们就可以进行文化发展了。

但现在我们连第一步还没有做到，这第一步就是要"丰衣足食"，就定西来说，已经是进步了，从以前的吃不饱到现在能吃饱，现在虽然还不能说是"丰衣足食"，但不能吃饱的地方已经很少了，下一步就是"安居乐业"了。这个"安居乐业"就是大量的人从农村里到城市里来生活，这种生活就是要住得下、要有房子、要有路、要有医院、要有商场、要有娱乐场所、要有学校、要有托儿所、要有敬老院等等，生老病死、衣食住行都要在这里边，我在这里还要加一个"学"，今后时代发展了，不仅小孩子要学习，成人也要学习，社会在不断地发展，不断地有新东西、新知识出现，所以，要活到老学到老。今后大家都是一个社会的人，要由社会来统一安排，不安排好社会就不能安定，所以，我们领导的责任，就是服务于人民。

这是2001年随费孝通先生到甘肃考察时整理的两次会议上的发言稿，文章第一部分是费先生和甘肃省的学者们座谈有关"人文资源保护、开发和利用"的课题研究时，所发表的讲话录音整理；文章第二部分是费孝通先生在听取甘肃省领导汇报会上的讲话录音整理。

西部开发中的人文思考

费孝通（以下简称费）：你写的《中国西部——文化艺术遗产的大宝库》，以及准备申报的科研项目——《西部人文资源的保护、开发和利用》的课题设计方案，我都看了，写得很好，很有想法。我认为对西部的开发，应该是立体的，其中不仅是包括经济的开发，也包括自然资源和人文资源的保护和开发、利用。现在人们对于自然资源的保护、开发和利用的问题已经有点意识了，并且也正在这样做，我觉得很好。但是对于西部人文资源的保护、开发和利用能够有深刻认识的人并不多，目前还没有专门的人在做这方面的研究工作，应该把这项工作加到西部开发的这个大的战略中去。申报这样一个课题，我觉得是非常重要的，它的重要性应当同等于经济的开发和自然生态的保护。它们应该是一个平行发展的整体，也就是说，社会的进步应该是一种全面的进步，如果只有经济的发展，而在生态的保护、文化艺术的发展、人的文明程度的提高等方面都很落后的话，其不仅不是一种进步，还很可能是一种破坏和退步。因此，对于西部的开发应该是一种全面的、全方位的，即从经济的繁荣到生态平衡的合理发展到文化艺术繁荣。

方李莉（以下简称方）：有关这个课题，中国艺术研究院的领导很重视，还为此专门召开了专家论证会，在会上许多的专家都有非常精彩的发言。会后，院领导决定，这个课题由我来牵头，并组织院里以及其他相关单位的各方面的骨干力量来共同做。同时，还希望请您来做我们这个课题的学术指导。

费：我年纪大了，做不了什么具体的事，但可以为你们出出主意，开开路。同时，为西部开发做点工作，也是我义不容辞的事。

方：长期以来，中国艺术研究院都只是关注对艺术本身的研究。它和社会学、人类学的研究是两个不相干的领域，但我们目前要做的西部人文资源的研究，如果不和社会学、人类学结合起来，就很难有研究上的深度和广度。只有把艺术学和社会学、人类学，包括考古学、历史学、民俗学结合起来，我们对西部人文资源的研究才能完整，也才能走出一条新的学术研究的路子来，也才能适合于现在新的形势发展的需要，从这一点来讲，我们需要您做我们的老师，为我们把握方向。

费：跨学科的交叉研究，是以后学术研究的新路子，你这个想法是很好的。其实，很多路子都是靠自己闯出来的，你就大胆地去闯。下面你可以谈谈你对西部开发的一些想法。

方：对西部的开发我始终有一种担忧，人类每一种文化的形成都是经过了几千年甚至上万年的积累而发展起来的，人类各文化之间有它们的相通性，但也有各自的独立性和独创性，每一种文化的经验和智慧，以及信息库藏都是其他的文化所无法完全代替的。我国的西部由于它特殊的地理位置和人文化环境，使它的文化艺术的原生态状况，得到了较好的保存，其在人类文化中的地位，相当于生物界中没有遭到过破坏的遗传多样性中心，在那里几乎囊括和继续保留了人类所有发展阶段的各种文化类型。如分布在内蒙古一带的草原文化，也就是游牧文化，这是一种动态的进攻性和扩展性很强的文化；分布在陕西、陕北一带的黄土文化，也就是农业文化，这是一种静态的、保守的防御性的文化；还有一种就是分布在云贵高原一带的高原文化，这一类文化由于地处偏僻，所以比较原始，有些地方甚至还保留了人类最早的采集、渔猎文化，这些文化类型在一些发达国家也许是早已绝迹了的，但它们在我国西部的某些地方还保存完好，我们不要小看它们，这是一笔属于全人类的宝贵财富。所以，我们要珍惜它，不能随意地破坏它。

费：这些文化确实是我们的一个宝贝呀！也就是说，我们发展西部的经济是对的，但我们不要忘记了，我们还有这样的一个宝贝，这是几千年中华文明的历史替我们留传下来的。这是一个很重要的资源，切实地说，在西部地区的这一广阔的时间和空间里，产生过很多不同的民族、不同的优秀人物，他们共同创造了一个文化的、人文的资源在里边。之所以称之为资源，就是其不仅是可以保护的，而且，还是可以开发和利用的，是可以在新的历史条件下有所发展、有所作为的。因此，在开发西部的热潮下，我们一方面要发展它的经济，繁荣它的市场，使大西北的发展和内地平衡，甚至超过内地；与此同时，还要保护其自然生态和文化艺术生态的平衡，不仅如此，对于一些已经遭到了破坏的自然生态和文化艺术生态，还要加以修复和再造，甚至重新发掘。因为，自然生态和文化艺术生态，也是一种资源，一种财富，而且，是一种难以用人工再造的财富和资源。我们一定要认识到这一点。

方：不过，现在保护和利用西部自然资源和生态方面的课题已经有不少专家在研究，并且也得到了国家的高度重视和大力支持。但有关文化艺术资源和生态的问题却还没有得到应有的重视。

费：只要我们已经认识到这个问题就好办了，至于怎么让大家都来共同地认识这个问题，这就要靠你们去考察、去研究，然后把这些成果公布出来，宣传出来，让所有的人都取得共识，在繁荣和发展西部经济的同时，也要繁荣和发展西部的文化和艺术。

西部的文化和艺术的确是非常值得我们去探讨、研究和发掘的。那里是我国文化最早的发祥地，在西部的关中盆地曾发现了距今约 65 至 85 万年的"蓝田人"头骨化石，距今数万年或 10 至 20 万年的"大荔人"头盖骨化石，和距今 6000 年的最典型和保存最完整的新石器时代村落半坡遗址和姜寨遗址。中国许多的最灿烂的文化艺术都是在那里得到蓬勃发展和繁荣的，如集中在甘肃、青海、陕西一带的彩陶艺术，集中在敦煌一带的佛教文化和艺术，集中在新疆、云南一带的岩画艺术等等。同时，就是在西部如今还存活的一些文化艺术中也还具有一种主题内涵的古老传承性，例如从远古先民图腾崇拜演变而来的一些列有始祖神圣、人类起源、生命繁衍意蕴的符号以及许多历史典故、神话传说的图案纹样，还有从原始宗教、巫术演化而来的民间音乐、舞蹈。溯本求源，在这里我们几乎能找到所有中国美术、音乐、舞蹈，甚至戏曲、诗歌发展的源头。而且，西部的文化除了有汉族文化之外，还有众多的少数民族文化（中国的少数民族大部分都集中在西部），从其发展的广大的时间和空间中我们能看到多元一体的、由广大多种民族的群众创造的文化的相互接触、相互融合和各自发展的演化经过。

西汉时期，当时的统治阶级打通了从长安横穿欧亚大陆的"丝绸之路"，不仅把丝绸文化从中国推向西域、吐蕃、东南亚乃至波斯（今伊朗）、罗马等国；同时，也从这条"丝绸之路"传来了印度的佛教文化。佛教文化对中国文化的影响很大，是西方文化对中国文化影响的第一步。主要是在魏晋南北朝到唐朝，甚至宋朝这一时期，这是中国传统文化形成的一个重要时期，有关这一方面的问题陈寅恪讲得很好，很透彻，你可以好好看看他这方面的文章。

方：在公元九世纪以前，中国的政治中心大体在北方而偏西，西北经济曾是全国经济中的主要成分。但经过千余年间开辟江南的结果，长江中下游逐渐成为中华帝国的经济所在。公元十世纪初唐朝灭亡，西部从此沦入多灾多难的动荡中——从五代十国到北宋、辽、西夏、元、明、清，伴随着民族的斗争与融合，中国的分裂与统一，西部同整个北方兵事频繁，社会平安的时间相当短暂，总体经济水平在反复中趋向低落，在整个中国的文化地位也跌落下去。而且由于西部战事和海上丝绸之路的发达，它的丝绸之路的辉煌地位也已失去，从昔日拥有庞大商业市场的大都市沦为主要用于控制西北、西南的军事重镇。

费：就是这样，我们也不能认为是它的文化地位跌落下去了，而是我们对它后来的文化认识不够了，主要是我们认为它不是主流文化，就不再去认识它。而我们现在搞的人文资源的开发，就是要重新去认识它、理解它、发掘它。对于西部文化艺术的考察，前人已经做过了不少的工作，其中包括考古学界、人类学界、民族学界、艺术学界等。这些考察是非常重要的，为今天的考察和进一步研究奠定了很好的基础。这以前的考察和研究大多还是仅仅停留在对历史事实的记录、观察和描述上，但在从文化的角度上进行进一步的理论总结和深入研究方面还是做得不够的。如何在艺术学的基础上广泛地吸取社会学、人类学、民俗学、历史学的研究方法，变传统的单项个别研究为整体的全面研究，在学术上进行跨学科、多学科的交叉研究及理论总结，这是你们今天要做的事情。比如把艺术放到一个社会历史的背景中去研究，在这里研究的不仅仅是艺术本身的历史，而是整个历史对艺术的表现。这和单纯的艺术史不一样，单纯的艺术史谈的只是艺术本身的变化，这里要谈到的是社会和历史的发展对艺术的影响，我认为在这一方面我们的研究还是很薄弱的。

方：对西部人文资源的保护、开发和利用，这对于我们来说是一个崭新的、前人从未研究过的课题，崭新的课题必须要有崭新的视野和崭新的方法论。它使得我们这次的研究不能停留在以往的艺术研究的方法上，以往对艺术的研究和考察，往往只注重艺术作品的本身，比如，艺术的表现形式、语言符号和象征意义等。但很少研究艺术的过程，以及活动在艺术品背后的那些人，包括这些人的艺术行为，还有作为特定社会中社会文化现象等方面，这是艺术人类学研究中的一个巨大的缺口。而我们的研究正好可以填充这样的一个缺口。而填补这个缺口的考察报告在国外不多，在国内基本还是一个空白。因此，我们做这个课题在学术研究上具有一定的前沿性和开拓性。另外，这次研究和以往不同的是，它是从书斋走向田野、走向社会，将我们的理论研究和社会的发展紧密地联系在一起，因此，具有强烈的实践性。同时，新的方法论要求这一研究必须是一个多学科交叉的综合性研究，正如费先生刚才所说的，要在艺术学的基础上广泛地涉及历史学、考古学、人类学、社会学、民俗学等。而这种综合性的研究使其研究的过程和研究的方法都需要有一种前所未有的创新性。因此，前面可能会遇到比较多的困难，但我们一定会想办法克服的。

不过做研究是需要一定经费的，一般国家拨给社科研究项目的经费是很少的，尽管院里将会尽可能给我们支持，但我知道中国艺术研究院的经费也是很紧张的。

费：其实经费是不重要的，只要你们的研究确实是有意义的，是能够推动西部文化经济全面发展的，国家一定会支持的。这是一个非常大的课题，它不是一个两个人能够做得了的，而是要集中一大批志同道合的学者来做。在这一点上中国艺术研究院是有优势的，在这里集中了大批的各个不同艺术门类的研究人才，这是其他任何单位都很难与之相比的。而且这种研究是一个长期的研究，这不是一天、两天、一个月、两个月、一年、两年能够完成的，它是要好几年，甚至对有些人来说也许这将是一个终生的研究事业。

我觉得对西部的研究要分几步走，首先要了解它发展的历史，有了一点基础了，对它的历史说清楚了，然后再找到几个有代表性的可以做田野的地方，花点功夫，做深入的考察，把它们作为研究的标本。在研究的过程中要用自己的眼睛去看，用心去体会。我现在是没有这种力量了，不能长期地深入到生活的最低层去了。这是你们的任务了。

方：但费先生可以到西部一些容易去的地方做一些短期的考察。

费：我准备下个月去西部的几个地方看看，同时也找个机会同大家谈谈有关人文资源保护、开发和利用的问题，把它的概念和它的重要性讲出来，现在很多人对这个问题还没有很好的认识。

方：我一直觉得有一个矛盾的问题就是，随着经济开发的深入，传统的文化和艺术必然要受到冲击，我们应该怎样去保护它们,既不能让它们不发展,但又不能让它们被新的经济和一体化文化弄得面目全非,完全丧失了自我。对这个问题不知费先生有什么样的看法?

费:我在这一期的《文艺研究》上看到了李泽厚的一篇文章,我认为他的一些观点可以值得考虑。他认为对于本土文化和传统文化在新的一体化经济的冲击下,可以实行"创造性的转变"。也就是说在传统的基础上进行创造性的发展。全球一体化的经济发展会给人们带来一种新的生活方式和新的文化观念,但真正传统的好的东西是不会完全走掉的。我们的任务就是要把这些好的传统从生活中提炼出来,让大家意识到和理解到我们有些什么样的、应该保留的优秀传统,并有意识地去发扬它和继承它。我把这种行为叫作文化自觉,这就是自知之明。

我们现在连自己有多少财产都不知道,自己有些什么资源也不知道。人对各种资源的认识是逐步的,现在我们对自然资源已经了解了不少,逐步地明白了有天然气、石油、太阳能、核能等等,这也是一步一步的自觉嘛。对人文的资源也是一样,要有意识地去理解、去知道、去逐步明白,要把我们以前不知道的资源逐步挖掘出来,要知道我们自己究竟有多少财产,这是第一步。这要从历史里边来看,在历史上有两个中心主义,第一个是汉族中心主义,再一个就是西方中心主义,就是这两个中心主义把西部的文化给淹没了。大家不去看它、了解它了。一讲就讲汉族的东西,其实西部不仅仅是汉族;一讲就讲西方的力量,不重视本土的力量。在这两个中心主义之下,就把我们西部的这一广大地区的人文资源给掩盖起来了。西部是一个多民族的地区,我们要承认它的文化的多元性,这些不同民族的存在,都是根据自己不同的自然环境和人文环境形成了自己的不同的民族文化。这些民族的文化历史和汉族一样长、一样重要和一样珍贵，我们必须要正确地认识到这一点。

另外，我们在考察和研究中还要完成的一个任务就是要了解，并要让大家知道，这些传统的民族文化，将如何在这新的历史条件和新的文化背景下，产生新的变化和有新的发展。同时我们应该怎样去保护和发扬这些文化中的一些优秀传统。同时，我还要讲的一个问题就是，在这全球经济一体化和文化一体化猛烈席卷过来的时候，不要把西部这些多元的文化给冲掉了，给毁灭了，我们有责任要提醒大家。

我下个月要去陕西和甘肃一带考察，你有没有时间和我一起去，要去的话，我们还可以沿途，边做西部的考察，边继续这个话题。

方：能有这样的机会，对于我来说那当然是太好了！我可以一路上跟着先生学到不少的东西。

费：就这样，我们今天的谈话就到这里。

方：谢谢，先生今天的谈话，对我启发很大。

方李莉记录整理
载于《民族艺术》2000年第3期

关于西部人文资源研究的对话

——费孝通先生对"西部人文资源的保护、开发和利用"课题的指导

费孝通（以下简称费）：我已经是第九次来兰州考察了，以前来考察，所关心的都是如何发展经济的问题，只有这次，才第一次关心到了有关人文资源的问题。这实际上也是一个事物发展的必然性，它意味着人们的思想感情已经开始产生变化了，也就是说，当世界的物质生产发展到一定地步以后，人们就要开始重视精神的生产了。也就是在这个时候人们才发现我们面对的不仅有自然资源，还有宝贵的人文资源，这是在我们的感情产生了变化、物质发展到一定程度后才能看得到的。在经济落后时期，人们不大可能会认为人文活动留下的各种遗迹和文化艺术传统是一种资源。这就是说，是经济的发展促进了人们对人文资源的认识，反过来，对人文资源的认识也将促进人们对经济发展的更深一步的认识。人们将认识到经济的发展并不是我们的唯一目的，经济的发展只能解决我们生存的基本问题，但如何才能生存得更好，更有价值，使自我价值的发挥得到更宽阔的拓展，并从中发展出一种新的人文精神，是需要在原有的人文资源的基础上，用文化和艺术的再发展来解决的。在这里面不仅有一个物质的问题，还有

一个精神的问题，这就是人文资源的价值所在。

开发和利用人文资源不仅能产生新的人文精神，同时也能创造新的经济价值，因为现在的人们不仅需要丰厚的物质享受，也需要高尚的精神享受。那是一种比吃饱穿暖更美好的生活，是一种需要了解各种文化历史知识、需要得到各种艺术享受的生活。这一切正蕴藏在丰富的人文资源中，要靠我们去提炼和发展。西部是中华文明最早的发源地，这里有着中华民族在各个不同历史时期留下的丰富的人文资源，还有着各种不同民族的文化和艺术，这是一笔巨大的财富。以前我们只看到了西部在经济和物质上的贫穷，却没有看到它在人文资源上的富有，以后我们要关注这一点。

我们讲了这么久的人文资源，那么什么叫人文资源呢？我想在这里下一个定义。我认为，所谓的人文资源就是人工的制品，包括人类活动所产生的物质产品和精神产品，它和自然资源一样，只是自然资源是天然的，而人文资源却是人工制造的，是人类从最早的文明开始一点一点地积累、不断地延续和建造起来的。它是人类的历史、人类的文化、人类的艺术，是我们老祖宗留给我们的财富。人文资源虽然包括很广，但概括起来可以这么说：人类通过文化的创造，留下来的、可以供人类继续发展的文化基础，就叫人文资源。

方李莉（以下简称方）：先生为人文资源所下这个定义，对我们来讲很重要，等下次我们课题组在做这方面研究时，目标就更明确了。另外，这次跟您来甘肃考察，和当地的有关学者一起围绕着甘肃省人文资源方面的问题开了一个座谈会，还参观了甘肃博物馆，使我收获很大，对甘肃省人文资源的认识也有了进一步的提高。甘肃省是中华文明最早的发源地之一，新石器时代著名的马家窑文化和齐家文化的遗址都在这一带，在这里曾出土过马家窑型、马厂型、半山型等类型的原始彩陶，是我国最早的彩陶文化较集中的地方，因此，甘肃省的博物馆也以其彩陶收藏量大和品种丰富齐全而著称。

您一直告诫我，在研究历史时要把时间拉长一点，要从六七千年前的彩陶文化开始来理解中国的文化传统。看了甘肃博物馆里的大量彩陶以后，我在这方面深有感触。我认为，真正的人文世界应该是从人类使用文字开始的，当然这种文字可以追溯到最早的象形文字，甚至是为了祭祀和表达宗教意图及为记事而刻画在彩陶上的纹饰或图腾。人类最早沟通和表达感情的方式是声音和四肢形体，有学者将其称为时间性表达；当人类学会做陶器、进入器物文化阶段以后，便开始在器物上绘制纹饰（同时，也将各种图画和抽象的纹饰，绘制在岩石上和山洞里），而由纹饰发展到可以记录事物的抽象符号，文字就由此产生。用图画和文字来表达和沟通情感，就比声音和四肢形体有了更多的客观性和精确性，而这种表达方式被称为空间性的表达。时间性表达的特点就是，在时间流逝的过程中，并不一定会在我们的意识中留下客观而精确的原则性的事物，只有图画和文字的空间性表达才能做到这一点，而正是这一点才促进了人类文明的迅速发展，才使人类就此创建了自己丰富多彩的人文世界，因此，原始的彩陶文化是一座横架在原始世界和人文世界之间的桥梁。所以，认识和了解彩陶文化，可以帮助我们理解人类人文世界最早形成的动因。

费：是的，在六七千年以前，中国的彩陶文化时期，也就是仰韶文化时期，正是中国文化形成和萌芽的时期。那时最重要的物质文化设备就是陶器，所以陶器是中国文化发展的源头，你要好好地研究，要在这源头中来理解中国文化的内在本质。

昨天在甘肃博物馆看到的许多原始的彩陶，真是美极了，那个时候人类的生产力还很低，还是属于新石器时代，但在陶器上所反映出来的精神世界却是很丰富的，那么多抽象的和具象的纹样，表达出了我们祖先最早对世界的认识和看法。还有那些为了不同用途而做成的不同造型，也反映了最初人类的生活方式和文化习俗。因为这些陶器反映出的是一个时期的人类的生活和人类的精神世界，所以被称为彩陶文化。意思就是，它表现出来的不仅仅是一种陶器，还是一种文化，一种早期的中国人的文化。

尽管我以前知道早期的人类社会有石器，有陶器，但那都是空的，是书本上的。这次来了，实际看到了，才被感动，才有了一种新的认识。所以，我们今后要多普及历史和考古方面的基础教育，不仅是要在书本上学，还要带学生多到博物馆看看，通过这些让他们认识我们国家的历史，知道哪些是我们祖宗留给我们的宝贵财富。中国传统的文人，大多是坐在书斋里看书的，不会深入到下面去考察，不会到活生生的社会生活中去体验，去了解事物真正的本来面目，所以对书斋以外的许多事情都不太了解。今后我们要改变一下我们传统的做学问的方式，要提倡深入到真正的生活中去，到广大的农村中去，在这些地方我们可以发现很多的好东西。我们的知识是从哪里来的呢？我认为决不会仅仅来自书本，而是在实践中，在实际的生活中产生我们的知识。对中国的历史也不要光看书本，也要到实地去，到实物存在、并还在继续发展的地方去看一些真正留下来的活生生的东西，我们对它的认识才会更深刻，更全面。

就拿我自己来说，虽然我有条件接触过不少的历史文化方面的东西，但由于学习和关注得不多，所以在这方面的认识还不够，现在我还要开始补课。前面我们讲到了人文资源，它的涵盖面可以包括得很广很广，人文资源也就是文化的产品，我们现在不光要发展经济，也要重新认识人文资源，要回头看到这种资源给我们带来的影响。另外，还要利用这些原有的资源给我们创造出一种新的文化，来服务于我们新的生活，这里面有很深的学问。西方经济的高速发展，使其过分地强调了人同物的关系，却把人同人的关系、人同自然的关系给淡化了。但现在西方人已经认识到了这一点，正在局部地、一点一点地把曾经淡化了的人同人的关系、人同自然的关系逐步地恢复起来。在这里面，人和自然的关系，包括了人同自然生态的关系、人同自然资源的关系；而人同人的关系，则包括了人同人文历史的关系、人同人文资源的关系。如何处理好人和自然以及人和人的关系，从而建立起一种新的人文精神，以矫正当前的拜物主义所带来的许多负面作用，如环境的污染、自然生态的失衡、人类精神家园的失落等，是目前人类社会发展中的当务之急。

我们要好好地利用这些已有的、我们先人们为我们创造的珍贵的人文资源，让它们变成我们丰富的生活资源、我们宽广的精神追求。大的我们不讲了，就讲音乐、美术、舞蹈、戏剧等这些艺术活动，就是为了满足我们的感情需要，通过我们的大脑和各个器官来表达、传送和接受人类的各种感情。也就是通过我们的器官来欣赏和接受各种不同的、微妙的心理感受。人通过艺术吸收外界的东西，刺激我们的感觉，帮助我们从各个方面去认识世界，让我们感受到大自然中的或人类情感中的许多美好的东西。而这种感受的辨别，这种审美观念的形成，很多都是从小培养和从传统的文化中潜移默化中形成和习得的。所谓美和不美，实际上既是客观的也是主观的。不同的国家和不同的民族也有不同的理解和不同的看法，其实人的智力和习性也都大体相似，但为什么世界上还会有那么多不同的文化存在呢？那是因为人们所处的地理环境和文化所形成的历史背景和原因的不同，才造成了文化上的不同差异。在世界一体化的今天，我们不是要消除这些差异，而是要从更深刻的意义上去认识这些差异。我很赞成孔子所说的"和而不同"的理论，将其用在当今的时代是非常合适的。随着通讯和交通的迅速发展，人们的空间距离越来越近，地球也越变越小，地球村的概念也开始出现。但越是这样，我们越是要注意我们自己传统文化的特点，要在"和"的背景下找到我们民族文化的自我，并真正认识自我，知道在新的时代中华文明存在的意义，中华文明要为世界的未来发展做出什么样的贡献。我常说的文化自觉实际上也包括了这一层的含义。

方：先生说到这里，又使我想回到刚才关于彩陶文化的话题。我的意思是说，中国文化和西方文化的差异，不仅是语言、宗教的差异所造成的，其中文字的差异也是非常重要的。而且也许就是这个差异导致了中西方不同的发展道路。

中国的文字是从象形文字发展而来的，其发展的轨迹，有的学者将它归纳成从陶纹发展到陶文到甲骨文再到铭文，这样一步一步发展过来的。而这样的发展过程便成了我国象形文字和其他一切国家的文字发展的最大不同，也就是说，虽然任何的文明都曾经历过陶器文明，但并不是任何国家的文字（即拼音文字）的发展和形成，都与其早期的陶器文明有着相关而一致的一贯性发展的关系。正因为如此，中国的文化也就具有象形文字所形成的与原始人文之间的一贯的发展性，使其比拼音文字的西方文明保留了更多的整体统合性的"自然"性质。也就是说中国文化相对来说，是一种偏重于自然性的审美文化，而西方文化，由于其拼音文字的抽象性，所发展出的是一种更理性的科学文化，如果说中国文化偏重的是整合与主观，而西方文化偏重的则是分析与客观。这是两种互补的文化，而人类社会就是由于各种不同文化的互补，才导致了其的平衡发展。而且，总的说来中国历史所具有的，是一种自然与仪式统合一致的文明，同时是一种政教合一的文明，甚至也是一种个体与群体全然柔和一致而发展的社会或文明。这种数千年来凝聚的自然统和的潜意识一直深藏在中华民族意识的底层，每当民族遇到紧急关头时，便会喷发出强劲的反弹力量。但近一个世纪来，随着现代化进程的加速，社会正在发生着急剧的变迁，中国文化潜藏着的那种自然统和的潜意识，也正在逐渐的崩溃。于是，有学者认为，如果中国文化不甘心被淹没并同化在西方文明的强劲风潮中，便唯有在对我国原始文明中所具有的"自然"性质的挖掘之中，找到重新认识中国而救中国的契机，甚至也唯有"自然"的特殊性质，才能为整个人类的人文世界增加新的素质，并求得发展人类前瞻性的新人文精神的可能性。

我觉得这种说法也有一定的道理。西部不仅是中华文明的最早发源地，而且由于其地处偏僻，虽然在经济上落后了，但许多的传统的、民间的文化还处于矿化状态，也就是还保持了较好的原生状态。对这些较原生状态的文化进行研究，可以帮助我们较深刻地认识中国文化的内在本质。这也是我希望做西部人文资源的保护、开发和利用这个课题的初衷。

费：我一直在考虑你们这个课题的做法，以前我是怕这个课题得不到理解和支持,但现在看来这个问题已经解决了。前不久,文化部孙部长在西部文化工作座谈会上专门做了一个有关西部文化保护的问题的报告,国务院也专门发了一个有关西部文化发展与保护的文件。也就是说,在对西部人文资源的保护、开发和利用这个问题上,已经得到了大家的认同,下一步就是你们如何去开展这个工作的问题了。有关这个问题,我想听听你们的打算,也就是说,下一步你们打算具体怎样开始做这个课题。

方:西部地区地大物博,人文资源极其地丰富,要对其做全面的考察以我们课题组的力量几乎是不可能的,同时也是没有必要的。因此本课题对西部人文资源的全面梳理可以利用已有的文献,在这一点上前人已做了大量的工作,这些已有的成果为本课题的研究打下了坚实的基础。因此,在具体考察中,本着宏观研究与个案研究相结合的原则,可以选择一些具有典型代表的社区,用解剖麻雀的方法,进行深入的考察和研究。

费:解剖麻雀,以小见大,这是人类学里面常用的方法,但要注意,一只麻雀是不能代表所有麻雀的,要多解剖几个,而且要用它们来相互比较。只要我们能科学地解剖这些麻雀,并摆正点与面的位置,恰当处理两者的关系,那么在一定的程度上、点上的调查也能反映全局的基本面貌。这么多年的学术研究,我总结出来的经验就是:只有理论联系实际才能出真知,只有到实地中去调查研究,才能懂得什么是中国的特点,什么是中国文化的内在本质。你们的研究要摆脱在概念中兜圈子、从书本到书本的模式,要走出书斋,在实际考察中认识西部、了解西部。

从事科学研究要有目的性和计划性,要使研究深入下去,必须要制定出一个具体的计划。要多选择几个不同类型的地区作为调查点，以便做比较分析，并制定必要的研究指标，为从调查点上的定量分析推向面上的定量分析做准备。事实上，制定研究计划的过程就是明确研究目的和要求的过程，只有目的和要求明确了，计划才能定得具体可行。所以我接下来想了解你们考察的目的和要求是什么？

方：对西部人文资源的考察，我们不想只做泛泛的考察，我们要做的是围绕着文化变迁这个主题，对西部的一些富有代表性的传统社区和文化群落进行深入的考察。在现代化的进程中，许多富有特色的地方文化正在迅速地消失，一些落后地区的人们似乎都在渴望工业化经济的成果，都希望社会能快速地转型，并试图改变或革除原有的制度与传统，进行新形象的集体探索。这种集体探索的结果就是集体地复制西方的文化，如果许多国家和民族的文化都在失去它们的原创力，都只是在复制由少数先进国家所输出的所谓先进的文化，那么人类多样性的智慧和多样性的文化就将在短时期内迅速地减少。因此，如果说，人类现代物质文明的发展是以减少自然界生物多样性为代价的，而人类现代精神文明的发展则是以减少人类文化多样性为代价的。现在人类已经明白了减少自然界生物多样性的后果将会是什么，所以人们正在积极地呼吁保护地球上所有的生命。但到现在为止还没有谁明白或真正认识到，减少人类文化的多样性和人类智慧的多样性的后果是什么，也许有人认为，一些地方性的传统文化的消失，是一种历史进步的必然性，没有必要保护和惋惜。对此，我持怀疑态度，但我不否认，在新的历史条件下，一些地方性的传统文化会获得一些再生和发展的机会。只是这些机会产生的条件是什么，它的内在动力又是什么，这将是我们在课题中所要探索的问题。

虽然西方文化相信，人类的理性能够正确地评价人的意义和价值，借助于理性认识和预测功能能够把握生态系统的动态平衡规律，从而管理好自然环境，但事实上人类的理性认识能力是有限度的。虽然人类的理性能力对于认识线性关系的自然事物和机械系统，的确已取得了巨大的成功，但是，人类的理性能力对于非线性的自然系统，尤其是对于复杂的生态系统的认识和控制，则是令人失望的。对于生态系统的复杂变化，有许多动物都能敏锐地感觉到并做出积极的反应，而那些长期生活在自然环境中的土著居民也能根据自己的经验和直觉能力，敏锐地预感到生态系统将发生的变化，他们的那些感知能力比只相信科学理性的人要强得多。这是一种在自然环境中发展出来的原生态文化的特性，他们的直觉和非理性化的思维特征使他们能直接感悟到大自然的许多规律。也就是说，人类社会发展到今天，面临自然生态失衡的困境，不仅需要发展科学的理性思维，也需要发展人类直觉中的非理性思维，而人类那些一直未脱离自然环境的原生态文化正好能做这方面的补充。如果我们在发展中失却了这方面的文化，那将是人类文化的巨大损失，也许是一种不可弥补的损失。就像自然生态之网遭到破坏一样，人类文化生态之网也在遭到破坏。这种破坏要是我们不留意，就有可能是毁灭性的。因此，对西部一些保存得较好的原生态文化以及地方性的传统文化，在现代化进程中的发展与变迁，还有再生方面的考察与记录，就具有非常重要的价值与意义。在具体的研究方面我们希望能得到先生的指导，尤其是做实地考察的一些具体方法上。

费：围绕着西部的文化变迁和人文资源的保护、开发和利用这个主题，来提出问题，然后通过考察来认识问题和回答问题，这种做法是可行的。这种从实践中得来的认识往往比从书本上得来的认识具体得多、充实得多。因为它不是从概念中推论出来的，更不是凭主观臆想出来的，所以只要能自觉地、不留情面地把考察中一切不符合实际的成分筛选掉，它就会成为西部文化艺术变迁的历史轨迹的真实记录，即使过了几十年甚至几百年，当人们来翻看它时，仍然具有价值。这种价值就在于它是未来的起步，而今后的变化则是它的延续。我们的一生，人类的一代又一代，对事物的认识总是一步一个脚印地跟着往前走。我们今天对西部文化变迁的认识，过些时候回头一看，如果能发现它的肤浅和幼稚，那就证明我们的认识有了进步，这不是也很好么？社会总是在不断地有新的认识中不断发展的，包括我们的学术研究也一样，每一次的实地调查都会给我们带来许多意想不到的收获，甚至是一种认识论的提高和一种新的理论体系的初步形成。我这一生的学术研究和学术思想的形成，都是和我最早的两次实地调查有关系。

1933年我从燕京大学社会学系毕业后，由吴文藻先生介绍考入清华大学跟俄国老师史禄国学习人类学。他为我定下了一个六年的基础学习计划，包括体质人类学、语言人类学和社会人类学三个部分，规定我一两年为一期，三期完成。1935年暑假我结束了第一期的学习计划，学会了人体测量和体质类型的分析，完成了两篇论文。这时正逢史禄国的休假，而且他自己又另有打算，决定休假后不再继续在清华任教。所以他为我做出了新的安排，1935年暑假后到国内少数民族地区进行调查一年，然后1936年由清华公费出国留学，他就不再自己指导我的第二和第三期的学习计划了。

按他的意见，1935年暑假我和前妻王同惠一起到广西大瑶山——现在的金秀瑶族自治县共同进行社会调查，我当时还携带了人体测量仪器以便进行体质调查。在考察中因语言不通，非常不便，好在王同惠在语言方面很有才能，没多久她就能用简单的日常用语和当地人交谈。我觉得女性在做人类学考察方面好像比男性更有优势，她们很容易与人交往，我和王同惠在一起她就比我和当地人熟，她常常和那些人一起聊天，收集了不少资料。该年12月份我们结束了大瑶山里的花篮瑶地区的调查，准备转入附近坳瑶地区时，在路上迷失了方向，遭遇不幸事故，我自己负伤，王同惠单独离开我去寻找援助，不小心溺水身亡。我在养伤和休养时，把和王同惠一起收集的材料（其中大多数是王同惠收集的）写成《花篮瑶社会组织》一书，这是我第一本社会调查的成果。这一成果也是我后来形成"中华民族多元一体"思想的基础。

我自己在瑶山所取得的体质测量资料，因当时没条件整理，一直携带在行李里，最后在昆明发生李、闻事件后仓促离开，在路上全部遗失，花篮瑶的体质报告也就永远写不出来了。但这并不是说我这两年体质人类学的学习在我的学术上没有留下影响。除了我对人类的生物基础有了较深的印象之外，分析类型、进行比较的科学方法也为我以后的社会调查开出了一个新的路子。

1936年暑假在吴文藻先生的安排下，我将去英国伦敦大学跟马林诺斯基学习社会人类学。比史禄国给我预定的计划，免去了语言学的一节。

这时，从瑶山回到家乡，我有一段在国内等候办理出国手续的时间，我姐姐就利用这段时间为我安排到她正在试办农村生丝精制畅销合作社的基地去参观和休息，这是一个离我家不太远的太湖边上的一个名叫开弦弓的村子。我利用在村里和农民的来往，进行了一次类似于在瑶山的社会调查。我带了这份在这村子里收集到的有关农民生活的调查资料，一起到了伦敦。

我根据这批开弦弓的调查资料写出的提纲，首先得到了我当时在伦敦的导师弗斯的肯定，随后又得到了马林诺斯基的注意，当即决定由他亲自指导我编写以中国农民生活为主题的博士论文，这论文就是后来的《江村经济》。如果说在广西大瑶山花篮瑶地区所做的实地调查，为我后来形成的"中华民族多元一体"的思想打下了基础，那么我在开弦弓村所做的实地调查，以及最后完成的《江村经济》就为我以后一些系列的社区研究工作，开辟了一个前进的起点。同时我"志在富民"的思想也是在这一阶段形成的，以及我后来所完成的《乡土中国》《生育制度》，甚至包括我在八十年代所做的小城镇研究等，都无不与当时的认识和所打下的基础有关。所以一个人的学术道路是有延续性的，而且从实践中得来的一些认识往往会影响人的一生。我当时是希望，通过社区研究的概念和方法来达到认识中国社会的目的，另外，也是希望自己能用这种方式来朝着由吴文藻先生为首提出的社会学中国化的方向前进。

但对这种研究方法曾有人质问我，你们的社会研究如果是一个具体的社区，那也只是中国的一部分，你们能把全国所有的农村都观察么？社区研究只能了解局部的情况，汪洋大海里的一滴水，怎能不落入以偏概全的弊病呢？对此，我提出了类型比较和理论联系实际的方法作为对策。也许是受了我早年所学的动物学和解剖学的影响，我对客观事物存有类型（type）的概念。一切事物都在一定条件下存在，如果条件相同就会发生相同的事物。

相同条件形成的相同事物就是一个类型。同一个类型里的个别事物并不是完全一样的，类型不是个别的众多重复，因为条件不可能完全一致。我所说的类型只是指主要条件相同所形成基本相同的个体。

以江村来说，它是一个具有一定条件的中国农村。中国各地的农村在地理和人文各方面条件是不相同的，所以江村不能作为中国农村的典型，也就是说，不能用江村看到的社会体系等情况硬套到其他中国的农村去。但同时应当承认，它是个农村而不是牧区；它是中国农村，而不是别国的农村。我们这样说时，其实就已经出现了类型的概念了。那么，形成江村的条件是否还形成了其他的一些农村，这些农村能不能构成一个类型？

如果承认中国存在着江村这种农村类型，接着可问，还有其他哪些类型？如果我们用比较方法把中国农村的各种类型一个一个地描述出来，那就不需要把千千万万个农村一一地加以观察而接近于了解中国所有的农村了。另外，我认为，只有从每个社区根据它特有的具体条件而形成的社会结构出发，不同社区才能相互比较。在比较中才能看出同类社区的差别，而后从各社区具体条件去找出差别的原因，再进一步才能看到社区的发展和变化的规律，进入理论总结的领域。

我在这里所说的意思是，如果你们的课题研究是围绕着西部文化艺术变迁的这个主题，采用社区研究的方式来做，就一定要注意我刚才所说的类型对比和理论联系实际的方法。

方：先生刚才的谈话使我受益匪浅。我们这次对西部文化艺术的考察角度虽然和当年先生对江村的考察角度不完全一样，但方法却是可以学习和借鉴的。我们课题组的成员大都来自不同的人文学科和艺术学科，但大家都可以围绕着文化变迁及西部人文资源的保护、开发和利用这个主题从各个不同的学科角度切入，根据不同的专业要求选择各种具有不同文化类型的社区进行考察。然后再根据不同的类型比较和理论联系实际的方法得出结论。

比如我的专长是研究地方性的传统手工艺，同时，我也认为，传统的手工技术往往是一个传统社区原生态文化的基础。同时那些传统的手工艺品也往往是那些偏僻的、封闭的传统社区的物质文化设备，这些社区的人们从小就生活在这些由手工艺品组成的物质设备之中。比如妈妈剪的窗花、奶奶做的虎头帽、姑姑绣的围兜、爸爸做的玩具、各种民俗活动中的道具等等，这些都是当地人们从小习得传统文化和享受亲情关爱的各种文化器具。因此，从我的角度来看，我就会希望选择西部地区在历史上手工艺比较发达，而且现在还有一些手工艺术在继续存活和发展的社区来进行考察。

同时我还认为，在西部一些偏远地区保留的较原生态的文化，往往是一种较古老的文化，它的动力模式来自传统的手工业和农业技术状态。而现代文明对于当地文化的侵染，就是首先要根据现代的技术要求来调整其文化，同时也就意味着要采纳现行技术的"动力模式"，抛弃那种如今已找不到现实基础的传统"动力模式"。这也就是说，技术动力有时会领先于社会动力，并将自己的动力强加给社会，造成社会变迁的加速化。从这种角度来看，技术是组成文化的一个部分，但同时它们又常常脱离文化，构成完全独立的系统。它们和文化系统相互影响，又相互对立。正如普遍与特殊的对立，抽象与具体的对立，构造与现成的对立，未知与经验的对立，体制与生存的对立。正因为如此，在许多本土文化正走向与国际现代文明接轨的今天，考察技术和文化之间相互影响的模式就非常紧要，尤其是要考察现代技术将如何影响本土文化的未来：或者逐步地造成地区性的旧文化的解体，或者建立新的文化形式。因此，现代新技术的楔入最后伴随而来的就是非地域化过程的发展。从这个角度来看，就有学者认为，技术现象是人类的首要特征，因技术在种族之间造成的差别远比因人种或宗教文化造成的差别重要。也就是说，相同的技术往往会拉平各种不同文化之间的差异。因此，我认为，在现代化的进程中，西方的技术模式不仅迅速地取代了各地方性传统技术的合法地位，导致了传统技术的崩溃，也使许多地方性的原生态文化，失去了其赖以生存的根基，并因此遭到了破坏，甚至消亡。当然，这只是我的设想，我要到西部去考察的目的就是要证实我的设想是否正确，也许在考察中还会发现第三条路，那就是地方性的本土文化和传统技术在现代化进程中的继续发展和再生。这也不是没有可能的，我几年以前考察的景德镇手工艺陶瓷的复兴，就是其中的一个例子。

另外我们这个课题组的成员还有宗教、民俗、音乐、美术、戏曲、建筑等方面的专家，他们也可以从他们的角度来找到一个有专业特色的社区切入。例如我们课题组的音乐理论方面的专家乔建中先生，就准备用音乐人类学的方法去考察自己家乡陕北地区的民歌"信天游"，通过考察在现代文明冲击下当地民众对祖祖辈辈流传下来的"信天游"的感情变化过程，来反映这一时期当地文化变迁的真实面貌。

还有音乐理论专家萧梅女士，已用艺术人类学的方法对纳西族好几个村庄的民间音乐保留和发展状况做了很详细的田野考察，通过这种考察来反映当地人对现代文化的接受态度和认识程度。也就是说，我们对西部的文化和艺术变迁的考察不是孤立进行的，而是将其放在一种真实的社会情境中、一个具体的社会事实中来解释和理解，从而感受到文化和艺术形成背后的那种细微的结构过程。当然，具体的做法还要在实践中不断地探索，也许下去以后很多的问题都与我们所想象的完全不一样。在这个过程中还需要费老不断地给予我们的指导。

费：你们的研究的确是一个新的时代所面临的一种新的研究，这种研究需要有开创性和探索性，就是因为需要有开创性和探索性，所以，即使有一些不成熟也是正常的。其实人类社会就是这样在不断的探索中前进和发展的，在前进的路上是没有现成的路标的，这些路标都是人类边走边设立的，而这种设立的过程就是人类创造自己的文化和历史的过程，希望你们能在这一过程中也贡献出一份力量。

方李莉记录整理

载于《民族艺术》2001 年第 1 期

经济全球化和中国"三级两跳"中的文化思考

——在"经济全球化与中华文化走向"国际学术研讨会上的讲话

一

全球化是近年来人们越来越注意讨论的一个话题。经济的全球化，世界市场的形成，加上电子化的信息沟通手段，引起了社会各方面和文化的重大变化。但是，现代化的过程中可能发生怎样的变化，目前还不能预测。不过，回顾一下全球化进程的来路，对我们认识这一段历史的发展，理解我们身处的现实，保持清醒的头脑，跟上现代化的潮流，取得参与全球化社会发展的自觉和主动，应该是有益的。

据我所知，对于全球化过程开始时刻的确定，存在着多种看法。其中有一种观念似乎更为合理，正在被不同领域的学者接受。这种观点认为，全球化即全球各地人们的密切关联；这种联系和交往其实由来已久，可以认为开始于15世纪末的航海大发现。航海技术克服了海洋障碍，人类的洲际交通成为可能，加上后来以机械化大生产为特征的工业革命，使西方那些生产力领先的国家向世界各地的扩张成为现实。它们对世界市场的拓展和向亚非国家的殖民活动是全球化过程开始阶段的根本特征。此后,到19世纪70年代告一段落。这一阶段,最具典型意义的例子是大英帝国霸权的确立。以英国为代表的欧洲国家在世界范围内进行大规模拓殖,用武力摧毁了亚洲、非洲、南美洲的古代文明中心,试图把西方的社会制度和文化强行施加于这些地区,逐渐确立起以英国为首的西方中心地位。

在接下来的一个历史阶段,即大约从19世纪末叶到20世纪70年代初,美国崛起并长期保持着生产力领先的发达国家地位。第二次世界大战以后,英国霸权让位于美国霸权,中心地位被美国取代。在美国霸权维持的经济秩序中,全球化进程明显加快了。运输和通讯技术的革新,使物资与信息的流动可以跨越种种空间障碍,经济交往的规模和频次大为提高并促进了经济组织的革新,以跨国公司为代表的经济力量对生产要素和世界市场进行新的整合。所谓"国际惯例"即市场上共同"游戏规则"的出现,是经济全球化进程在贸易交往制度上的反映,是与经济活动伴生的文化现象。更值得注意的一个事实是,由美国霸权主导的全球化进程,使美国模式的社会制度、文化价值观念等成了许多后起国家模仿的对象。

经济全球化的第三个阶段,是从20世纪70年代直到现在,目前还在继续发展。这个历史时期最突出的特点是,霸权受到强有力的挑战并在事实上将逐渐淡出中心地位,全球化进程的参与者以及驱动力呈现多元化局面。许多曾经被压制的力量和众多的新兴力量纷纷登场,走向前台,在全球化进程中积极强化自身的角色分量和参与权利。在这种多元格局里边,许多问题的产生和解决已超出国界，所以，全球意识、全球共识、全球纲领、全球行动等越来越多地成为不同民族、不同国家、不同文化的人们自觉的追求。目前，全球化进程正在摆脱由单一中心为主导的局面，正在形成多元推动、多元共存、多元发展的强大趋势。这是包括中华民族、炎黄文化在内的当今世界各地的不同民族、国家和文化所共处的历史阶段。

二

上述的史实使我想起孙中山先生的一句话："世界潮流，浩浩荡荡，顺之者昌，逆之者亡。"我相信，中山先生的话也是我们的共识。我国避免不了要进入全球化这一世界潮流。既然如此，我们就应该对自己所处的变局有一个清醒的认识。我想，当前所说的全球化，指的主要是经济的全球化，人类社会在政治、文化、意识形态和生活习俗方面还是多元的。全球化这个总的趋势，不可能一下子就实现，而是以一步一步的变化来完成的。第一步是经济的结合，形成全球市场，构成一个分工合作的经济体系，但其他方面还没有合起来，还保持着民族国家的分割状态。民族国家是19世纪以来形成的格局，新的经济体系看来正在冲击它，但还没有好的代替办法。优势国家统治劣势国家造成的殖民体系在二战后发生了变化，但殖民主义造成的南北差距还存在。搞得不好，经济全球化可能会加深南北差距，扩大贫富悬殊。这是20世纪没有解决的问题，但是看来已退不回去，只能顺势下去、想办法解决南北贫富差距的问题。

经济上的休戚相关和政治上的各行其是、文化上的各美其美，在人类进入全球化进程的初期，会形成一个大的矛盾。这给我们带来一个不能不面对的课题，即文化自觉和文化调适问题。曾有过"化外之民"的说法，现在则到了一个想做"化外之民"而不得的时代。我国要顺着潮流走，要融合到潮流中去，先进的东西要学习和掌握，要接受现代化这个大的方向，但要软着陆。软着陆的前提，是知己知彼。要看清自己的条件，盲目接受新事物是不行的，我们在这个方面的历史教训很多，现在要紧的是我们不光要知道我国是在这个潮流当中，还要知道是处在这个潮流的什么地方，也就是说，需要对自己有一个比较客观、比较准确的历史定位。

在这个问题上，我希望能贡献一点我从自身经历中得出的具体认识。

我这一生经历了20世纪我国社会发生深刻变化的各个时期。这段历史里，先后出现了三种社会形态，就是农业、工业社会和信息社会。这里边包含着两个大的跳跃，就是从农业社会跳跃到工业社会，再从工业社会跳跃到信息社会。我概括为三个阶段和两大变化，并把它比作"三级两跳"。第一个变化是我国从传统的乡土社会开始变为一个引进机器生产的工业化社会。一般人所说的现代化就是指这个时期，我的工作主要是了解我国如何进行工业革命。我为此做了力所能及的实地调查，从个案分析到类型比较，写出了相当数量的文章。从这一时期开始，一直到现在，到接近我一生的最后时期，在离开这个世界之前，我有幸碰到了又一个时代的新变化，即信息时代的到来，这是我所说的第二个变化，即我国从工业化走向信息化的时期。

就我个人而言，具体地说，我是生在传统经济社会里，这一生一直在经历我国走向现代化的过程。作为一个见证人，我很清楚地看到，当引进机器的工业化道路还没有完全完成时，已经又进入了一个新的阶段，即信息时代。以电子产品作为媒介传递和沟通信息，这是全世界都在开始的一个大变化。虽然我们一时还看不清楚这些变化的进程，但我们可以从周围的发展事实中确认，由于技术、信息等等变化太快，我国显然已碰到了许多现实问题。我们的第一跳还在进行当中，有的地方还没有完成，现在却又开始下一个更大的跳跃了。我国社会的这种深刻而复杂的变化，我在自己的一生里都亲身碰到了，这使我很觉得庆幸。虽然因为变化太大、太快，我的力量又太有限，要求自己做的认识这世界的抱负不一定能做到和做好，但我还是想尽力去做。事实上，我所有的学术研究工作的成就和失误都是和中国社会变化"三级两跳"的背景联系在一起的。

三

我国社会的第一跳是以我国各地不同民族的农村生活为基础的。我生长在江苏一个以农业为基础的小城镇里。她最早的历史实际可以追溯到七千年前的良渚文化。这个文化开始有了农业和家庭手工业。从考古学上，我们可以很清楚地看到这个时期已有村落生活。这就是我国第一跳的基础，也是我们乡土社会基本的性质。那个时期，从全国讲，文化形式已有很大的不同，已经是一个多元文化的基础。多元文化逐步交流融合，成为多元一体。

这里也就开始了我进行研究的第一个阶段。在我和前妻王同惠合写的《花蓝瑶社会组织》这本书里可以看到广西花蓝瑶社会和以我们家乡为代表的汉族社会文化的区别，以及它是如何受到汉族的影响的情形。

我第二阶段的研究题目，是从我国七千年前的良渚文化基础上发展出来的到近代以来开始进入工业化时期的一个我国农村的变化，可以我的《江村经济》为代表。从30年代早期的江村可以看到一个代表传统的文化基础和社会组织的农村，如何面临着全新的科学技术和机器生活的早期冲击。这是我们现代化开始的原初的形成。接下来，我又和我的学生一起写了《云南三村》，反映了内地农村不同于沿海农村的特点。这便是我们的现代化最早的过程。从地域上讲，是由东向西、从沿海到内地。我的《江村经济》讲的是沿海地区的农村开始了工业化，《云南三村》描绘的却是一个形态比较原始的乡土社会，受现代工商业影响逐步走向现代化的过程。通过在云南的研究，我看到了与江村不同的发展阶段。这是我第一个时期里第二阶段的工作，这个阶段到1949年告一段落。

1949年，我国社会进入了社会主义改造时期。新中国逐步实现了对工业的国有化政策。在产权方面，对农村的土地和城市的企业进行了新的界定和安排。直到1978年中共十一届三中全会以后，随着农村改革的进展，乡土社会的工业化问题被历史性地重新提出，并在最近20年里得到全局性的实践，我国农村的工业化和现代化过程因此获得了真正强大的加速度。我自己的第二次学术生命也和我国农村工业化和现代化的全面推进同步展开。我在这一段的研究工作主要体现在《行行重行行》一书中。

在这个时期，因为受身体条件的限制，我已经不可能在具体的地方长期进行观察和访问，主要工作就变为结合第二手材料和直接访问相结合进行类型式的研究。对于同一时期的不同类型的研究，可以帮助我们看到中国基层社会的动态，特别是在现代化和城市化过程中如何改变的。在这一阶段，我主要提出了乡镇企业和小城镇发展两个主题，目的是解决农民的出路问题，促进我国的城市化发展水平，提高广大城乡居民的生活质量。同时，我还以"全国一盘棋"为出发点，既注重沿海地区的发展研究，也关注内地和边区的发展，特别是边区少数民族的共同繁荣问题。我曾经提出一些多民族的经济协作区的计划和建议，如黄河上游多民族地区、西南六江流域民族地区、南岭走廊民族地区、内蒙古农牧结合区等等。作为一个多民族的国家，从历史上开始，就在不同民族聚居的交错地带建立了经济和文化的联系，久而久之，形成具有地区特色的文化区域。人们在这个区域中，你来我往，互惠互利，形成一个多元文化一体共生的格局，我所提出的经济协作的发展路子，就是以历史文化区域为出发点。现在回过头来看，可以更清楚地看到，我对我国经济和社会发展的多元一体的设想，对国际经济社会多元一体的全球化进程的瞩望具有启发作用。

四

经过80年代开始的最近20年的改革，到新的世纪的最初时刻，我们已经可以从我国经济发展和我们与世界经济的联系中看到经济、社会和文化的巨大变迁的来临，预感到21世纪即将给人类的生存和发展带来全新的面貌。为了提请人们及早注意适应新世纪的要求，在10年前的"21世纪婴幼儿教育与发展国际会议"上，我做了题为"从小培养21世纪的人"的讲话。在那次讲话中，我谈到20世纪是个世界性的"战国时代"，意思是说，在20世纪，国与国之间，文化与文化之间，区域与区域之间，有着明确的界限，这个界限是社会构成的关键。不同的政治、文化和区域实体依靠着这些界限来维持内部的秩序，并形成它们之间的关系。这是我们共同经历过的历史事实。而在展望21世纪的时候，我似乎看到了另外一种局面，20世纪那种"战国群雄"的面貌已经受到一个新的世界格局的冲击，民族国家及其文化的分化格局面临着如何在一个全球化的世纪里更新自身的使命。

我做出这样的判断，不是没有根据的。近几年来，我特别注意到区域发展过程中全球化的力量。我看到，信息产业的发展带来了一种十分严峻的挑战。美国在最近十多年里发展起来的"微软"公司，实力已经达到几千亿美元。这是当代信息技术的密集型产业，是最新现代化技术的世界级"龙头"。它的作用已经使城市中的许多产业的传统操作技术面临深刻的危机。在这样的情况下，我们不能不重新考虑我国农村工业化和城市化的问题。我有一次访问广东的顺德，当地的领导同志对我说，根据当地的经济发展趋势，他们认为乡镇企业的概念已经过时了。为什么这么说呢？因为经济发展的现实告诉我们，小城镇的规模看来不具备接受信息产业的较高要求。另外，产业组织的跨国化，同样也对小城镇的发展提出了新的问题。为及时解决这类问题，顺德从1992年开始进行机构改革，政府把三大产业分离出来，组建工业发展公司、农业发展公司和贸易发展公司。1993年起，实行股份合作制，并改革企业的医疗保险和养老制度，真正转变了政府职能。企业在解决了体制问题之后，接着就解决市场问题，市场问题不是一个简单的地区性问题，而是牵涉到香港以及世界其他地区，牵涉到地区与地区之间的新型关系，牵涉到大型中心城市的发展问题。这次谈话，给我很大的震动和启发。

跨地区和跨国界的经济关系，除了表现在市场的超地方特征之外，还表现在近年来跨国公司的大量发展上，跨国公司在产权方面与具有民族国家疆界的国有、私有企业不同，它们没有明显的地理界限。它们的最大特征就是"无国界性"。在经济全球化的进程当中，不仅外国人来中国设立他们跨国公司的办事处、子公司，拓展业务，而且也有越来越多的中国人到海外办公司、开工厂，甚至开设大型专业市场。我家乡的震泽丝厂在美国开办了分公司，我所熟悉的温州人在巴西开设了"温州城"……这样的经济交融，已经不是简单的"西方到东方""外国到中国""中国到外国"的老问题，而是一种新型的国与国、区域与区域之间交流和互动的新发展和新的经济组织形式。

五

从沿海地区和内在的局部地区看，我国一些企业乃至产业对经济全球化进程的融入已经相当自觉，但是从我国广大中西部地区看，整体情况还不能让我们很乐观。相比较而言，我国属于全球化进程中的后来者，而且是"后来"而暂未"居上"。由于历史的原因,我国的现代化进程曾经一再被延误,失去很多宝贵的时机。

从19世纪40年代开始,我国由一个古老的文明中心被帝国主义的坚船利炮强行纳入了西方国家主导的全球化进程。包括我的朋友费正清在内的许多学者都认为,鸦片战争之前,中国的文化体系平行于其他的世界体系,并且一度比西方世界体系更为发达,但是长期的封闭导致政府腐败、科技落后、经济凋敝、装备松弛以及心理上的抱残守缺、妄自尊大,致使这个庞大的体系逐渐失去活力,终于被西方列强的殖民扩张所压倒,无从自主,只能在全球化进程中处于依附地位。

一个世纪以后的1949年,中国实现了独立与自主,却在苏联经济模式的影响下脱离并抵抗了西方主导的全球化进程,在对全球化主体潮流的脱离和抵抗中,我们虽然坚持了政治上的独立,却也造成了自身的封闭和僵化,无法从全球化进程中获得发展动力,结果是在现代经济和文化等方面的落伍。而世界的发展没有停下来等我们,"沉舟侧畔千帆过",我们明显是落后了。

1978年,我们终于下定了改革开放的决心,主动并且逐渐深入地加入到了全球化进程的各个领域当中,急起直追。在政治上,我们与西方各国加强接触和了解,融洽了在"冷战"时期冻结的关系;在经济上,我们以经济特区为先导,依次开放沿海城市、沿江城市和内地,进行经济体制改革,建立市场经济体制,积极与国际惯例接轨,形成了加入经济全球化潮流的制度性保障。正是在这样的情况下,出现了我们在第一跳还没有完成的情况下已经不能不进行第二跳的局面。

这一局面来之不易,值得倍加珍惜。而这一局面给我们提出的艰巨使命,更需要进行深入的思考。第一跳还没有完成,已经必须跳第二跳了。这是我们走改革开放的路、融入全球化潮流所必然要碰到的局面。怎么办?小平同志说,要冷静观察,沉着应付,摸着石头过河,这就是科学的态度,我们要大刀阔斧地进行改革,又要小心谨慎地应付局面。不看清潮流的走向,不摸清自己的底子,盲目地进入潮流是不行的。我们的底子是第一跳尚未完成,潮流的走向是要我们跳上第三级,在这样的局势中,我们只有充实底子,顺应潮流,一边补课,一边起跳,不把缺下的课补足,是跳不过去的,历史不是过去了就算了,历史会对今天发生影响的。就物质与精神两个方面说,或者说就硬件与软件两个方面看,我们曾经有过精神(软件)讲得多,物质(硬件)讲得少的时代,现在却是物质(硬件)讲得多,精神(软件)讲得少了。这叫"矫枉过正",这就是历史的一种影响。在当前的发展过程中,重理轻文,差别太大,从长远看,会带来负面的东西。"文革"的影响太大了,不能不记取。

改革开放,不能只学外国的表面文章,而是要拿来现代化过程中形成的先进的文明成果为我所用。我们是要提高生产力水平,提高综合国力,提高人民群众的生活水平,是要把中国文化很好地、很健康地发展起来,现在中国的大问题是知识落后于要求。最近20年的发展比较顺利,有些人就以为一切都很容易,认为生产力上来了就行了,没有重视精神方面,实际上,我们与西方比,缺了"文艺复兴"的一段,缺乏个人对理性的重视。这个方面,我们也需要补课,这决定着人的素质。现代化的发展速度很快,没有很好的素质,就无法适应现代化的发展要求。这是个文化问题,要更深一层去看。

六

中国文化的历史很长，古往今来的很多思想家为我们留下十分宝贵的思想财富。中国传统文化思想的一大特征，是讲平衡和谐，讲人际关系，提倡天人合一。刻写在山东孔庙大成殿上的"中和位育"四个字，可以说代表了儒家文化的精髓，成为中国人代代相传的基本价值取向。我的老师潘光旦先生早在20世纪30年代就讲"位育"问题，认为在社会位育的两方面中，位即秩序，育即进步。位者，安其所也；育者，遂其生也。潘先生对"中和位育"做了很好的发挥，潘先生是个好老师，可惜我不是个好学生，没有能在当时充分意识到这套学说的价值，没有在这方面下够工夫。直到晚年，才逐渐体会到潘先生当年的良苦用心，体会到"中和"的观念在文化上表现出来的文化宽容与文化共享的情怀。11年前，在一些学界朋友为我召开的80岁生日的欢聚会上，我展望人类学的前景时，提出人类学要为世界文化多元和谐做出贡献。我说了四句话，十六个字："各美其美，美人之美，美美与共，天下大同。"作为一个人类学者，我希望这门学科自觉地探讨文化的自我认识、相互理解、相互宽容的问题，确立世界文化多元共生的理念，促进天下大同的到来。实际上，这也是中国的传统经验里面一直强调的"和而不同"的思想所主张的倾向。

对于中国人来说，"天人合一"是一种理想的境界。天与人之间的社会规范就是"和"。这个"和为贵"的观念，是中国社会内部结构各种社会关系的基本出发点。在与异民族相处时，把这种"和"的观念置于具体的民族关系中，出现了"和而不同"的理念，这一点与西方的民族观念很不相同。我认为,"和而不同"这一古老的观念仍然具有强大的活力,仍然可以成为现代社会发展的一项准则和一个目标。承认不同,但是要"和",这是世界多元文化必走的一条道路,否则就要出现纷争。而现在人类拥有的武器能量已经可以在瞬间毁灭掉自身。如果只强调"同"而不讲求"和",纷争到极端状态,那只能是毁灭,所以说,"和而不同"是人类共同生存的基本条件。

"和"的局面怎样才能出现呢?我想离不开承认不同,存异求同,化解矛盾。化解的办法中,既要有强制,也要有自律。从社会学的角度看,一个基本问题是个人与社会的矛盾、自由主义与平等主义的矛盾。自由要承认竞争为主,竞争就有优势劣势之分,就形成了过去的格局。要解决这个问题,不能单靠社会控制的强加式的外力,还要有自我控制的内力。世界各国既然现在都属于一个地球村,这个"村"里就应该有一套"乡规民约",大家认同,自觉遵守,否则就要乱套。"乡规民约"与法律不同,是习惯化的、自动接受的、适应社会的自我控制,是一种内力。中国老话里讲"克己复礼",这个"礼"是更高境界的乡规民约。

要实现个人与社会的相互统一,不同文化之间的相互理解和适应,大家都自觉地遵守"乡规民约",需要一个"磨合"的过程。只要愿意共存共荣,就必然要磨合。磨合就是通过接触、交流、对话和建立共识,以达到矛盾消除的过程。事实上,我们现在就处在这个磨合的过程中。当前,需要有一个对磨合的认识和肯定,要意识到这个磨合过程需要种种的临时协定作为大家有利的"乡规民约"。有了这个方面的共识,才会有比较自觉的磨合行为,才会有比较好的磨合状态,才能比较顺利地从经济全球化过渡到文化上的多元一体,经过不断的磨合,最终进入"和而不同"的境界。

依照进化的观点和规律，21世纪的人类应该比20世纪的人类生活得更加聪明。事实上，已经有人在讨论新的发展观，提出了不同于传统发展观的几个特点，比如合理开发资源、讲究生态效益，又比如注重社会平等、倡导精神追求、促进人的全面发展等等。我们可以发现，这些现代人类提出的准则，是中国传统文化精神一向坚持的倾向。这样的史实的肯定和弘扬，应该有利于帮助我们树立起应有的文化自信。

当今世界上，各地不同的文化都已经被纳入到全球化的世界体系中，已经不存在化外之地。全球化潮流发端于西方世界，非西方世界在接受西方文化的同时，应当通过发扬自身的文化个性来对全球化潮流予以回应。我近年来在很多场合提到的"文化自觉"，就含有希望看到这种回应的意思。"文化自觉"是当今时代的要求。它指的是生活在一定文化中的人对其文化有自知之明，并对其发展历程和未来有充分的认识。也许可以说，文化自觉就是在全球范围内提倡"和而不同"的文化观的一种具体体现。我觉得应该有更充分的理由表达一种愿望，就是希望中国文化在对全球化潮流的回应中能够继往开来，大有作为。最近在许多文章中经常提到"中华民族的伟大复兴"，应该包括这一个很重要的方面，就是中国文化的复兴。为了这个前景，我们有必要加强人文主义，提倡新人文思想。有如潘先生讲的，在原有传统文化的基础上，吸收西方科学精神，建设新的人文思想。面对经济全球化的世界潮流，我们在开始第二跳的时候，要记住把这些想法带上，把"天人合一""中和位育""和而不同"的古训带上，把对新人文思想、新人文精神的追求带上。这样去做，我们就能获得比较高的起跳位置，也才能跳得高，跳得远，在真正的意义上实现中华民族的伟大复兴。

附 录

我的早年生活

——费孝通访谈录

方李莉（以下简称方）：不少人都想知道先生学术思想形成的文化背景和经过，我想它一定与您的早年生活有很大的关系吧？

费孝通（以下简称费）：我一生中的最大的目标是了解中国，改造中国，将自己的学术还之于民。虽然我为此奋斗了一辈子，但总的说来我对中国的文化了解得还不够，究竟什么是中国的情况，到现在，也还不能说是理解清楚了。我从20岁开始到北京来读书，那是我一生变化的界石，从那时起，我就开始了以研究人文世界为主要目标的学术方向。

方：先生所理解的人文世界是什么样的呢？它和我们个人之间以及文化的创造有什么样的关系？

费：我对人文世界的理解是，人出生以后就生活在人文世界中，这个世界不是个人造出来的，是前人留下来的遗产，个人通过学习，在人文世界里生活。人本来是自然世界的一部分，但人的生活的方式，包括思想方式和认识事物的方式都是前人给予的，是向前人学习而来的。孔子曰"学而时习之"，学习就是模仿别人已定下的办法。新的文化是存在于学习之中的，是在学习中产生、变化的，有时学不像，有时有新的改变和创造，从而改变了以前的模式。文化的变化和发展都是在向前人的学习的过程中发生的，我现在认识到，我一生所研究的内容就是：人是怎么学习的？中国人是怎样在学习过程中逐步发展的？

作为个人来说，每个人的生活都离不开自己的文化历史，个人是在不断的学习中变化的，我自己也在学习中不断产生变化，学不像又创造了新的东西，文化就改变了，就像文化有不同的模式一样，个人的学习也可以有新的选择。

方：先生作为一个世纪老人，目睹了近百年来中国社会的变化和发展，尤其是您的童年生活，几乎是处在一个动荡的时代，那时的中国可以说是一个苦难的中国，也许正是如此，才使您产生了了解中国、改造中国的学术目标。

费：我一生都处在中国文化激烈的变化中间。大约有五百年的时间，中国的文化是关门自守的。五百年前，在世界上出现了一个可以和中国文化抗衡的西方文化，而且这一文化的不断的扩张，导致了中国不再是一个孤立的、自守的文化，而是在西方文化的影响下重新发展出来的文化。我的家族就是最早受到这一文化影响的家族之一，而我自己也是在这一影响中成长起来的。

要了解自己的一生，首先要从客观的历史来了解它，尽管每个人都有不同的可能性供选择，但每个个人都有一个具体的历史条件，而这种历史条件就往往决定了一个人一生要走的路。

我是1910年出生的，那是清王朝的最后一年，1911年是辛亥年，就是这一年发生了辛亥革命，建立了国民政府。我童年的教育主要是来自父母，对一个人来说，童年的教育很重要，它决定了我的一生，也可以说，一个人是从家庭中开始成长起来的，家庭是人一生成长的出发点。

我出生的时候，祖母还健在。祖母姓周，童年时，她的家人在太平天国的战乱中被冲散了，她成了孤儿，被我的曾祖父母收养，许配给我的祖父当童养媳。在这里我要表达的是，从我祖母一代开始就受到了中国动乱的波及。

祖母生了两个儿子、一个女儿，当时，我的祖父家是同里镇的一个"墙门人家"。所谓的"墙门人家"，就是家里有讲究的院门，这种人家，一般都属于有地位的士绅人家。在我父亲很小的时候祖父就去世了，我连他的名字都不知道。当时的同里镇的许多士绅家庭都往来很密切，我的祖父有个好朋友姓杨，名敦颐，他们经常在一起。祖父死后，他就将自己的女儿许配给了我的父亲，这就是我的外祖父。可是不久我的祖父病逝了，外祖父发现，由于祖父死后，家里没有父亲管教，我的大伯在外面横行霸道，他怕影响我的父亲正常成长，于是就告诉我祖母，他要将我的父亲，也就是他的女婿带到家中去亲自培养。他是一个研究文字学的书生，他家也是"墙门人家"，是开米行的，当时，这些人都是一边学习一边经营产业。

那时，我的祖母是个寡妇，又没有多少文化，管教不了我的大伯，最后他在外面闯了许多祸，引起了群众的公愤，家里被大家砸了。我的父亲因为到了外祖父家，所以安然无恙。由于我的父亲从很早就跟着外祖父母生活，所以我的母亲在家里地位很高。

我外祖父是一个很新潮的人，他很早就受到西方文化的影响。在慈禧太后做寿时，加了一次考试叫恩榜，那年，他中了举人，到镇上当学官，相当于现在一个省的教育厅长，他在社会上有一定的地位。但他极愿意接受洋学。最突出的表现就在于，他放弃了清朝官员的位置，而应聘到上海租界当了一名商务印书馆的编辑，在商务印书馆编的《辞海》的编辑者中还有他的名字。另外，他愿意接受洋学也表现在他对孩子的培养上，如他将一个儿子送到清华大学学习，我的这位舅舅是清华送到美国留学的第一届学生，和胡适是同班同学，后来成为洋行的经理。国民政府成立后，我的大舅舅在北京做官，当过相当于行政院秘书长职务的官员，名叫杨千里，他以书法出名，其书法是从小在家里学习的。我的妈妈被送到上海的务本女校，是中国第一批接受西方教育的女学生之一。

父亲考上了最后一届秀才，从那以后中国取消了科举制，后来吴江县将他送到去日本留学，学教育，他不懂日文，日本当局请了懂中文的教师给他上课，由于日本在文字上可以和中文部分相通，所以，在日常生活中他和日本人可以用笔交谈，甚至可以对着下象棋。

我父亲回来后办了吴江中学，随后，南通的张謇请我父亲去教书，这时我出生了，作为纪念，在我的名字中用了"通"这个字。在中国接受西方文化的这段历史上，我的家庭是很有代表性的，是最早的知识分子中接受西方文化的代表，直到现在我也是这方面的代表。

我出生时，家是在吴江县的松林镇，那是县衙门的所在地，我妈妈比较新潮，在那里创办了一个蒙养院（幼儿园），我的教育是从蒙养院开始的，那是一种较西式的幼儿教育方式。从太平天国开始，我们费家中落了，但在我妈妈家的帮助下，又开始发展，并走了向西方学习的道路，在我们家，妈妈起的作用很大，她对我们的影响比父亲大。接受西方文化的传统来自于我的外祖父家。我早年所接受的教育都是新法教育，1920年10岁时小学毕业离开吴江到苏州。我外祖父家很早已搬到苏州了，在苏州办起一个织布厂，是家庭纺织业，叫振丰织布厂，在十全街七十二号，这条街直到现在还在，但房子已没有。从吴江去苏州是坐船去的，在路上要整整一天。

到苏州后，我到振华女校上学，当时上女校，是因为我小时候身体多病，这个学校是妈妈的朋友开办的，她叫王季玉，是美国留学生。我从小学就开始学习英文，是由王季玉亲自指教的，那是一个私立学校，是按照教会学校的方式开办的。关于小学的事情我写过好几篇文章：《爱的教育》《一封没有折的信》，都在我的文集中。

在振华女校读到初中一年级，就到东吴大学第一附中上学，我的童年就到这里为止，我到现在还感觉到，我是中国文化向西方文化学习的一个桥梁，我的国学根底较差，外祖父的国学基础没有传下来。外祖父家，大舅舅的国学基础较好，书法、文字都很好，我有十几个舅舅，其中一个舅舅留学后，在美国的好莱坞画动画片，是中国的第一个动画专家，叫杨左匋，最小的舅舅是建筑设计师，叫杨锡缪，上海的好几个歌舞厅都是他设计的，解放后到北京来参加十大建筑的设计，他们都是艺术家。

方：先生好像对艺术也很有兴趣，是不是和这种遗传有关系？

费：我的天资在艺术上也很不错，我有这个基因，但后来没有发展，在小学和中学喜欢写文章，在初中时，曾有文章发表在商务印书馆办的《少年》杂志上，当时看到自己文章用铅字印在白纸上时，非常激动，它成了一股强烈的诱导力，鼓励我不断地写作。也由此使我养成了不断写杂文和随笔的习惯，所以，在我的一生中除写了不少的学术论文外，还写了大量的杂文和随笔。

方：在您童年的时候，感到当时的中国是一个什么样的国家？

费：我觉得是一个在不断变化着的国家，就以我外祖父家为例，最早在同里镇，后来搬到吴江城，又到了苏州城，从乡下的小镇到县府所在地又到了苏州这样的中等城市，从开米行到开织布业，后来家里的产业又和外资结合，到天津开洋行。我的外祖父家是很有代表性的，它体现了一个旧的知识分子家庭，如何从儒学的基础转到接受西方的思想，并让自己的后代接受西式的教育。

方：您的外祖父可以说是对您的学术成长起很大作用的人，他甚至影响了您的整个家族的后来发展，我想知道，为什么您的外祖父对西方的思想要比一般中国的旧式知识分子接受得容易一些呢？他有什么样的特点？是不是思想很新潮？

费：这我就不清楚了，当时我看不到他有什么新思想，只知道他的国学基础很好，文字学研究很深，他总是对我们年轻人讲他的文字学，讲中国的文字是如何起源的，如何产生的，中国的象形文字有什么特点、意义，还有很多的口诀，到现在我已记不清了。正因为他有这样的基础，所以他去了商务印书馆应聘，参加了《辞海》的编辑工作。我的舅舅后来都受了西式教育，只有一个大舅舅国学基础很好，在书法、金石、诗词方面都有很深的造诣。

受外祖父家的影响，我们家也是当时的新派，从我这一代就开始脱离了旧学，我是在新式教育下成长起来的。小时候上幼儿园，学唱歌，学脚踏风琴，那时候是很新鲜的。

方：那时，应该是在中国二十世纪的二十年代吧？

费：差不多，我1920年满十岁。那时中国正在军阀混战，整个国家动荡不安，我童年的时代经常不断地逃难，曾从吴江城逃回同里老家。

方：当时中国人的生活如何？

费：当然是比较苦，那时我们家是中等人家，每顿都能吃饱饭，还能吃点肉，我是家里负责记账的，记得当时每天吃七个铜板的肉。

方：七个铜板的肉有多少？

费：记不清楚了，七个铜板是七十多个文，每天吃米要花十几文铜板，加上蔬菜的钱，一天要花一百多文铜板的伙食钱。我们家一共五个孩子，一个哥哥和一个姐姐都到苏州上学去了，只剩下三哥、四哥，还有我。因为我最小，没有事，妈妈就每天让我记账。我妈妈很洋式，我哥哥、姐姐假期回来时，我妈妈就拿出账本让我们总结一下，在上面画了一个坐标，坐标上有几根线，最粗最高的一根红线，是我们家支出的学费，按比例，教育经费是最高的。

后来我在一次政协会上提出来，我们国家要学习我妈妈的办法，要先留出一笔经费来，保证教育的支出，其他的钱，多就用得宽裕一点，少就节约一点。这种家庭的办法也可以用到国家的理财方式上来。

后来我们这一代五个孩子在妈妈的培养下都受到了较高的教育：大哥费振东在上海南洋大学毕业，他是中国最早的共产党员之一，"五卅"工人大罢工，他是组织者之一，本来要送他到苏联学习，但他去南洋（印尼）的一家报馆工作，和当时的党失去了联系，算是自动退党，后来他就参加了民盟；姐姐到日本留学，学成回来后专攻缫丝和蚕丝业技术改革；三哥费青，大学时代在东吴大学学法律,后来到德国留学,解放以后,在中国政法大学当教务长,是中国法律界的元老;四哥受舅舅的影响,学的是建筑设计,也是上海的南洋大学毕业的,他曾参与了我们国家的许多重要建筑的设计。

方:今天所讲的是您家的家史,以及早年家庭对您后来学术成长的影响。从这样的经历看来,我觉得您应该还是可以说是学贯中西的,从外祖父在国学方面的教育和影响,到后来去西方留学的这种经历,是很宝贵的。

费:不能说是"学贯中西",我觉得自己并没有贯过去,我自以为自己古文基础还好,有几篇文章是用古文字写的,写得还不错。但这是中文基础,不是国学基础。所谓的国学基础,要对中国的哲学思想有一定深刻的理解,我觉得我这方面的基础还不够扎实,研究不够深入。但总的说来,我是属于文化嫁接中的人。

方:您觉得在亲人中,对您影响最大的是谁?

费:那当然是我的母亲了,她是一个很新潮、很开放的人,她带头剪头发,办新学,讲究男女平等,注重孩子的教育,接受外来的新思想等,这些都是我的母亲的特点。我们不是一个有钱的人家,但也不缺钱,是属于中等家庭,我们的亲戚都很富有,都是大家。

方:但您们家的孩子所受的教育却都是最好的。

费:这也对我们的亲戚产生了影响,我的姑母家也很关心我,姑父到上海还专门为我定了一份《少年》杂志,这份杂志引起了我对写作的兴趣,尤其是在上面发表文章后,几乎影响了我的一生,也是我最早在杂志上投稿的开始。从此写文章就成了我学生时代的最大爱好。高中毕业时,我写的文章还得了奖,学校奖给一个写着一行"国文猛进"字的银牌。

1928年高中毕业,那时我的文章就写得不错了。这是我早年的中文基础,高中毕业后,我就考上了大学,最早是在东吴大学学医,1930年大学毕业后,到清华大学研究生院学人类学,这是我青少年时代的大体经历,也就是这些经历决定了我的兴趣和以后学术的发展方向。

方:听了先生的这些讲话,我感触很深,觉得好像是在了解一段中国的近代文化史和教育史,在这里我们看到了一个西方现代文化和中国传统文化的融合过程,看到了当时的西方文化是如何影响中国的一代旧式中比较先进的知识分子的,并由他们传递给下一代。

费:以上我讲的实际上是早年的教育制度,是二十世纪初,中国新学教育的一个模式,那时是私人办学,我上的是东吴大学的附属中学,这是一所教会学校。教会学校是西方文化传播的一个重要方式,也就是说,西方文化最早进入中国是通过教育开始的。后来进了清华大学到英国留学,那次留学用的庚子赔款的钱,实际上是美国人用中国的赔款,来资助中国的教育,其目的是培养具有西方思想的下一代中国人,以加深西方文化的影响,有很强的政治性。其结果是造就了一批接受了西方文化的先进知识分子。就是这批人发起了中国的五四运动,又向西方引进"科学"与"民主"的思想。

方:先生刚才说,您在大学时学的是医,为什么到读研究生时学的是人类学呢?一个是自然科学,一个是社会科学,这之间的跨度是不是太大了一点?

费:其实它们还是相互联系的,因为我学的是体质人类学,其中医学的基础是很重要的，因为里面的研究，包括人种、人的体质、人的骨骼等，这都需要很深的生物学基础知识。我当时向在清华教书的俄国老师史禄国学习体质人类学，他在人类学界的名声并不很大，但他在生物学界的影响却不小，在那一方面他取得了很高的成就。他是从生物学的角度来谈文化的。

方：那么说来，先生的学术是横跨两个学科，一个是生物学的，一个是社会学的。

费：可是我在生物学方面的知识很浅，社会学方面的知识也没有从基础学起，半路出家，底子不够扎实，所以两边都达不到较高的水平，总结我的学术成就，基础不是很牢固和很结实的。

方：但您有了生物学的基础再研究社会学，就和单纯地从学社会学到社会学的人不一样，也许正因为您有两种不同的知识结构，所以才有了今天所取得的成就，这是两种不同知识嫁接的结果。

费：当然，在很多的问题上看法就不一样了嘛，有关这个问题，等有机会我们再专门谈一谈。

今天我们通过谈我的家史，让大家了解了中国的一段历史，了解了中国历史的一个阶段的变化过程，这个变化不是政治的变化，而是社会的变化。看看那一个阶段出来的人，包括他们的思想，他们的遭遇，他们的求学经历等等，对我们这个时代的人也会有所启发的。

方李莉记录整理

载于《民族艺术》2002年第3期

补课札记

——重温派克社会学

决心补课

1998年6月,我们趁北大100周年的东风,从国外和港台的人类学和社会学界邀请一批当前比较活跃的学者,有些是我们的老朋友,大多是较年轻的新进,莅校讲学,形成一系列学术演讲。我们的目的是想为我们的学科打开一些窗户,建立一些流通渠道,放进一些新鲜空气。在这系列演讲结束后,接着就开办第三届"社会文化人类学高级研讨班",想趁热打铁,让这学科的东西两头接上。在研讨班结束时,我做了一次即席发言,发挥了一通我在这一段时间里常在头脑里打转的"补课"两字。

"补课"两字是小平同志1979年在《坚持四项基本原则》的讲话里提出来的。他是针对那些在大学里停止了有二十多年的社会学等学科而说的。"需要赶快补课"这句话,成了后来重建社会学的根据。他所说的"补课"是指这些学科应当在大学课程里"补足",也就是恢复的意思。后来我们觉得说恢复还不如说"重建"为更妥当些,因为如果社会学按二十多年前的老样再端出来,似乎不太合适,还是根据当前形势的需要"重建"为好。

最近这段时间里在我脑子里转动的"补课"却是针对我个人而言的。我越来越感到自己在学术上需要好好地补补课。特别是在听了北大100周年期间国外学者那系列演讲之后,更觉得自己有此需要。分析一下我这种自觉的迫切心情,看来是由于这几年来,特别是这一年来,我日益觉得所处的时代变动得太大和太快了。在我参与这次系列演讲时已有所流露。我在这系列演讲里宣读的那篇《读马老师遗著(文化动态论)书后》里曾说,一个学者的理论总是反映他所处时代的实际。时代在变动,一个学者的理论也总是跟着在变动。我用这个观点去说明马老师怎么会提出文化动态论的原因。我一面写这篇"书后",一面反问自己,我跟上时代没有?这一问,使自己惊醒了。

我已说过多次,"身逢盛世"。时代是对得起我的,但我却有点负了时代,我自认自己远远没有赶上时代动态的步伐。我所处的这个盛世已为我提出了多少有意义的题目,但大多我却让它们在手边滑过去了,至多也只能说掠得一点影子。人为什么总是抓不住,吃不透?关键还是在自己能力不足。能力不足是由于自己这一生里投下的工夫不够。这方面我有自知之明,总结一句是求知之心还不够迫切和踏实,常满足于浅尝而止,难逃不深不透。

过去的已经过去了,悔恨也没有用。眼睛还是看前面为好。尽管自知在我前面的日子已不会太多,但不管以后的日子还有多少,当前我的脑子似乎还抵用,于是自己提出了"决心补课"。

既有了这决心,我就得抓紧落实。首先要解决的是先补哪一课。我给自己的答复是先补社会学。老实说对社会学我一直有点头痛。这话可以从1979年乔木同志要我带头来重建社会学那一刻说起。当时我明确地表示我不敢接受这个任务。后来我还是勉为其难,即当时所谓"知难而进"。这段经过我已公开讲过不止一次了。这里不用多说了。

经过了20年,事实已证明一个学科挥之即去是做得到的,要呼之即来却不那么容易。至今这门名叫社会学的学科,在中国还是不能说已经站稳。其他原因可以不多说,只说我自己。我扪心自问,应当承认这件重建社会学的事,我并没有做好,没有有始有终地完成。既然如此,接着,我觉得应当认真地想一下,在我生命结束之前,我还能做些什么?自己得到的结论,我应当做的,就是"决心补课"。这里所说的"补课"是重新补一补社会学的基础课。

补习社会学又怎样着手呢?我想只有老老实实地把我最初接触社会学时的课本端出来重新复习一遍。于是我回想到了我怎样开始学社会学的这段经历。我发现了一段缺课,没有学社会学的入门课。我是1930年从东吴大学医预科转入燕京大学社会学系的。转学时我已是大三的学生,到了燕京入了社会学系可说是半路出家,并没有学过社会学概论,这是大一的课程。因之我对社会学的一些基本概念并没有在课堂上听老师讲过。这使我吃了不是科班出身之苦。我进入燕京后所修第一门社会学的课程是吴文藻先生讲授的《西方社会思想史》。在这门课程里当然也牵涉了不少关于社会学的基本概念,但是这些都是我自修自学得来的,不系统、不结实。也许这是我在这个学术领域里一直成为一匹野马的历史根源之一。

我既看到了我自身有这一段缺课,觉得要补课就可以从这里补起了。于是我从书架上找到了吴文藻先生遗留下来给我的那本曾经在我进大学时的30年代在美国风行过一时的派克（Robert E. Park）和伯吉斯（E. W. Burgess）合编的《社会学这门科学的引论》（Introduction to the Science of Sociology，以下简称《引论》），我就把这本《引论》看作是我补课的入口门径。

关于这本《引论》我要加一段回忆。我现在手边用作补课入门的这本书，首页角上还有吴文藻先生亲笔的签名，下面还注明1927年2月5日的日期。这是件我一生中值得纪念的事，我愿意在这里多说几句。吴文藻先生是1985年去世的。去世前曾向他的家人说，他遗留的藏书都要捐赠给中央民族学院图书馆，但是愿意留下一些给我这个学生作为纪念，至于留下哪些可由我本人去挑选。我重视这个遗嘱，因为这正是他一生"开风气，育人才"的生动实例。后来我从他的遗书中挑了派克老师所著的两本书：一本就是上引的《引论》，另一本书是《论城市》（The City）。当时我选这两本书，是因为吴文藻和派克这两位老师是我一生从事社会学的学术源头，留此实物作为纪念，永志不忘。没有预料到今天这两本书竟是吴老师为我留下当前"补课"的入门。把以上这些事情联串到一起来，说是巧合似乎还不能尽意，如果说这里还有点天意，又未免太神了些。

派克来华

在我的学术生命里，"派克来华"原来也是一件偶然的巧遇，并不是我早就预料到的。但回想起来，这却是一件对我的一生起着关键作用的事。在这篇补课札记中，应该提前交代一笔。

派克来华是1932年。他当时是燕京大学社会学系从美国芝加哥大学社会学系邀请来的访问教授。这并不是他初次到中国来访问。早在1925年，美国参加太平洋学会这个国际性的学术团体时，派克就是这个团体的一个成员，并出席了该会在该年举行的檀香山会议。会后，他做了一次东亚旅行，到了东京、上海、南京和马尼拉，但没有到北京。1929年3月他又出席了该会在日本京都举行的会议，会后接着去印尼的万隆参加第四届太平洋科学会议。会后，除在印尼各地旅游外，又到新加坡和菲律宾转了一圈。9月到达上海，在沪江大学讲了一课。10月到南京转去东京。这次东亚旅行他又没有到北京。

派克通过太平洋学会和东亚各国学者的接触使他对这地区的民族和文化问题发生了深厚的兴趣，印象最深的是中国。在他没有到北京来之前就说过"不住上20年，谈不上写关于中国的书"。1932年8月的最后一个星期，他从檀香山启程来中国，在日本小住了一下，直奔北平燕京大学。他心中有一个远大的计划，想联合太平洋各国的学者，共同研究"race problem"，用现在的话来说是太平洋各国的民族和文化的接触、冲突和融合问题。他打算接受燕京大学的邀请，在中国讲学一个季度，然后去印度和非洲旅行。

1932年的秋季，我正在燕京大学社会学系上学，是该年毕业班的学生。按我1930年转学燕京时的计划，1932年暑季应当就可以毕业了，但是因为这年正值日本侵占我们东北，全国各地发生了学生抗议示威运动。我在该年开学后不久因为参加游行队伍，在还没有习惯的北方深秋气候里受寒病倒，转成肺炎，送协和医院医治，住院有一个多月。学期结束时，大学注册科通知我，因

附 录

请假超过了规定时间,这学期所修的学分全部作废,虽则各课期终考试都得了优秀成绩。但是既有校章规定,我只能在大学里多读一年了。本应四年毕业的大学教育,我却花了五年。回想这件事,也可以说是因祸得福。因为如果我1932年暑假就毕业得了个学士学位,未必再留在燕京,那就不一定会有认得派克教授的机会了,我这一生就会有另外一番经历。

我是1932年暑假后、秋季开学时见到这位派克老师的,当时他的正式头衔是美国芝加哥大学的社会学教授。1933年他从这次亚洲旅行回芝加哥大学后就从这个教授岗位上退休了。到了1936年又不甘休闲进了美国Fisk大学去当访问教授,继续教书。Fisk大学是美国著名的黑人大学。

派克到燕京来讲学是认真的,意思是说,他正式开课,给学分,按时上堂讲课。课后还通过个别谈话和偕同出去参观指导学生学习。我当时作为社会学系里高年级的老学生,正式选了派克的课,注了册,每堂去听课,还要按老师的指定,进行课外作业,作为一门正式课程学习的。这一套规矩,现在大学里似乎已没有这样严格了。

在派克老师班上,我们这些学生特别认真,原因是他名气大,所谓先声夺人。在他未到之前,学生里已经流传开了他是美国社会学家,这门学科的老祖宗,即祖师爷,是芝加哥学派的创始人。他当时其实只有68岁,但满头白发,一看了就会觉得是个德高望重的学术泰斗。当时在燕京教社会学的老师,在我们的眼中都比他年轻,被看成低了一辈。所以我们提起派克总是要伸一下大拇指,所以说我在我们没有见他时,就已经心服了。他说的话得好好地听,相信一定是有道理的。一见面就觉得这位老师真是名不虚传。第一堂，就轰动了我们这辈年轻小伙子。我的同学杨庆堃，当时就记下了这段话，后来在罗森布什（Raushenbush）写的派克传记里第 133 页上还被引用过。这段被引用的话当时在我们这些学生里是流传过的，翻译过来是这样：他开了一门"社会学研究的方法"的课，这确是这一批学生中在大学里最令人兴奋的课程。我至今还清清楚楚地记得他在课堂上第一句话是："在这门课程里我不是来教你们怎样念书，而是要教你们怎样写书。"这句话打动我们的想象力，开了我们的心窍。

那本传记里又说过，派克老师一直反对早年在美国乡镇小学里通行的所谓 Rot 教育，即死记硬背的教育法。他也许已风闻东方的教育基本上还是这一套，所以在给我们上的第一堂课开始就表示反对这种学习方法。这句话特别打中当时我们这些学生的心，就是不要读死书和不要死读书。这几个死字，就把我们吸住了。接下去他说我们应当从生活的具体事实中去取得我们对社会的知识。他又用具体例子说明从具体生活中看到的生动事实要经过分析和归类，进一步去理解其意义。他鼓励大家要大胆提出假设，然后再用观察到的生活事实来肯定或否定这些假设。

我们听了派克老师开门见山的第一堂课，觉得大有道理和正中下怀，具有闻所未闻的新鲜感。其实这种实证主义的科学方法论，我们在五四运动时早已由胡适等人传入了中国。而且说起来也很有意思，胡适和派克所讲的这套话，原是出于同一来源，这来源就是美国在 20 年代就很出名的"杜威博士"（John Dewey）。派克 1883 年在 Michigan 大学读书时就师从过杜威，而且一向承认深受他的影响，这是后话。胡适的那一套也是在美国留学时从杜威这位老师那里学来的。他所主张的实证主义在五四运动中传播到了中国。我们这批大学生应当早就听过这些"科学方法论",但不幸的是这种其实已是"老生常谈",我们在从派克老师口上听到时还是那样激动。这说明这套话并没有进入我们这批学生的头脑里,被读死书、死读书的传统卡住了。派克老师把这个障碍给踢开了,把我们的脑门打开了,老话变新变活了,这一变就把我们这批学生带入了一个新的境界。以我个人来说,不能不承认这句话为我这一生的学术经历开出了一条新路子。不仅我这一个人,凡是和我一起听派克老师这门课程的同学,多多少少在灵魂上震动了一下,而且这一震动,实实在在地改变了其后几十年里的学术生活,说不定多少也影响了中国社会学前进的道路。我的这种看法和想法也说明了为什么我想补课时,又找到这位派克老师。

派克的早年

关于派克的身世,我所根据的资料主要是来自罗森布什所著的 Robert E. Park: Biography of a Sociologist (《派克:一个社会学家的传记》,以下简称《传记》),1979 年,Duke University Press 出版。关于这本书我又有一段话要在这里先说一下。

我并不认识这书的作者,也不知道他是何许人。但由于这本《传记》有一篇导言和一篇收场白是派克第一代及门弟子休斯先生(Everett C. Hughes)所写,因而推想《传记》的作者大概也是芝加哥大学社会学系出身的人。

我手头这本《传记》是 1979 年 4 月 30 日 Hughes 先生亲手送给我的。当时我参加中国社会科学院访美代表团到达哈佛大学。

有人告诉我 Hughes 先生就住在附近，带了个口信来希望能和我见见面。4月30日我就找到 Hughes 先生的家，登门拜访。我们是初次见面，但久已是慕名之交。当时我们谈了不少有关派克身前的事，相见甚欢。临别他送了我这本当时新出版的《传记》。他还在该书扉页上当场写下："From his Chicago friends, the Redfields+the Hughes."下面还写了日期和地点。这本《传记》随着我回到北京，一直搁在书架上，到我这次决心补课，重新复习派克社会学时，才开始认真地从头拜读了几遍。

我一向认为一个人的思想总是反映这个人所处的时代，其内容摆脱不了他个人身世的烙印。所以要理解一个人的思想决不能离开这个人一生的经历。从一个人所有的思想也可以看到这个人所处时代的面貌。从这个角度去重温派克社会学，Hughes 先生送给我的这本《传记》实在太重要了。尤其是这本《传记》如他在导言里所说的是一本美国社会学的"自然史"（natural history）中的一部分。"自然史"是派克提倡的一种叙述事物在时间进程中的变化经历的体裁，叙述事物的对象可以是生物的一个种类，也可以是构成社会的一个人或一个群体。这本以自然史体裁写的派克传记也是一本叙述派克怎样成为一个社会学家经过的实录。这本《传记》固然是以派克一生的经历为主线，但从这个主线上也写出美国社会学怎样通过派克的一生的具体思想、活动而得到发展的这一段经过。这段经过不仅显示了美国在这一段时间里的社会变迁怎样影响派克这个人的思想和活动，还显示了这个人的思想和活动又怎样构成了美国社会变迁的一部分。社会变迁在个人身上的反映和个人对社会变迁所起的作用，这是双向性的，相互影响的。个人和社会合而为一，也就是派克这个人和美国社会学的结合。因之，对我这个想要温习派克社会学的人这是一本最切题的参考书。这本书在我的书架上沉睡了近20年后，这次补课才开始使Hughes先生的盛情进入了我的学术生命，切入我的头脑，不能不使我觉得像是一份天赐的助力。

派克老师出生于1864年，卒于1944年，享年80岁。他是欧洲移民之后，祖先姓Parke，于1630年来自英国Wetherfield，像很多英国来的移民那样，首先在美洲西岸的新英伦落脚。在其后的100多年内不知哪一代把姓尾e字给丢掉成为Park。他的父亲Hiram Park原住美国中部Pennsylvania州，南北战争中他参了军，在北方部队里当一名尉级军官，1863年退伍结婚。翌年Robert Park出生于美国中部Pennsylvania州的Luzerne乡的外婆家里。这时他父母的家是定居在Minnesota州的Red Wing，一个位于密西西比河上的由新英伦来的移民于1850年建立的小镇上。这个小镇后来聚集了许多从北欧的瑞典和挪威来的移民，成为这一片大草原上的一个粮食集散中心。他父亲在这个镇上开了一个小杂货店。

这时美国中部还处于开发初期，教育没有普及，Red Wing镇上在1874年才开办小学，所以派克入学时已经10岁了。他的早年生活有点像马克·吐温笔下所描写的密西西比河上的流浪儿。他是在北欧移民的儿童中长大的。

《传记》这段叙述中说明派克的童年是在美国建国初期，南北刚刚统一，欧洲产业革命主要影响还限于美洲东海岸诸州，而正在逐步向中部拓张，抵达密西西比河流域。看来派克早年还是在以农业经济为基础的乡土社会里长大的，所以他一生的80年正是美国工业化和城市化由东向西开拓的这一个经济文化发展时期，也是这片美洲大陆由地方性的区域向全球化发展的开创阶段。

派克1880年小学毕业，成绩不佳，在有13个学生的班级上名列第10名。他父亲很失望，认为这个孩子不堪造就，所以不准备让他升学。但是好胜倔强的性格使他愤而离家，靠自己的劳动自食其力，于1882年进入了Minnesota大学。过了一年他父亲才回心转意，支持他进Michigan大学。在Michigan大学里他除了学习古代和当时流行的欧洲语文外，哲学是他所选读的主科。他醉心于歌德的《浮士德》。大学二年级时在老师中见到了我在上节里提到的当时在美国已很出名的杜威博士。这位老师使他改变了一生的志趣，从想当工程师转变到了要成为能理解人们思想和行为的学者。就在他大学毕业的那年，杜威发表了四篇有名的心理学文章，后集成一书。这本书引导派克在11年后进哈佛大学时决心从事研究社会心理学。但是他曾说过，他从杜威这个老师学的不仅是那门学科的知识，而是对知识的追求和对未知的探索精神。他和杜威的性格有相似之处，他们都是人类知识领域里的探险家。

1887年派克老师毕业于密歇根大学，时年23岁，《传记》的作者列举了他当年突出的才能：广阔和耐久的记忆力、通顺和流畅的写作力；而且在工作上他表现出耐苦和坚持的性格，在待人处世上他显得易于接近人和善于理解人，特别是有洞察人情世故的兴趣。这些是他从早期家庭和学校中培养出来的高人一等的特点，为他走上当时新兴的美国社会学的路子做好了最初的准备。

人生道路的选择

按当时美国社会的习俗，一个人到了大学毕业就该成家立业了，就是要在人生道路上做出一个选择，进入一个职业。如果派克如普通人一般跟着父母走，他父亲开着一个杂货店，可以参与经商，或是像他已经去世的母亲那样，到当地学校里去教书，当个教员。他对这两条路都不感兴趣。因为他在大学里受了老师杜威的影响，认为一生最有意思的事业是不抱任何实用的目的去观察和理解这个世界，特别是生活在这个世界上的人。他最企慕的是像歌德所写的浮士德那样能阅尽人间哀乐。他抱着这种志愿在Minneapolis的报馆里找到一个记者的职位。他认为通过采访新闻就可以接触到社会上各种各样的人物，对各种人物的不同生活进行观察和理解。

这时正当19世纪的80年代的后期，美国中部各州经济正处在急速发展中，工业的兴起带来了城市化。各州都产生了作为地方经济发展中心的中等城市。十几万或几十万人口的城市里都有它的地方报纸。派克从1887年23岁起，一直在这些地方报馆里工作，从Minneapolis、Detroit到Denver当了四年的记者。到1891年他才以记者身份进入美国当时最大的城市——纽约。他后来曾回忆起当初进入这大都会时的印象，怎样被人如潮涌的百老汇大道和Brooklyn渡口的那种巨大人群的集体力量所倾倒，甚至可以说着了迷。

派克在他年华正茂的时刻，挑选了新闻记者这个职业，这个职业把派克这个思想领域里的探险家送进了五光十色的城市。派克这段身世正好为我们一向所说的"时势造英雄、英雄造时势"这个辩证的命题提供了一个具体的例子。从时势这一头说，美国这个社会经过100多年的历史，在19世纪80年代已经到了羽毛渐丰、正要展翅起飞的时刻。成为经济中心的大小城市，在这片曾一度被称为新大陆的土地上，一点一点地兴起。从世界四面八方移入的人群怎样适应这个时代聚居在一地的要求，互相合作来创造一个新的繁荣局面，正需要一个自觉的意识和自主的行动方向。这个时势呼唤着从西方文明酝酿已久接近成熟的科学思想中产生一门社会学。可是要使这种知识能成为一门科学，还需要一批人才用系统的思想来表述。这种历史的需要形成了一股看不见的力量，就是所谓时势。在事后看来，这种时势似有意识地正在无数待位生中挑选名角。从这个角度去看派克之成为"一个社会学家"似乎是时势所塑造的。把这段实际史实的经过写出来不就成为"一个社会学家"的自然史了么？

时势造英雄是"事后诸葛亮"的立论。在实际历史过程中，时势包含着无数既独立又综合的因素，现在还不是人力所能分析和计算的客观存在。所以一般还只能用"看不见的手""天意"或"鸿蒙"等话语来表述。在"英雄"本身，在很大程度上还是不自觉的，因而这种还是不很自觉的主观心理活动至多只能用"志向""意愿""兴趣""倾向"等不很明确的概念来表达。

以上所说的时势和英雄的合一其实也就是个人和社会的合一，或是主观和客观的合一，也可能就是传统所谓天人合一。只说"合一"还是太笼统了些。合一的过程值得分析一下。以派克做实例，他之成为一个社会学家固然可以说是符合时代的要求，但是他之所以符合这要求而入选，则有他个人的主观因素。以他好动和不甘心走老路的性格来说，可以认为是他早年作为一个"密西西比河上的顽童"的生活所养成的。这段生活又是和他父母们定居、择业和给他幼年的教育有关。而且如果他长大了不转学到密歇根大学去念哲学，他不一定能受到杜威的影响和浮士德的启发，他就不一定会拒绝在家乡学校被聘为教师，而选择记者这个职业。人生每一个环节都受到个人经历的诱导和制约。从每个环节上看，主客双方的因素都在起作用，一方面可说都存在着机遇，另一方面看又似乎都是定命的。所谓机遇又可以看成是客观的安排，所谓定命也未始不是自作自为地自投网罗的个人行为。如果我们对每个人每个活动进行深入的观察和分析，就不难看到这些无一不是综合复杂的混合体。从主观上说，派克之成为一个社会学家就是因为他有一个观察和分析思想领域的探索精神。

派克固然是选择了当记者这个职业，但是他却并不甘心做个当时社会所常见的记者，或是说做一个为当时报馆所要求那样循规蹈矩的记者，按照编辑的要求提供采访的报道。编辑当然要按读者的胃口来编排每天发排的新闻稿，如果所发的稿子不合当时读者的口味，就会影响这个报纸的销路。报馆、报纸的发行、编辑和记者都不过是当时现实社会的一部分，这个变动不定的现实社会无时无刻不制约着这个社会的构成，和决定这个社会变动的每一个部分和每一个环节。

派克成为一个记者，有他适合于当时成为一个记者的主客观条件，但也存在着不适合于当时做记者的主客观条件。他在做记者之前所受到的社会培养中，有着一部分思想意识和当时社会上规定记者这个角色的职务有不相符合之处。在这个错位上，使派克产生了不甘心循规蹈矩地当个一般记者的心情。而且这个错位是逐渐生长的，也逐渐显露的。这个错位表现在各人对报纸和新闻应有社会作用的看法上，因而在应当怎样当好记者这个问题上开始磨难派克了。

作为一个职业的记者，他的任务是为报纸的读者提供他们所喜闻乐见的社会新闻。派克却想利用他作为一个记者，可以接触到社会上各种人物的优越地位和条件去观察这些人所表现的各种思想、情感和行为，从而看出所谓人生究竟是怎么一回事。这两种要求是可以统一的，但统一的基础和层次却可以大有区别，因为报纸的读者群众也要从报纸上看到人生是怎样一回事。记者和读者对要看到的人生可以是一致的，但是两者的兴趣和关注如果不在一个水平上，那就出问题了。派克之所以不甘心做一个为职业而工作的记者的原因，就出在这里。

让我举出《传记》中提到的一件事做说明。当他在 Detroit 当记者时，报纸的编辑要他去采访一个因酗酒而犯罪的妇女，他在采访中对这个妇女怎么会酗酒这件事本身发生了兴趣。他觉得这个犯罪的妇女之所以酗酒是受到她所处社会的影响。因之他提出这个妇女并不是犯罪，而是受害于一种有类于传染病的酗酒的社会恶习。他从这个角度写出来的报道，重点就不在于读者所感兴趣的犯罪经过，而是在分析一般读者群众的水平还不够理解的犯罪的社会原因。记者和读者之间就这样发生了错位。这种错位的发生实在是处于对新闻本身社会功用的看法上的区别。在我看来，在采访酗酒妇女这件事上正暴露了派克作为一个记者已在敲打社会学这门科学的门了。

正在派克探索新闻和报纸的社会作用时，1896 年有一次途经 Detroit，听说他原来的老师杜威在 Ann Arbor 正在打算办一种新式的报纸。他就找到杜威门上，两人见面之后，杜威介绍他认识一位名叫 Franklin Ford 的记者。这三个人的会晤在派克的一生里打上了一个重要的印记。Ford 先生是个有哲学头脑的超时代的人物。他作为一个记者长期泡在纽约经济中心的华尔街上，从市场和信息之间的密切关系上,他产生了一种深刻的感觉,认为正确的消息就是对历史进程的正确报道,它会对社会的发展发生推动的作用,使社会向更好更高的阶段上前进。他称这种从社会表面活动的现象里暴露出它本质的"消息"就是他所谓传达社会发展长期趋势的"Big News"(大新闻)。杜威和派克对这种看法深为赞赏,并支持他刊行一份称作《思想信息》的报刊,他们打算用此培养超级记者(super reporter),在思想界里起着沟通的作用。杜威为此写信给当时美国的哲学泰斗 William James 说这是个创举,可以解决智力和现实怎样沟通的问题,甚至已提到了知识转化为生产力、真理成为财富的前景。过了几乎一个世纪重新读杜威的这封信,不能不认为这是一种对当前"知识经济"的超前预言。派克着手编辑的《思想信息》没有出台,他还为这事赔了美金 15 元。杜威说这个计划没有实现不是没有能力,而限于财力和时间尚未成熟。派克说 Ford 不是 19 世纪而是 20 世纪的人物。这句评语现在应当认为一语中的。

他们策划的其实就是要为科学的社会学开辟道路。因为 Ford 所指的"大新闻"要把潜伏在表面现象下的社会过程暴露出来,不就是呼唤成为一门科学的社会学么?派克后来总是说在三人会晤中杜威向他提出了一个对报纸和新闻进行科学研究的课题,而这个课题引导他后来走入社会学这门科学。

留学欧洲

我在上面《派克来华》一节里提到派克在给我们上第一堂课

时说他不是要教我们怎样读书，而是要教我们怎样写书。他这句话震动了我们这辈年轻学生，而且实际上起了重大的影响。但是我在这里必须补上一笔，这句话至少对我来讲也有副作用，当时就产生了轻视读书的错误偏见，以致我一生没有好好地认真读书。其实要写书必先读书，但不能只靠读书来写书，还得去观察和分析实际。唯书论是错误的，但轻视书本也不能使人成为学者。派克在芝加哥大学里对学生的要求，首先是读通前人有关的著作，有了理论基础才能睁得开眼睛去看世界和人生，看得出其中的意义，才能有所理解。这种实际和理论两手抓的为学方法，也许是派克本人在实际生活中体会出来的，也是他在自己生活中总结出来的道理。

1887年他从密歇根大学毕业后，当了11年记者，1898年，已经34岁。他抛弃了记者生活，重又进哈佛大学里去念书了。他说自己当时是个思想领域里的流浪者（Vagabond）。从派克成为一个社会学家的过程中，他从学校生活里出来离开书斋，作为新闻记者投身到社会上人们的实际生活中去观察和体验有11年，最后他发现当时新闻记者的职业没有能够满足他要探索世界和人生的要求，于是又从接触社会实际中重又抽身出来回返书斋。这次他挑选了美国东部的哈佛大学。

当时的哈佛大学正是它的黄金时期，被称为Gold Yard Period，在哲学一门内就拥有当时的三位大师，William James、Josiah Royce 和 George Santayana。但这三个知名的哲学家并没有把派克留住在哲学这个领域里，相反地他对形而上学发生了很大的反感，他坚持意念不能代替实在，认为他要选择的道路是科学而不是哲学。他希望哈佛大学里所讲的社会心理学能解答他有关群众行为和人在社会里怎样互相理解的过程的问题。他失望了。他说当时哈佛还没有社会心理学这门学科，只有一批对社会心理学发生兴趣的学生，他就是其中之一。1899年他拂袖而去。他带了他全家，包括他的爱人和孩子直奔德国柏林 Friederich-Wilhelm 大学。

看来19世纪结束之际，美国学术还处在欧洲的羽翼之下。到欧洲去留学是美国当时的风气。社会学在美国还没有成为一门学科。美国各大学里还没开过这门功课。后来成为一个社会学家的派克第一堂社会学的课是1900年春天在上述德国大学里听 Georg Simmel 讲的。这是他一生中唯一在教室里所学到的社会学课程。给他的印象很深，几年之后，他还赞赏 Simmel 是"最伟大的社会学家"。

派克在柏林发现了一本书和一个人，使他改变了学习计划。"一本书"是 Kistiakowski 的《社会和人》，"一个人"是上述这本书的著者的老师，当时在德国 Strassburg 和 Heidelberg 大学当教授的 Windelband。1902年起派克在这位老师的指导下用了两年工夫写了一篇题为 Crowd and Public 的论文。这篇论文奠定了派克社会学的基础。

Crowd and Public 这篇论文最初是用德文，在1903年写成，翌年在瑞士出版的。后来，1972年才译为英文由芝加哥大学出版社编在《派克论文集》里出版。编者在导言里称它作"思想瑰宝"，另一篇导言中说："这可能是对群众行为功能解释的最初尝试。过去这种群众运动的现象总是看作是对文明秩序和较高文化的威胁，最好也只认为是人类活动的一种腐败的形式。这本著作却认为这是社会在进行制度更新时刻必须经历的那种流动性和原始性的状态。"

这篇论文的题目一般可译为"群众和公众"。这篇论文是派克进入社会学这个学术领域的入门之作，可以说他从社会学的最根本处破门而入的，曾引起了我一段思考，不妨在此一提。

社会究竟是什么东西？这是个基本问题。严复用"群学"来译英文的 sociology 时，我猜想他可能想到我们常说的聚众成群这句话，聚众成群就是若干人聚集在一起形成了一个群。这个群就指社会，英文即 society。我认为这种看法是把聚众的众看作是社会的基本形态。但是我进一步觉得群和社会似乎不能等同起来，因为聚集在一起的众人一定要共同干一件事才能说是一个社会，称得上成为一个我们常见的团体。社会团体是在人群上要加上一些东西才够格。加上什么东西呢？Durkhiem 指出的就是这些聚在一起的人们之间一定要有一个分工合作的关系。分散的个人之间还要有一个共同的东西把他们捏成一团。社会就是联结一个个分散的个人使他们成为一体的力量。无生物加上生命构成了生物体，人基本上是个生物体。作为生物体的人，聚成一群再加上分工合作的关系就成了个社会体。分工合作关系具体表现在我们可以观察到这群人的行为和心理活动。

从生物体演变成社会体，也可以说是从聚众而成的群，上升为社会层面上有组织的团体这个过程。这样说来严复把 sociology 译作"群学"似乎缺了群之所以成为社会的这一个环节。但是中国语文中有没有一个现存的词来表述这个环节呢？我学力不足，至今还没有找到，留着今后再说。

说到这里不妨回头看看，这篇文章在派克社会学形成中的地位。也许可以说这正是他的社会学的出发点，表示他想从人的心理基础上去探索人类怎样从生物层演化到社会层的关键。他抓住这个聚众成群的crowd，即群众这个实体，开始观察社会现象的原始或基本的形态。这种形态正是一个从人群到社会的发生过程中的一个蜕化环节，在这初生阶段中人群所有的相互行为和共同心理状态，对社会的形成起着促进的作用。我在这里不能更进一步发挥派克在这方面对"群众"的理论了。我在札记里说以上这段话，只是我个人的体会，是否系派克的原意那就难说了，因为至今我还没有机会读到他的这篇论文的原文。

派克对聚众成群这个社会原始形态的兴趣很早在听杜威讲心理学时已经埋下了底子。后来在1898年从事记者生活时，遇到了一位朋友，介绍他读一些当时很吸引年轻人的欧洲作家，如Scipio Sighele、Gustave Le Bon和Pasquale Rossi等有关法国大革命的著作。欧洲的群众运动引起了派克的研究兴趣，他认为这种群众运动一直可推溯到早期的十字军东征，在欧洲社会发展中起过推动作用，为历史上推陈出新的过程准备好了群众心理基础。群众心理的研究为他后来的社会学中"集体行为"这一部分做了初步探索。所以我们可以说派克社会学的根子有一部分是从欧洲传统的社会学的泥土里长出来的。

派克从美国的哈佛转去德国留学，不仅在理论上使他进一步接上欧洲的学术传统，而且在他留学期间，他还从美国新兴城市的深入观察和体验，转到初步接触和观察欧洲大陆的农民生活。这一方面对派克社会学的形成也起了很重要的作用。

派克在Strassburg大学时除了跟Windelband学习哲学和社会科学外，还从G. F. Knapp学习政治经济学和欧洲历史。他回忆这段生活时说他认为Knapp是一个难得的好教师，从他学习了欧洲的历史，特别是德国的农业。他承认这位老师使他初步懂得德意志的农民生活。派克的女儿 Margaret 回忆她的父亲在德国的这段生活时也说,她爸爸从大学里学习了关于德意志农民的生活。后来又带了她到德国的黑森地区(Black Forest)去旅行,"我们对这片森林十分熟悉,我们踏遍了这个地区。住在乡间的小旅馆里,第一手接触到了德意志的农民"。我在这一节札记里特别在结束处加上这小段,因为派克对欧洲农民生活的初步接触可说是他下一段深入社会基层观察的引导。

深入社会基层

我在上一节札记结束时说,派克留学德国时,听到了 Knapp 教授对欧洲农民生活的讲解,后来又访问了黑森地区。我认为这是他从城市走向农村的开始,导向他深入社会基层,他接着接触、体验和观察社会基层的生活实际又可以分为两段,第一段是进入美国南部的黑人区域,第二段是再访欧洲视察农民和劳工。从 1903 年留学回来到 1913 年进芝加哥大学一共是 10 年。那时他已到了 49 岁,应当可以说这是他成为一个社会学家的最后一段准备时期。

1903 年派克离开柏林回到美国的哈佛大学,在哲学系当助教,继续整理他关于群众与公众的论文。但是他发现哈佛哲学系的气氛和他离开时没有太大的变化,与他当时对集体心理的理解更格格难融,因之很苦闷,看来这个思想领域里的流浪者似乎还是没有着地落户。他曾一度打算再回到新闻界去找出路。但是正在徘徊中,遇到了一个没有预料到的机会,把他吸引到美国南部的黑人群众中去,一待就是近 10 个年头。

真是无巧不成书。他在哈佛当助教时住在波士顿附近的 Quincy 区。这个地方,这个时候正爆发反对刚果虐待黑人的运动,这个运动引起了派克的兴趣,他和一位牧师一起发起成立一个这个地区的群众性的刚果改良协会,并当了这个协会的公关干事,后来成为这个组织的主要秘书,逐步地使他和美国的黑人接近了。

说一说刚果虐待黑人和成立刚果改良协会的由来。刚果原是比利时占领的一块非洲殖民地。1884 年欧洲列强的柏林会议上决定在这块殖民地上划出一块土地归列强共同监护称国际共管的自由地。但直接行使管理权的还是比利时国王,他按着老办法对付当地的黑人居民。这套办法包括酷刑和残杀,在当时欧洲人看来是横暴的虐待。1904 年和 1906 年有一批传教士两次向比王提出呼吁,并向社会公众揭发了这些暴行,控诉"自由地上没有自由",激起了美国在内的反暴运动,派克被卷入了这个运动。在这两年里他查阅有关介绍非洲黑人的历史和生活的著作。他开始写文章和开会声讨痛击刚果的殖民势力。

派克并不是个社会改良主义者,他一向反对那种假惺惺做"好事"的社会慈善事业。他反对刚果的虐待黑人,因为在他看来,这不仅是一种种族歧视,而且是白人的侵略行为。他认为这是欧洲人侵入其他大陆企图掠夺资源和剥削当地劳动力而出现的一般结果。他虽则在刚果改良协会工作,但对"改良"并无信心,而认为解决正受磨难的非洲土人的问题,应当根本上从教育入手。他听说在南非的 Lovedale 有一个工业学校,他写信给当时美国的一个黑人领袖卜干·华盛顿(Booker T. Washington,当时他是美国全国刚果改良协会的副会长和有名的脱斯开奇 Tuskegee 师范和工业学院的院长），表示他愿意去 Lovedale 实地参观这个非洲的黑人学校。这位黑人领袖的答复是请派克去非洲前先到 Alabama 州的脱斯开奇（Tuskegee）看看他为美国黑人办的工业学校。派克接受了这个邀请，两人会晤后从此结成了亲密的合作伙伴，有 7 年之久，一起为争取黑人的解放奔走、呼吁。这位黑人领袖提供派克接触各地美国黑人和参加各种有关黑人问题的会议的机会，打开了派克观察和研究黑人生活的大门。但是这位黑人领袖对非洲的黑人并无兴趣，关心的只是美国的黑人和他所办的黑人学校。因之派克和他的友谊固然给他深入美国社会这个基层的最有利的机会，但是也因之使他打消了去非洲实地调查的计划。换一句话说，把派克从成为一个人类学家的可能性上拉到成为一个社会学家的路上。

1905 年派克接受脱斯开奇黑人学院秘书的职位来到美国南方。1942 年他在一次演讲里，回忆初到脱斯开奇学校时的情况说：

> 在见到卜干·华盛顿之前，我除了书本知识外对黑人和美国南方一无所知。我就是这样到脱斯开奇来的。我到了这黑人地区后有充分时间可以阅读所有地方报纸，跟我所见到的黑人进行谈话，像是一个探险者进入了一块新的待开发的土地。我当时开始觉察到当时的黑人和白人分别生活在两个不同的世界里。这两个世界是互相接上的，但是从来并不相沟通。正如卜干·华盛顿所说的有如一个手掌分成不同的手指。我在南方各地旅行一直到达 New Orlens，碰到种种新鲜动人的事，但是给我最深刻的印象是黑人生活底子里存在着一种不安全的悲惨感觉。

派克在脱斯开奇这个黑人学校里的任务是为筹款办学编写各种宣传材料，同时他开始进行研究工作，题目是"美国南方的黑人"。我们记得派克是在美国南北战争时出生的。南北战争结束了美国南方各地实行的奴隶制度，这是美国历史上的一件大事。

到19世纪中叶，美国南方奴隶制度是消灭了，但是被解放的黑人和他们的家属还是生活在南方各地，这些就是"美国南方的黑人"。他们有着奴隶时期养成的生活方式，和当地的白人不同，而且在美国，黑人和白人之间存在的历史所余留下来的社会隔阂一直没有消失过，这就是美国种族问题重要的根源之一，直到目前已经过了一个半世纪了，这个种族之间的隔阂问题，还不能说已经解决。派克这一代出生于北方的美国人，到了中年在美国南方旅行时还是被当时所见到的黑人社会引起深刻的好奇和难于理解的感觉，可见奴隶制的社会烙印不是短时期里可以消退的。为了减少美国人民中种族之间，即使范围更缩小一层说黑白之间的隔阂，一个半世纪以来，各种形式的黑人的解放运动可以说一直没有间断过，直到目前还是要理解美国和美国人的一个不能忽略的重要方面。这对于关心社会问题的派克这一代人更是如此。派克回忆这段经历时说，他初到美国南方时，参与脱斯开奇黑人学校的工作时，他对于美国的黑人除了书本和报纸知识之外实在是不很了解。他一生感激卜干·华盛顿这位黑人领袖给他启开和引进的这个巨大社会研究的领域，使他受用了一生。他说他甚至曾经愿意变成一个黑人，想从切身的体验中亲尝人类社会文化发展这个自始至今的历程。他说他从欧洲回来后又觉得自己变成了一个学生，他要参与一种用超脱的眼光，更概括地、综合地从社会学角度去看南方的黑人这个重大的问题。意思是说，他要对这个问题，摆脱当时流行的见解，而从南方黑人自身跟白人相处的生活经历中所长成的那种微妙而切身的体会中去理解人和社会的从最原始的到最文明的发展过程。他又说美国的黑人是一个丰富、独特的社会学实验室。现在重新体会派克当时激动的表述，可以理解这是派克进入社会学这个领域过程中有点像是通过人类学家常喜欢描述的"成年礼"的味道。

派克是在 1905 年，靠近 40 岁时，结识卜干·华盛顿这位黑人领袖的。这两人密切合作了 7 年，1905 到 1912 年。期间除了自己署名的在各种报纸和刊物上发表的许多文章外，两人合作编写了许多有名的有关黑人问题的论著，重要的如 *The Story of the Negro*（《黑人的故事》1909）、*My Larger Education*（《我的较宽大的教育》1911）、*The Man Fathest Down*（《每况愈下的人类》1912），只有最后一本他们两人偕同访欧回来后写成的书，才用两人的名字联合署名发表的，其他大多是由卜干·华盛顿一人具名，而实际动笔甚至构思的都是派克。派克乐于成人之名，因为卜干是当时著名的黑人领袖，而且矢志为黑人运动贡献一生的人，最后还是被一个白人狙击打中脑袋得病而亡。派克受卜干的事业心所感动，愿意出力帮助他，使他的名声上升，便于吸引对黑人教育的支助。同时，派克是个厚道的人，他真心地感激这位黑人领袖给他在学术生命上的支持。两人间道义上的有来有往，可以看到他们两人高层次的友谊和高贵的精神。

在这两个人的合作事业中，1910 年结伴访欧是一件突出的事件。对卜干说是为美国黑人运动和欧洲的劳工运动取得联系的一个试探。美国黑人在当时还在刚刚摆脱奴隶制的初期，种族歧视正在折磨这些被压迫的人们。而工业革命后的欧洲大陆上阶级分化已成为日益严重的社会问题,人数众多的农民在这新时代里变成了受严重剥削的劳工。美洲的黑人和欧洲的劳工,瞩望这两大力量的汇合,显示了时代的先进意愿。对派克来说,重访欧洲是他兼顾城乡两端探索人类社会发展关键的进一步行动。他在留学欧洲时,曾初次接触到了德意志的农民,他在美国的新兴城市里遇到过许多漂洋过海移入新大陆的欧洲农民和他们的后裔。他急于想了解那些在欧洲农村里已待不住但又没有条件远走他乡的大批被城市里新兴工业所吸收成为城市劳工的人们的生活环境。卜干和派克各怀热情相偕来到欧洲,一起旅行了六个星期,从伦敦到东欧的沙俄边界,横跨七八个国家。完成了上述的那本有时代意义的著作——《每况愈下的人类》。

派克回国后说,真是没有预料到,在这样短的时间里,能得到这样多的新知识,真是大开了眼界,丰富了思路,这段经历是值得珍惜的。他不仅注意到两个大陆的社会基层有其相似的一面,而且也注意到两方的区别。欧洲的劳工固然是欧洲社会的基层,但和其上层是从同一社会里分化出来的,在基本文化上是出于一个共同的来源,而美国的黑人却是在非洲另一种文化里被劫掠出来的,到了美洲又被置于和从欧洲移进的白人不同的社会地位里。上下两层没有共同的文化共识,又没有相同的社会地位,生活上互相隔绝,在两个世界里生活。这种不同的历史和文化背景使美国南方的黑人具有它社会学上的特色。

如果没有这些年和南方黑人的共同生活和对他们生活有深刻体验和分析,如果没有重访欧陆的机会,派克的社会学也不容易用比较方法进行深入的探索和思考。在派克进入芝加哥大学从事建立他的社会学理论之前,有这六个星期偕同一位黑人领袖一起访问欧陆，使他有机会能接触到第一次世界大战前欧洲正在兴起的劳工群众和他们的领袖，确实在派克成为一个社会学的开创者的准备时期予以最后的加工和润色。

一段插话

如我在这篇《补课札记》一开始就说的，我的补课决心是去年（1998年）6月份就下定了的。话犹在耳，匆匆已过了半个年头。在这半年里只写了六节札记。我是11月8日离京南下的，去香港和广州附近各市继续我的"行行重行行"，直到年底才回北京，在京九路车厢里过了去年的圣诞节。到家次日，清晨6时，不知怎地我在深睡中从床上会翻身落地，跌伤了颈背。真是又一次祸从天上来，为此我不得不休息一时。这样过了一个新年。我也实在想不到现在还能继续写这补课札记，也可说是出于意料之事。我就在这心情中重理旧业。

开始写这些札记时，我心里有个打算。既要温习派克社会学，先得从明白派克老师是怎样成为一个社会学家开始。那就必须从老师的生平入手了。为此我找出 Raushenbush 的派克传，从这本书里摘录出有关这个老师学术生涯的事迹。从他1864年2月出生起到1913年秋季进入芝加哥大学社会学系为止，一共49年，作为他进入社会学这个领域的准备时期，因为在这段时期里他还没有被公认是个社会学的学者。派克老师一共活了80年，他花了超过一半的生命才长成一个后来领我们走入这个学术领域的引路人。

我回头重读一遍上面三节就是我从他前半生的49年里摘下

有关他成为社会学家的早年经历。传记的作者把这一部传记称为"in pursuit of the unknown end",直译是"对一个未知目标的探索",因为派克老师在这位作者的眼里一直是一位思想领域里的探险者。但是说这位探险者到了中年对他要探索的对象还是一个"未知的目标"似乎有一点言过其实。因为这位作者在写到派克老师在大学里时曾着重提到两件事,一是他师从杜威博士,二是他喜欢读歌德的《浮士德》。这两件事加在一起就可以明白他在大学里读书时,心中已有了个要追求的对象了,有了这个对象才使他拒绝走他父母所走过的现成道路,成一个一生不甘心为稻粮谋的人。可见他当时已决心冲进思想领域里遵循杜威博士的实证主义方法用平白的语言来表达歌德诗剧里的浮士德所经历的那个哀乐无常、悲欢交织的人生。他要求自己能理解这个世界上在芸芸众生里生活的人们,懂得他们为什么这样行动和具有怎样感受。

　　重读札记里的派克老师前半生使我想起了王国维有名的学术道上的三个境界。为了探索这个"浮士德",他进入了一个苍茫寥廓的精神领域,真是"独上高楼,望尽天涯路"。作为一个新闻记者用 11 年的生命往来于当时美国新兴的五大城市里,跑遍了大街小巷,自己承认当时没有多少人能像他一样在城市里泡得这样久,接触到这样多各色各样的人物。他一度在一个酗酒的女犯身上看到了他所追求的影子,就是那样像瘟疫一样防不胜防的社会感染力。他在记者的岗位上真是消得够憔悴了,最后他还是在他老师杜威的引导下和一位名叫 Ford 的超前记者,一起策划一份当时还不能为市民接受的《思想信息》而接近了"蓦然回首"的时刻。但是时辰还是未到。他还要再花 7 年自愿下放到美国南方去体验解放未久的黑人生活。这样他才在"灯火阑珊处"找到了"那人"。"那人"的面纱揭掉就是他后来特地用"科学"两字来强调的"社会学"science of sociology——这一门坚持杜威的实证主义去研究人在集体中怎样生活的学科。在我看来这不就是歌德用诗剧形式来表述的浮士德么?

我正想续写这份补课札记时,收到《万象》的创刊号。一看,我这篇札记的第一节已经在这本杂志里刊出。这就产生了一个相当尴尬的问题,札记看来还得写下去,但是在床上翻身跌了这一跤,不能不想到"八十不留宿"的老话。这句老话是说人到了这年纪,一夜之间会发生什么事谁都难以预料了。也就是警告过了这年纪的人不要随意同别人预约什么事了。《万象》的编者发表我这篇札记看来是有意要作为连续稿继续发表下去的,如果我没有写完这份札记就向读者拜起手来,那就不免说不过去了。所以让我在这节"插话"中附带声明一下,表个态,打个招呼:补课还要坚持,札记只有做到力所能及,什么时候会向《万象》读者说拜拜,现在看来,只有天知道了。

如果我还能如愿地写下去,接下去应当是派克老师的后半生,作为一个"社会学家"出现在国际学术界了。他的后半生一共是30年。他在这30年里不但名副其实地做到了一个社会学家,而且还在社会学界留下了一个比他寿命还长的芝加哥学派。我打算写完派克老师的一生之后,还能讲一段有关芝加哥学派的话。如果那时我能不向《万象》读者说声拜拜的话,还希望接下去讲一点派克老师对中国社会学的影响,这样就把这次补课一直能接上我自己当前的工作了。

打算是打算,希望是希望,能否落实,瞧着看吧。

芝加哥大学及其社会学系

派克老师之成为知名的社会学家和美国的芝加哥大学是分不开的,因之要讲他后半生的经历,不能不说几句关于芝加哥大学的话。

历史事实是1891年芝加哥大学成立在前,下一年这个大学就设立了在美国的第一个社会学系,而派克是1913年才进入这个系的,迟于创校立系之后有十多年。在这段时间里,他还是协助黑人领袖卜干·华盛顿在脱斯开奇黑人学院里工作,和在美国南方各地熟悉黑人的生活。正如我在上一节里所说的,在这段时间里他还是个思想领域里的探险者,尚未把社会学这门科学作为他安身立命的场所。

把人们的社会生活作为思想领域里的探索对象那是由来已久,甚至可以说有了能思索的人类以来,这个人生之谜就会引起人们对它的思考和探索。但把这种探索引进科学的范围,一般都认为是应归功于法国的孔德(A. Comte)。这个公认的社会学的祖师爷,在1838年写他的《实证哲学论》时,在第四卷定下了这门用现代科学方法去探索人类的社会现象的学科。派克那时还未出世,美国也独立未久还在建国初期,大多数从欧洲来的移民和他的后裔们正在向西部拓殖的道路上。欧洲的学术潮流还刚开始渗入美国。派克进入大学念书时,美国的大学里还没有社会学这门课程,他也没有听说有这门称为社会学的学科,他第一堂社会学课是1900年在德国柏林的Friederich-Wilhelm大学里上的,老师是G. Simmel,后来他还记得这位老师,而且推崇他是"最伟大的社会学家"。接着其后两年，他在德国的 Strassburg 大学里跟 Windelband 写他的第一篇社会学论文《群众和公众》时，这位导师却是以哲学教授的名义指导他的。这说明了当时即在欧洲，社会学作为一门独立的学科，还没有取得巩固的地位。这个背景可以帮助我们理解，为什么派克直到他进入了芝加哥大学社会学系才明确他探索了半生的对象，原来就是在欧洲 70 多年前已经有人定名为社会学的这门科学。

芝加哥大学是美国各大学中最先设立社会学系的大学。这也并不是偶然的。芝加哥这个城市和芝加哥这个大学在当时美国都是站在发展的前沿，而且以革新的旗子来标榜自己的。正是这股社会上强大的新兴力量唤来这门在美国还是新兴的学科，造就了派克这个新型的学者。

芝加哥至今是美国有名的大城市，位于美国北部密歇根湖的南端，密西西比河经此南流入海，历来是美国中部水上交通的门户。19 世纪下半叶，派克出生时，沟通美国大陆东西部的铁路已经建成，原是美国向西拓殖的中转站的芝加哥以其占有铁路中心的优势，人口大增。20 世纪开始时，已拥有百万以上的居民。美国的工业化和城市化两股潮流把芝加哥带到当时社会发展的前沿。1893 年以发现美洲新大陆 400 周年的名义在芝加哥举行的世界博览会标志了美国经济的成熟，问鼎世界的开始。正当这个时期派克完成了他的大学教育，选择新闻记者的岗位，投身到美国当时新兴城市里去开始他思想领域里的探险了。

芝加哥大学是 1891 年成立的，赶在世界博览会的前夕。当时就以创建"第一流大学"自负。它是巨富洛克菲勒和当时的教育改革家哈珀（W. R. Harper）合作的杰出成果。这两人的结合正表明了美国的素质在物质上和精神上已从初级阶段上升到了成熟的阶段。洛克菲勒就是世界闻名的石油大王，是美国资本主义经济培养出来的一门财阀世家。从19世纪70年代开始办美孚石油公司起家，传了几代人至今已有100多年，还未见衰落。在上个世纪80年代初已经形成一个大托拉斯，也是资本主义垄断企业的嚆矢。90年代初垄断企业引起过社会上的抵制，在美国各州一度纷纷采取反垄断立法。正当这个时候，这个巨富开始以慈善家面貌出现于世，成立了有名的洛氏基金，他把一部分资金无偿地投入教育等社会福利事业。说得好听一些是"富而好施"，实质上是一种新的投资取向。我们在这里要说的，正是这时芝加哥大学取得了洛氏的资助得以建成。老洛克菲勒生前给该校的捐款有8000多万美元。没有这笔钱，芝加哥大学是办不起来的，即使办了起来也不会是这个样子。当时富于改革精神的哈珀主张通才教育，不满于当时美国各大学一味照抄欧洲的传统模式办学。当他在耶鲁大学教希伯来文时认识了老洛克菲勒，他们都是基督教浸礼会的教徒。起初洛氏是想请他开展道德教育，所以支持他当新办的芝加哥大学校长。

　　哈珀得到了教育改革的机会，接任校长后第一个改革措施就一鸣惊动了美国教育界和知识界。他宣布芝大教员的工资按其他大学的惯例增加一倍，因为他相信大学是依靠教授来办的，高价可以请得到高才。他这一着棋下得妙，使他能从美国各地聘请到当时学术界的尖子。当然如果他没有洛克菲勒在财力上的支持，他这办学方针是实现不了的。没有哈氏的眼光和气魄，只有洛氏的钱财，芝加哥大学也办不成第一流大学。正是这两人的结合，也就是物质或实力和精神或理想的结合促成了这个大学的创立。

有了个教育的班子,哈珀接着在学制上进行了革新:比如把一年分为四个学季,教师可以有一个季度由自己支配,用来休息或有偿工作或自己进修;学生可以一年修四季,早一年毕业,取得学位。芝大除正式招生外还开始在校外开班,招收社会上在职的人业余继续学习。他还实行聘请女教授,同职同酬;又提倡校际足球赛。芝大聘请体育教授,兼作大学足球队的指导,用以提倡体育精神,形成优良校风,闻名于世。

这位校长的创举中还有两项应当特别一提:一是他提倡教课和研究相结合;二是设立社会学系。

先说第一项,在当时美国大学里当教授的职责是限于教课,就是上班讲课。对其所从事的学科来说只有起到向学生传习的作用,并没有创新的责任。这位校长看到人类的专门知识必须不断创新,而且认为这也是大学的责任。所以一方面芝大的教授可以拿到比其他大学加倍的工资,但是不仅要讲课还要从事研究,要拿出推进一门学科的成绩。这项改革为芝大取得很大声誉,例如物理学上第一次成功地进行自续链式核反应和光速的测定,又如考古学上成功地用放射性同位素测定史前年代等。

芝大是美国第一个建立社会学系的大学,这也是开风气之先。他把 Colty 大学的校长 A. W. Small 请来当芝大的社会学教授和负责引进人才开办社会学系。当时美国学生想念社会学这门功课的,只有如 Small 本人和派克老师那样到欧洲去留学。后来社会学这门学科虽则已传到了美国,美国有些大学里也有人开社会学这门功课了,但是这些先驱者各人各讲,水平也不相一致。学术界还没有把它作为一门独立的学科来对待。Small 说那时的社会学毋宁说只是一种渴望,还没有成为一套知识、一种观点和一项严格的研究方法。这句话使我想起派克老师当时在思想领域里探索的景象，这正好说明美国学术界当时的普遍情况。时代在前进，众人分头探索中，终会有人脱颖而出，树立起社会学这块牌子。这人就是Small，他在哈珀校长的推动下，把这块牌子首先树立在新成立的芝加哥大学。这牌子当时也为芝加哥大学争得了新兴的第一流大学的名声。因为接着这几年里，美国其他有名的大学如哈佛和哥伦比亚等都相继成立了社会学系。但是"首创"的地位还是被芝加哥大学占住了。从"首创"到"首位"，还要经过一个激烈的竞争过程。在这个过程里，出现社会学领域里的"芝加哥学派"而且独占鳌头有几十年之久，影响所及包括当时的中国在内。在这段历史里，派克老师的功绩是突出的，也是公认的。对派克一生的事业来说也是他最大的成就。

派克进入社会学阵地

上一节提到1891年芝加哥大学的建成，这件事和派克老师并没有直接的关系。当时他还在美国南部脱斯开奇的黑人学校里工作，从1905年起到这时已整整七个年头了。现在我们作为局外人回头来看经过这段时间，派克出山踏入社会学这个学术阵地的客观条件可说已经成熟了。但是历史历程的实现，客观条件还得和主观机遇相结合，所谓万事俱备犹待东风。在这一节里我们可以转过来说说派克老师进入芝加哥大学社会学系的具体经历了。

1910年派克和黑人领袖卜干·华盛顿一起访欧回来，就着手编写《每况愈下的人类》一书。到这年年底这书的前六章已经在 Outlook 杂志上刊出，受到《纽约时报·文艺评论》首页推荐。在当时舆论的推动下，派克认为这已是把黑人解放运动推向全世界的时机了，所以他建议，并在卜干的支持下，在脱斯开奇召开一个世界性的关于黑人问题的讨论会。这个有 21 个国家和地区、3700 人参加的大规模学术会议在 1912 年 4 月 19 日开成了。在这个会上派克发表了一篇主题演讲《怎样通过发展教育来消灭黑人和白人之间的种族隔阂》。接着在会上有一位芝加哥大学社会学教授发言响应，讲题是《教育和文化因素》。这位教授就是后来把派克引入芝加哥大学社会学系的牵线人，名叫汤麦史（I. W. Thomas）。

这两篇演讲配合起来引起了这个会议的高潮。汤麦史后来回忆起这个会议时说：

> 我接到卜干·华盛顿的邀请信，这信里还提到我对种族问题的观点，导致了重大的后果。在会上的一次讨论中我发现这封邀请信并非卜干自己写的，而是出于一位白种人之手。他就是派克（Robert E. Park）。从此我们两人开始了长期而有益的友谊。派克不仅善于深邃的思考，而且有力地能强加（imposing）于我，结果使我大受其益。

汤麦史被派克的魅力吸引住了。这个会议闭幕后四天，刚到家不久，迫不及待地给派克写了一封热情洋溢的信，这是两人间第一次通信。他对这新认识而一见倾心的朋友，提起笔来用"My dear brother, in Christ"相称呼。In Christ 一语是一种交情很深的熟朋友之间的一种揶揄性的惊叹词，如果硬要加以翻译，有点近于"你这个家伙"。

这信一开始就说：

> 我吃惊地深深感到，见到你之前我是那样地无知，现在我又是这样地豁达（一种豁然贯通的顿悟之感）。我们有缘相识，对我说真是一件极为愉快的大事。我已认识到黑人问题比了农民问题深刻得多。我在想，从欧洲回来后就要去西印度群岛。对此你有什么计划，能和我一块去么？我想把黑人和农人比较一下，一定会搞出一些名堂来；出一本关于脱斯开奇的书，一本关于西印度群岛的书，一本关于西非洲的书和一本关于美国南方穷人的书……这几本书写出来后，我们就成了。

信末具名是 Good hunting, I. W. Thomas（这又很难翻译，意思也许是"仰慕、追求你的汤麦史"）。

前信发出后一周，4月24日汤麦史又给派克发了一信，说出了"我想你最好到这里来，和最后可能担任教课，但至今我还没有意思把你从黑人方面夺取过来"。

5月6日给派克的信中说：

> 能见到你是我一生中最大的事，如果如我们正在做的那样，把这件事顺水推下去，最后搞到一起和并肩授课，那将使生活大为精彩。如我已向你说过的，我现在觉得黑人问题比农民问题更有搞头了。同时，农民问题具有其比较的价值，我们也不能轻易放过。当我们做到了这一点，我们可能还要

把黄种人包括进来（当我们一起从非洲回来以后）……我已把我们见面和想合伙前进的情形告诉了 Small，他当即表示对你有很好的印象。他是个好人，我向他说的他会尽力去做。我们的学系如果有了你，将会大有起色。我们可以半年讲课，半年同去田野工作。我将和你商量一同去西印度群岛的事。

在信末自称你的亲兄弟（Your blood brother），还加上一笔"俟后行仪"甚至在信中用 son 来称呼对方，亲近到有点近于狎昵。而且这样连珠炮似的通信在初识的朋友中是少见的。这充分表示了相见恨晚的真情厚谊。派克的一方也是一拍即合，他在一篇自传式的札记里有下面一段话：

> 到目前为止我对黑人和黑人问题已有许多想法，并已积累了大量素材和见解，但还没有写出来。我觉得现在的情况是问题重重还待深入究讨，不是缺乏事实资料，而是能把这些事实的意义统摄起来说清楚的理论还不够。我在汤麦史这个人身上初次找到了一个和我说同样语言的人（a man who speak the same language as myself）。当他邀请我去芝加哥开一门有关黑人的课程时，我很乐于接受。

派克老师于 1912 年春天向脱斯开奇黑人学校辞职，和黑人领袖卜干·华盛顿告别。到 1914 年冬天才在芝大社会学系开课。其间相隔有两年的时间，其中有两个月他又用来在美国南方各地调查黑人的学校教育。可见他作为一个思想领域里的探险者，对黑人问题这块田野还是恋恋不舍。

当汤麦史向 Small 正式提出要把派克引进芝加哥大学的社会学系时，他发现对方尽管很愿意，但事情并非像他所想象的那样简单。我在 1979 年在哈佛附近见到的那位 Everett Hughes 先生有一段话记着这段经过：

> 大学的档案里记着派克最初是由该校的神学院引进的，因为当时的社会学及人类学系并没有空位。Small 表示芝大的社会学系并不准备扩大。曾当过一个学院校长的 Small，在系里是循规蹈矩的行政者，我听说他在哈珀校长逝世前曾希望校长能批准这件事。但接任的是一位保守派人物，坚持固定的预算。派克正碰到社会学系的经费相当紧的时刻。

Small 当时在大学里是有权力的人，结果还是在 1913 年设法把派克引进了芝加哥大学，但不是社会学系，也不能给他教授的地位和工资，只能以教授级讲师的名义相聘，工资只有 500 元，讲一个课程。这点工资在当时是不够供应一个家庭的。但是派克老师并不考虑这个问题，毫不在意于名义和报酬。他关心的是他认为在这个大学里，他可以施展他的才能和圆他的梦了。

派克的大女儿 Theodosia 曾对她父亲在为人方面有过一段话：

> 我的父亲，也许受了马克思的影响，对钱财有一种看法，他说财富是劳动的结果，那些靠遗产生活的人，是夺取别人劳动的成果。他对于从父亲手上得到的钱财感到花之有罪。他不想去挣钱。他从德国回来时，在哈佛就教，薪水很低，但他乐于工作，因为他能在大师 W. James 手下做事。他有一

条常引用的格言,"上帝对金钱是不经心的,看他把金钱给谁就明白了"。他在刚果改良协会里和在卜干·华盛顿手下工作时,报酬都很微薄。但是他极为乐于卖力。

我们可以相信,派克老师并不是个为个人的名和利而进入芝加哥大学和踏进社会学这个学术领域的人。他在这里安居乐业,因为这是他探索了半生的结果,这时可以说他是"得其所矣"。

派克和汤麦史两人的结合

写完了"进入社会学阵地"这节,就进入春节期间。今年春节不知为什么社会来往特别热闹。有一个上午,我正在为这一节加工准备送去打印,有个朋友坐在我对面,替我计算了一下在这段时间里,为了应付来客,我手里的笔停摆了有六次之多。尽管我在这种思想很难集中的情况下,心里却总觉得言犹未尽。客人散去后,我再定神想了一想。未尽何在?于是当我打算续写下一节时,觉得在这里还应多加一段类似插话的小节。

我在想,我在这篇《补课札记》写了不少关于派克老师怎么会成为一个社会学家的经历,我这样写是用 Raushenbush《传记》作拐杖,或是蓝本的。他称这种写作体裁是"自然史"。

让我在这里加一个补丁,因为最近在看些杂书时,看到了 Raushenbush 曾是派克老师的研究助理的记载,有必要在此补这一笔。

以自然史的体裁来写一个人、一个制度或一个集体的发展过程，必须抓住在过程中一些关键性的事件，使得这个过程能更清楚地表现出它顺理成章的连贯性。因之在搞明白派克成为一个美国芝加哥学派社会学的创始人的经历中，我认为他怎样进入芝加哥大学这一事件，不言而喻，有其关键作用。这个关键性的事件的中心是派克和汤麦史两人的结合。上节札记里，我在叙述这关键性事件时，还引用了从派克早年住过的旧宅壁橱里，找到他身后遗下的这两人往来信札，作为值得珍视的证件。

我反复琢磨这些信件，发生了一种玄妙的感觉。派克和汤麦史原是两不相识的、分居两地的知识分子，这次在脱斯开奇会上偶然相遇，却带出了派克成为一个杰出的社会学家的一生经历。这里似乎有一种我们中国传统中常说的不寻常的机遇，或是所谓"有点缘分"。在汤麦史的信中却充分地表达了他似乎有一种预感性的直觉，就是他反复说和派克相见的这件事是"一生的大事"。也许可以说已把简单的机遇，升华成了"缘分"。这种升华是众多复杂因素综合而成的，当时只给当事者一种莫名其妙的感觉，但事后看来却成了当时尚未发生的某一件重要事故的信号。这种直感，凡是经历过人世沧桑世故较深的人，说不定有时会亲自尝到过的，我在这里不能多说了。

回到派克和汤麦史一见如故的这种结合上来，说他们两人命中有缘也不妨。事实上派克在策划召集黑人问题讨论会时，以卜干名义写信给汤麦史时，至多认为汤麦史是个对黑人问题有兴趣，而且有一定观点的人，我相信他决不是有心策划使这次邀请成为他本人投身社会学的门路。但却就是因为在邀请信上提到了汤麦史的观点，成了汤麦史赴会的动机，和促成他决定在会上发言，直到他发生要把派克拉入芝加哥社会学系的想法。这一系列事件也许是形成汤麦史主观上发生这是"一生中的一件大事"预感的客观来由。

在派克这一头,他用了一句很具体而朴素的话说出和汤麦史结交的原因,他说"在汤麦史这个人身上初次找到了一个和我说同样语言的人"。这句话里我们应注意"说同样语言"这几个字,因为这几个字可以说是派克社会学里的"关键词"。派克把社会看成是一群能交谈的人组成的集体。交谈就是用同样语言说话。社会也就是通过共同语言交谈的这些人组成的。这些人达到了心心相印,互相了解,在行为上互相配合,才能完成一种集体行为,成为一个社会实体。派克花了半生指望能用科学方法来理解社会,而这件事不是一个人办得到的,必须有若干人一起配合起来成为一种集体行为。这种集体行为的基础是要有一批说同样语言的人,也就是要有一批志同道合的人组成一个集体来建立一门研究社会的科学。这个前提进而包含着后来发生的派克和汤麦史相结合的这件事。

我们应再注意他用"初次"两字。说是初次也就等于说过去他没有遇到过懂得他语言的人。他在这里所说的语言当然并不是日常生活中的语言,而是有关他所要实现的那件建立社会学的事业的语言。再换一句话来说,他到那时为止还没遇到一个真正志同道合的人,可以结合起来完成他理想中的事业。我们重复细味派克这句话,应当理解他的苦乐所在。苦是苦在知己之难得,乐是乐在最后"初次"见到了这个说着和自己同样语言的人。这不是"蓦然回首,那人却在,灯火阑珊处"么?他不是说他乐于和这个说同样语言的人一起工作么?这比了"这是一生的大事"的直感,说得明白得多了。其实这两人的感觉是一回事。派克在关于这件事的札记里正表现了他在用他的社会学的语言。这是一门联系实际生活的社会学。

我在派克和汤麦史两人的结合上发生了这一段遐想，同时又更感到我对派克社会学确实有初入堂奥之感，现在人已老才进行补课，似乎已经迟了一点。但话又得说回来，到了暮年还有这样一个补课的决心和机会，应当同样感到是件乐事。

我想在这节之末加一段有关汤麦史这个人的话。汤麦史论年龄比派克大一岁，是 1863 年出生的，比 Small 小 10 岁。他出生在 Virginia 乡下，属荷兰农民的后裔，1889 年毕业于 Tennessee 大学后就在这个大学里教语文，接着去德国留学，1889～1893 年在 Oberlin 学院当英文教师，他对此职不感兴趣，回头投入新成立的芝加哥大学，跟 Small 学社会学，1896 年得博士学位，1910 年升为教授，是芝加哥大学培养成材的第一批美国社会学家。但是当时他觉得自己并不完全同意又不愿追随 Small 那种偏重历史的观点，而有意自创新路，所以他当时自称还在社会学边际上徘徊。后来他和一个波兰移民学者 F. Znaniecki 合作实地调查欧洲大陆的波兰农民和美国的波兰移民，写成《欧洲和美国的波兰农民生活》（1918）一书而一举成名。但当这本书还没有全部出齐时，却发生了一件被当时芝加哥当地报纸炒热了的"私人丑闻"，FBI 在一家旅馆里把他拘捕了起来。虽则后来判定无罪，但名誉受损被迫辞去芝加哥教授一职。有人认为这件事是汤麦史夫人在第一次世界大战期间过于积极参与和平运动所引起的。派克是同情汤麦史的，但无从出力相助，虽则后来他还是用自己的名义出版了汤麦史所写的"波兰农民"的续编《旧世界传统特色的移植》（1921），在社会学界取得了名著的地位。关于汤麦史和派克在社会学观点上的配合，留待以后再说。

从探险者成为拓荒者

派克老师能成为个社会学家的本钱或智源主要是他在前半生49年里积聚在他所谓"思想库"(thinking tank)里的那份雄厚的贮存。这笔丰富的智力资源得之于他这段生命中的社会经历。我记得在燕京大学课堂上听他讲的第一堂课时,他就开门见山地要我们从实际的社会生活里去学习社会学。他一再教导我们这批想学社会学的年轻学生说,学社会学是最方便的,因为我们自身的生活就是最好的社会学的素材,而我们每个人都成天在社会里生活,研究社会学的资源到处都是。如果我当时真的明白了派克老师这个听来似乎最简单的教导,也就不会到现在这须眉皆白的时候还需要下决心来补课了。

派克老师这句"社会学就在自己的生活里"的教导,不仅说出了派克社会学的关键词,听起来很简单,而实际上是他用了半生奔波的生活做代价才得出的结论。这句话本身总结了他几十年里思想领域里探索的收获,实在是经验之谈,甚至可以说派克老师所讲的社会学一直没有半点超出他自己切身的生活实际。他本人的生活实际充实和丰富了他的社会学的内容,同时也可以说局限了他社会学的阵地。当然社会学家本身的生活内容并不等于他在思想领域提炼出来的社会学。两者是有区别的,但是一切对社会现象的认识和讲解,没有不是以自身真实的社会生活的体验为基础的。派克老师所讲的社会学,处处都是从他生活经验中产生的。他的社会经验通过他思想上的提炼,贮存在他的思想库里,经过不断的磨炼,成了他的社会学。他本人也在社会上取得了一个社会学家的角色和地位。

具体地说，派克老师本身的社会经历可以分成三段：第一段是他早年的学校生活和 11 年的记者生活，第二段是他在美国南方 7 年中和黑人一起过的生活，第三段就是他的长达 31 年的后半生，包括他在芝加哥大学里作为社会学教授的生活，以及他退休后在太平洋周围各国的考察和旅游。

这三段生活对他的社会学的影响是不同的。第一段正如在这篇札记的前几节所说的，被人称作是他作为一个思想领域里的探险者的时期。探险者意思是指他对社会学这门学科是什么还不清楚。

派克老师在进入芝加哥大学之前，在美国，社会学这门学科固然已经在大学里取得了公认的地位，可以说社会学在美国已经不再是个探险的对象了。但是对派克本人来说他还没有明确当时他所追求的对象就是"社会学"。我们可以说当时在他思想库里所存贮的资源实际上已经是当时被一些人认为是"社会学"的东西了，但他自己还没有这个明确的认识。经过汤麦史的努力，把他拉进了芝加哥大学的社会学系，这是个在社会上公开挂上了牌子的社会学的机关。这时派克老师才固定下来成为一个社会学的拓荒者，而不能再说他是思想领域里的探险者了。

把派克老师归入社会学拓荒者的一代的是 Everett Hughes，他的意思就是指在美国创立社会学的一代。这个说法我觉得对我很有启发，就是提醒了我们社会学还是一个年轻的学科，它的诞生还是我上一代人的事。说它年轻是指它还没有成熟的意思。这种认识和定位使我们要时刻记着年轻有它的好处，也记着年轻有它的弱点。好处是在它的创新精神，弱点是在它没有已定型的道路可循。

Hughes 列举出了社会学拓荒者的学术出身，说他们都是半路出家的人：法国的 Leplay（1806～1904）和意大利的 Pareto 早年都是学工程的，美国的 Tarde（1834～1904）、法国的 Durkheim（1858～1917）早年是学法律的，德国的 Max Weber（1864～1920）和美国的 L. H. Cooley（1864～1929）早年是学经济学的，美国的 Lester Ward（1841～1913）原是个生物学家，英国的 Herbert Spencer（1820～1903）、德国的 Georg Simmel（1858～1918）原来都是哲学家。派克老师自己在大学里名义上也是学哲学的学生，他在哈佛大学所得的学位也是哲学博士。

　　在 Hughes 列举的一些社会学拓荒者一代里特别提到汤麦史（1863～1947）是个例外，他是芝加哥大学社会学系第一批获得社会学博士学位的人，他是当时已称社会学教授的 Small 的学生。但是他在学术上其实是和派克先后走在一条路上。他们共同的出发点就是从人们实际生活里出社会学。

　　汤麦史著名的《欧洲和美国的波兰农民生活》一书，在写作上就一变当时社会学著作常见的体裁。全书共 2250 页，分 5 册装订，其中有 1/3 以上的篇幅是移民在美国的波兰人和家乡农民间往来的私人通信，和有关他们的传记，并补充了从波兰语刊物上选录出来的资料。派克的学生 Blumer 1979 年说这种作风是表明他对"讲座式社会学"（Armchair Sociology）传统的反叛。他把私人通讯和个人传记汇编在这本书里，作为专著的主要内容。我想他的目的就在想让读者们能直接看到波兰移民和家乡农民社会来往的原始资料，使读者能闻到一些生活气息和领悟一些言外之意。

　　派克对我印象最深切的教导就是他亲自领我们这批小伙子到北京的天桥去参观"下层社会"。他不仅要我们用眼睛看，用耳朵听，而是一再教导我们要看出和听出动作和语言背后的意义来，就是要理解或体会到引起对方动作和语言的内心活动。别人的内心活动不能靠自己的眼睛去看，靠自己的耳朵去听，而必须联系到自己的经验，设身处地地去体会。这种"将心比心"的活动在我国传统中是经常受到重视的。

我想起了老前辈陈寅恪先生在审查冯友兰《中国哲学史》报告中强调的"神游冥想"时说要"与立说之古人，处于同一境界，而对于其持论所以不得不如是之苦心孤诣，表一种之同情，始能批评其学说之是非得失，而无隔阂肤廓之论"。这句话里所说的同一境界和表一种之同情，在我看来也就是用本人内心的经历去体会和认同于古人的处境，以心比心做到思想上的互通。这个求得对古人持论立说的"真了解的途径"，其实也适用于一切人对人的互相了解的社会关系之中。派克把"知己"作为"知人"的根据，揭出了人和人能在社会关系中结合的关键。上节札记里我提到的派克和汤麦史两人的结合其实就是一个很具体的例子。

派克老师在备课

在上几节里我说，派克前半生可说是个思想领域里的探险者，他探险的目标是要建立一门以研究人际关系为对象的学科。当他进了芝加哥大学社会学系，他成了这门被称为社会学的学科的拓荒者，意思是这门学科的内容和研究方法都还没有立出章法，也就是说社会学是怎样一门学科在学术界和社会上还没有一个共识，所以说这还是学术上的一片处女地，有待学者去耕耘成一块人们知识的熟地，不断可以产出对人们社会生活有用的知识。

派克老师辞掉作为卜干·华盛顿这个美国黑人领袖的助手，在脱斯开奇黑人学校里工作了7年之后在1913年接受芝加哥大学的聘任为该大学神学院（Divinity School）教授级讲师（Professorial Lecturer）。派克老师虽则自己主观上有进入科教园地完成觅取职位的志愿和雄心，又有汤麦史的大力推荐，但是看来一开始并没有顺利地获得芝加哥大学社会学系教授的地位，说明了世事的坎坷。但是派克老师素来淡视名利，所以这种遭遇并没有阻碍他走上自己选择的人生道路，而且他又善于逆来顺受，把坏事转为好事。他在新岗位上，能充分利用这个教务负担比较轻、闲暇多的条件，来为他向学生讲授社会学做准备。他在从1913年进入芝加哥大学到1923年提升为社会学教授的10年时间里，尽量设法充实他对社会学内容的建设，主要是通过阅读（reading）、梦求（dreaming）和思考（thinking），进行备课。

在继续写我这些补课札记的过程中，我本人不断受到生活波动和思想发展过程的冲击，写完上一节之后几乎停笔了有两个多月，1999年的5月和6月。这次停笔一方面是由于我打算去京九路穿糖葫芦（"穿糖葫芦"是我最近二年里采用的一个形象性的专称，指的是想按铁路线发展一连串互相衔接的中等城市型的经济中心）。这个设想是我在区域研究中的新思路，也是我"行行重行行"研究工作上的新课题。还有一个原因是这篇《补课札记》的写作上遇到了一个难点。如果我按派克怎样成为一个社会学家的自然史的历程来写，接下去应当讲派克进入芝加哥大学之后的"下半生"了，也就是按我利用Raushenbush的这本《传记》作拐杖，按这个次序写下去，可以同读者讲讲这位老师怎样在教授这个职位上推动美国社会学的成长。用这个思路来继续写我的《补课札记》就比较容易下笔，但是我另一种想法是利用这篇《札记》记下一些派克所阐发的社会学的实质问题，例如他在这时期写下和发行较广的几本重要著作的内容。至少我可以记下一些我对"派克社会学"内容的体会，那就是说我在这本《札记》里要引出我对社会学内容本身的看法了。如果顺着这条思路发展下去，我就不能不估计一下自己这一生还能有多少时间供我这样消耗了。尽管每年一度的体检，似乎都表示我不至于在很短时间内就会结束我这一生。但这是难于预卜之事。若要使这本《补课札记》不致成一本"完不了的乐章"。我还是挑一条易于完成的路走为妙。在过去的两个月里，我一面在车子里行动和在各地的宾馆里休息，但心里还是一直在思考怎样把这本《札记》打个结束。最后还是决定从派克老师进入芝加哥大学社会学系这一刻起，继续用《传记》作拐杖写下去。所以接下去应当是讲他怎样利用进了芝加哥的头三年"备课"时期的生活。我采用了《传记》里提到的三个词：阅读、梦求和思考来作为这一节札记的提纲。这三个词不经意说出了这位老师一生奉献给社会学的一贯精神。正如他的朋友们和学生们所说的，看来这位老师念念不忘的就是要建立起社会学这一门学科。他可以为此废寝忘食，甚至他的家人已习惯了他不按时回家就餐的生活规律，不再和他计较这些常常会打乱别人生物钟的麻烦。他可以和他同室办公的同事们争辩得津津有味停不住口，而难为了服务员不能按时下班。他可以指使在上班路上遇到的学生改道前进，以免打断他正在思考将在班上讲话的腹稿。他可以等不及结好领带匆匆上台开讲而有劳班上的学生在听讲之前要为他整理一下衣襟，甚至要替他擦去刮胡子时留下的肥皂沫。他的心思不在这些上面，而是在思考、思考、再思考。他竟成了个不修边幅的书呆子，在英文里是个十足的 absent minded professor。上述这些在芝大校园里流行的笑柄，是我在各种讲到这位老师的回忆文章中得知的，并不是我自己的印象。他在燕京讲学的那个学期，在我记忆中最深的一件事是他是个最守时刻的老师。我却是个最喜爱睡懒觉的学生，他总是比我先一步进教室上课。这件事我是一直对他有意见的。

关于上面所说的三条提纲里的"梦求"这一条是我从原文 dreaming 一字翻译来的。我没有核实过他在梦里是不是还是忘不掉社会学这门学科。对这个问题我是无法核实的，但是我相信他经常会"梦见周公"的，因为他的学生们都说他是个有了问题决不肯白白丢掉的人。许多学生记下由于这位老师不断地追问才使自己豁然贯通的经验。这位老师最不高兴的是学生脑中没有经常在想解决而解决不了的问题。如果脑中没有问题迫着自己，怎能使一个人的思想不断前进和推陈出新呢？他这样要求学生，因而可以推想他一定同样对待自己的。如果睡眠时还带着个没有得出答案的问题，那不就会带入梦中了么？所以我想用梦求一词来说他不让脑子里的问题过夜也许确有此境。

关于通过读书来备课那是不必多说的了，因为他所编的这本《社会学这门科学的引论》，即那本多年在美国各大学中风行的社会学教科书，本身就是一本他的读书记录，是一本根据他为社会学提出的纲目、搜集各家有参考价值文献资料的汇编。这些都是经过编者反复阅读各家原著中提炼出来的精华。对每一个有关社会学的纲目下的历来在西方社会学论坛上有代表性的论点，几乎都被采用来作为引导学生入门的台阶。在这样的目的下，编者所需阅读的资料之繁重就难以估计了。这笔账，我们且不去计量，但在这里特别应当说一说的是派克读书的特点。《传记》的作者认为最值得我们学习的是他对冷门书的重视和所得到的收获。

有人把派克社会学说成是从"集体行为"（collect behavior）开始以"人文区位学"作结的。"人文区位学"作为一门学科的确是派克老师最先提出来的。他从读冷门书中得到启发，不断联系他的社会学思考，培养出这一门他没有能及身完成的学科。《传记》的作者说：在他进入芝大的头几年里他主要是读书备课，他遍读各家熟悉的社会学著作外，还喜欢在图书馆里寻找冷僻的书本。一旦找到了一本他认为是好书，就像大热天跃进了一个清水池塘，不计深浅界限，没头没脑地钻进去尽情享受。他就是这样发现了其他社会学者没有发现过的这个新领域，就是他后来发挥培育的人文区位学。

启发他进入这个"人文区位学"的那几本冷门书就是：Engine Warming 的 *Ecology of Plant*（《植物区位学》），那本书的英文译本是1909年初次出版的；W. M. Wheeler 的 *The Ant Colony as an Organism*（《作为一个有机体的蚂蚁窝》）；Charles C. Adams 的 *Guide to the Study of Animal Ecology*（《动物区位学导论》）和1915年出版的 C. J. Galpin 的 *The Social Anatomy of Agricultural Community*（《农业社区的社会解剖学》）。

他阅读了这些冷门书之后高兴得甚至要劝他的儿子 R. Hiram Park 专修这门人文区位学。他这位儿子曾经记下：

在1915年或1917年，我记得爸爸在 Lansing 停了一会儿，他有一个想法：要我研究植物和昆虫的区位学，他为我解释说这些比人文区位学要简单些，但是如果我有志于研究人文区位学这些书会对我大有用处。我明白他的意愿，但没有跟他指示的方向走，因为我已在电学和机械学方面花尽了我所有的业余时间。这个世界看来将向高度技术化发展，我想为此做出准备。

如果不是派克老师对人文区位学前途有那么大的信心，他不会动员他的儿子去研究这门学科了。我已说过这门学科他只破了题，但没有在他一生中建立起来。连他多次想用"人文区位学"的名称写一本专著都没有落实。这是后话。但在我这本札记里可以提到这件事来说明他怎样去挑选书本来阅读的。从冷僻的闲书中容易有新鲜的启发、取得学术发展的新途径，派克老师就是可以为此作证的学者。

欧战期间的派克老师

1917年4月6日，派克老师正在芝加哥大学里准备社会学课程的教材，美国政府对德宣战，加入协约国的阵线，参与第一次世界大战。这样规模的世界大战在人类历史上还是空前的。久处太平日子的住在美洲新大陆上的人们如梦初觉，海外战争从天而降。

这时成立未久的美国社会学会通过它的刊物《美国社会学杂志》向130个社会科学家发出了一个通知，征求他们对在这个大战中社会科学应当做些什么的意见。派克老师趁这个机会发表了他对社会科学战后发展的方向的意见，也是他进入社会科学阵地之初的一项重要的对社会科学前途的表态。这里讲的话，在我看来至今还是适用的，尽管现在离第一次世界大战的结束已有近一个世纪了。他说：

> 世界战争对社会科学不会不发生影响。原有传统的思想意识已受到震动，甚至已经动摇了。这似乎是件小事，但是在我看来传统分立的各种社会科学，如经济学、政治学、历史学、社会学之间的分界线在1918年春天前后将要彻底地崩溃了。
>
> 过去不同学科的学者都是从不同的角度去研究同一的问题，今后他们势将用相同的语言来表达他们见解，而且可以取得相互理解。
>
> 过去各学科的分立其实来自英国，并不是欧洲大陆传统。它继承了英国个人主义的政治哲学……自从工业兴起以来，国家在经济上和政治上组织成了互相竞争的对立体。国际性的战争已改变了这种情势。人们对国家的要求已不仅为保障个人间的自由，而要它实现社会的公平。这就引起了一大堆新问题……
>
> 战后我们将面对这些问题。不能再像过去一样盲目地任自然力量的推动，而必须对历史的进程加以人力的控制。我们将成为历史的主人，首先必须理解这些问题。这就是社会科学的任务。

以上这段话，我觉得他明确地把社会科学和历史进程联系了起来。历史进程是客观存在和不断发展的实体，社会科学是人们对这实体的理解。人们主观上的认识和人们生活在其中的社会实体的关系说清楚了。派克老师认为这是第一次世界大战的启示，也是人类历史发展到这个时期启发给人的一种自觉。社会科学应当建立在人们的实际生活上而且为人们的生活做出指导，这样人们才开始做了历史的主人。这是对社会科学的根本认识，也可以说是为社会学的功能奠定了认识上的基础。

派克一向反对当时在美国社会学初期盛行的他称之为"做好事的学派"，就是把社会学的应用看成是帮助人们解决日常社会生活中发生的困惑，也就是一种社会服务的工作。这种看法来自一般传教的牧师，出于宣传宗教信仰或做些好事的慈善心理。在第一代美国的社会学者中受过这种影响的人很多。这和派克"做历史的主人"的想法性质上是不同的。人们在社会生活上发生困惑时触动他的，不是慈善心理而是要求理解的科学态度。通过科学的理解去探索解决引起人们困惑的客观存在的社会原因。这是应用社会学和一般社会服务工作的区别。

世界大战不但启发了派克老师把他引导到了社会学功能的认识，而且实际上又把他带进了一个社会学的课题。这个课题一般称作"美国化"（Americanization）的问题。这个问题是发生于美国的历史。美国一向是，现在还是，世界上各地来的移民组成的。500年前欧洲航海家发现美洲大陆，还称作新大陆。嗣后几个世纪中世界各地不断有人移居到这个新大陆上去，形成了后来称作北美合众国的一个现代国家。这段历史说明了美国人原是来自其他地方的移民，真正是萍水相逢尽是他乡之客。其中除来自非洲的黑人和来自中国的华人外大多是从欧洲大陆移入。当第一次世界大战爆发时，来自德意志的移民据说有2000万人，分居在6500

个地方聚居的移民区，意大利移民和他们的后裔分散在24个州里有887个聚居区，波兰原籍的移民有1000个分支。这些人名义上当然是美国公民，即美国人，但是长期以同乡关系抱成一个团，和当地的其他美国人很少往来。这种民族间的社会距离，我自己在80年代访问加拿大时印象特深。当时我住在多伦多附近的蒙特利尔市里，这是个法裔移民区，在街上如果用英语问路，常会遭到白眼，甚至有意误指方向。在那时美国情况似乎好一些。但在纽约市内有些街道还是黑人当道或是西班牙语的世界。美国流行的英语在这里还是吃不开的。这是我亲身经历过的事。在我们中国类似的事情是看不到的。

但那种认同感或归属感我们是可以理解的。还是用我切身的体验来说，不久前为了看女足的决赛，我排除众议半夜起来看电视。在前后两个半场中两队胜败不分，我也一直紧张地对着荧屏，一刻不肯放松。最后一球入网，还是自慰地对自己说输得冤枉。这里正充分表示出我对国家的归属感。这种归属感是悠久的历史形成的，至今我仍认为是十分可贵的。但在几十年前的美国人中对所属国家美国的认同感特别是在移民集团中还没有牢固地建立起来。1917年美国在参加欧洲大战时，这些移民及其后裔心理上的归属还存在相当严重的问题，自己偏心于祖国呢还是所在国，在这批人中自己还拿不准。美国作为一个国家来说这就成了一个极可忧虑的问题了。于是当时美国政府和一般社会上就提出了对这批归属问题上的动摇分子要加强他们对美国这个集体的认同感的要求，当时流行的名字就是Americanization，翻译起来也不太容易，说白了就是要消除移民及其后裔在归属心理上的动摇性，也就是加强美国公民对美国的向心力或称凝聚力。要使这些归属上的动摇分子不再感到身在曹营心在汉的心态。

美国的移民历史造下了这个在参与世界大战时的人民心态问题。这个问题事实上早已存在，但到美国宣布参战而且站到了协约国的一面和同盟国形成了敌对关系时，怎样处理那些原来从敌对阵营里来的移民和他们的后裔就成了一个必须面对的严重问题了。美国当时已声称是个民主国家，这样重大的政策问题又不能由政府独自决定；必须有群众性的舆论支持，为此需要有对社会舆论有左右力量的学术权威的支持。因之当时就由经济巨头钢铁大王卡内基基金出面提供巨款开展一个从1918年1月开始、1919年6月结束的"促进美国化的研究计划"。派克教授被卷进了这个研究计划。

重看从本节前面所引派克老师对战后社会科学的意见时，就可以理解当人们感到这个所谓美国化的问题时，他很自然地会做出参与这项研究的意向。客观上看要找适当的人来研究这个问题，自然就会找到派克老师的头上。

卡内基基金资助的美国化研究计划分为10个课题。计划主持人要求派克老师指导其中的一个关于"研究外文报纸"的课题。当时美国的移民社区用原籍语文出版的所谓外文报纸超过50多种，主要在芝加哥和纽约，1918年夏季派克从芝加哥一些地方的外文报纸入手，到了秋季研究工作的中心迁至华盛顿，停战后不久又迁至纽约。在纽约时他又接管了这个计划的另一课题"移民传统的继承"问题，他利用这个机会圆了他的一件心事。

我在札记前几节里提到的派克和汤麦史的那段交情，汤麦史遭受不白之冤辞去芝加哥大学的教授职位，派克一直感激这位引他进入社会学阵地的人并为他的遭遇抱不平。他接受卡内基基金研究计划时就宁冒当时舆论的逆潮,特地起用汤麦史来协助他的研究工作,并且在芝加哥闹市的一家餐室的楼上共同租了一间写字间做他们工作室,合作编写了一本《移民报纸和对它的控制》。

这两个社会学中的人杰联合在一起,他们就想把移民的美国化问题扩充成对美国移民社区的全面研究,他们的意向发表在1925年《美国观察》杂志的一篇文章《移民社区和移民报纸》里。

派克在对移民报纸的研究中体会到大陆来的移民正处在一种转型的心态之中。他首先要从狭隘的地方观点中挣扎出来,取得民族意识,有如过去的南洋华侨先要从地方帮派里解放出来形成一个华侨一体的概念。从欧洲大陆移民北美的人们也要经过这类同的过程,一个西西里(Sicilian)地方的人要经历一段转变才会认同于意大利这个民族的归属,承认自己是住在美国的意大利人(Italian)。从民族归属再进一步才能进入美国人的社会圈子里。因之用各自的本国文字来刊行的所谓"移民报纸"是一个帮助移民进入美国化的台阶。派克实际上已碰了民族的文化接触和融合的动态过程。他是在20世纪初年在美国碰到这个现实问题的,他在研究这个问题时,由于他自己是记者出身,所以印象特别深的是移民办的报纸在这个过程中所起的作用。

各种移民办的报纸上发表的关于美国移民们自传式的报道,引起了派克老师的高度评价,甚至把这些材料看成是他所发现的金矿。他曾说:"就是这种知识,而不是那种统计的数字给了我了解民族关系和人的本性的真知灼见。我回想自己的经历时感到在纽约研究美国化问题的几个月里读到的那些犹太移民的自传性的文字给了我思想上革命性的启发。"

卡内基基金所支持的"美国化研究",1918年正月开始进行了有一年半,在研究工作尚未结束的 1919 年 7 月时世界大战却结束了。这时社会上对移民的信赖问题已不再感到紧张了。这些研究的成果对了解美国实情的价值,事后来看是极为重大的。但是在当时因触及了美国本质的要害、冒犯了包括卡内基基金在内的美国社会上层的利益,使他们觉得有点不对头了,基金会的董事会决定对这项研究计划进行重新审查,结果是认为"这 10 项课题的研究成果中有许多地方需要大加改正和重写"。1923 年负责出版的 Harpers 公司也声称这个系列的丛书销售下降,翌年又声称赔了本,1925 年宣告停版。随后这项研究计划也无法继续下去。

派克老师接手的"移民传统的继承"这个课题已及时和汤麦史和密勒一起写出了一个报告,名为《旧世界特点的移植》(*Old World Traits Transplanted*),1921 年已出版。但这个报告的著者只标明是派克和密勒,汤麦史的名字被默默地注销了,而实际上这书大部分是汤麦史动的笔。而且这报告出版时并没有按例请课题主持人写序。如果派克在这书前写序,决不会抹杀汤麦史的名字,这事引起了汤麦史的极大不满。他已受过一次不公平的打击,失去了教授的地位。这次派克是有意要恢复他在学术界的地位,但又发生了这件不幸的事,派克和汤麦史的友谊上暂时又受到了一次袭击。派克对这件事又无力纠正,但是友谊上的裂痕为时并不长久。几年之后派克又找到了恢复汤麦史学术地位的机会。1931 年 1 月 1 日汤麦史给派克写了一封热情洋溢的信恢复了友谊。又隔 20 年,1951 年这本《旧世界特点的移植》得到重版时,D. R. Young 为该书写的序言里引用了当时"美国化研究"的主持人 Brown 的话,说明了这本书主要是根据汤麦史的研究成果写成的,而且在重刊本上所标明的著者中汤麦史的名字列在首位。

附 录

"美国化的研究"尽管引起派克、汤麦史结合中一段插曲,但这本他们合著的书的最后出版得到美国社会学界的赞赏,公认"要写美国20世纪的历史不能缺少这一份研究报告"。

派克老师本人来说,他在走上讲台前的几年备课时期中又发现了一个发展社会学的金矿,就是提出了美国国内民族关系的问题,而且他在这个课题的指导下,晚年又把这课题扩大到全球的民族接触和融合的前景。现在我们回头来看,在21世纪这正是要认真考验社会科学界的一个大课题。

派克老师走上讲台

派克老师是1913年以神学院教授级讲师的名义进入芝加哥大学的。看来这个地位的教师并不需要开课讲学。这年他只在大学里以"从黑人看种族混杂"为题作了一次公开演讲。可以说这是他以社会学者身份在新的学术园地里亮了相。同时也标志着他是从研究美国黑人问题为入口正式踏进社会学这个学科的,而且也说明他是用他在美国南方脱斯开奇工作的7年里和当地黑人亲密接触中得来的亲身阅历为基础上台讲学的,实践了他生活里出理论的主张,而且也实践了他在结识引进他入芝大的汤麦史教授时的约言,一起研究种族关系来开拓社会学的研究阵地。他和种族问题在一生中结下了不解之缘。我在上面的札记中曾提到派克老师离开脱斯开奇之后,进入芝大之前,还特地去美国南部诸州考察黑人教育问题,这表明了他对美国南方的黑人恋恋不舍。

派克老师虽则后来一直被公认是美国社会学的芝加哥学派奠

基人，但是他和芝大社会学系建立关系也经过了曲折的历程。他直到1923年才取得社会学系教授的地位，离他初进芝大的1913年有10年之隔。其间人事上的细节，我没有打听过。据我所知道的，1914年他已经开始在系里开课讲学了。他所开的第一个课程是《美国的黑人》，很明显是他在上一年公开演讲的继续。

按大学的惯例一个学系在开学前要公布这年所开各个课程的内容提要。派克老师这门新课程的内容据公布的是："特别着重探讨美国白人和黑人之间接触的结果；奴役和自由，试图分析当前的紧张关系和发展倾向，并估计这种种族关系变化的性质和对美国体系的影响。"

这样一门专门研究美国黑人的课程当时在以白人学生为主的美国大学里是空前的创举，也是独一无二的。在20世纪初期的美国，要在大学里把种族问题列为一个可以公开讨论的题目是需要相当勇气的，因为我们知道即使经过了已近一个世纪，种族问题特别是有关白人和黑人的关系问题，至今还是个不敢轻易触及的禁区。派克老师在芝加哥大学这块学术高地上扯开这面大旗，没有深切的热情和无所畏惧的勇气是办不到的。

我在这份札记的上一节里插入了一段关于派克老师在第一次世界大战期间，1917年美国参战后，接受过当时的校外研究任务参与"促进美国化的研究计划"。这个研究计划，其实还是和他的种族关系研究一脉相通的。这是研究战时欧洲移民后裔怎样融化为美国人的问题，本质上和美国黑人的种族问题是一致的，它们都是具有不同文化的人在一起生活时怎样通过接触、冲突或融合的相互关系的研究。只是研究的对象和问题有所不同罢了。其实派克老师1904年在哈佛大学当助教时，在波士顿参加反对比利时国王虐待非洲刚果黑人而组织"刚果改革协会"时，已经开始注意到这世界上的种族矛盾而决定了自己研究的方向，就是19世纪已存在至今尚未解决的不同文化和民族因互相接触而发生一系列问题。这正是派克老师在芝大所开的第一个课程所要讲解的内容。美国欧洲移民的美国化问题也应当纳入这个大问题之内的，其实这个基本问题的研究一直贯彻了派克老师的一生。如果联系他后来在30年代的东亚旅行所提出的太平洋沿岸直到印度和非洲一带的种族相处问题，使我联想到当前全球一体化过程中所引起的各种经济、政治和社会的问题，根本上是一脉相通的，都是这个地球上人类在发展中所经历的同一问题。从这个线索上去理解派克老师所开辟的学术阵地，就会更亲切地感到他抓住了我们所处的历史时期的问题的关键，更见得他早就怀有宏伟的远见了。

派克老师的一个有名的学生 Everett Hughes 曾在回忆这位老师时写道：

> 美国社会学的特点是能从令人新奇的琐屑事实里看到世界宏观的整体，从个别新闻事件里看到新闻背后的东西，从而结合到理论加以发挥，派克老师比他以前任何人都更能做到这一点。

> 派克突出的本领也许可以说是在他能打通记者和哲学家两者之间关系。在他的脑子里，没有一件微小的人事不会引起他最深奥的哲理推论。比如我曾在一篇论文里按商品集中数量的大小来排列伦敦、纽约等大城市的序次。派克把这一论点引用到美国内地的情况而且说这里也有较小的中心的辐射作用，这些中心都以其经济能量控制着四周的腹地，从而

发挥了中心对腹地的作用。他能由大到小看到了一个城乡网络。他的伟大之处也许就在他能从自己经验中的微小事件看到整个世界而把双方联结了起来。具体的东西都用广泛抽象的话语说出来。他的头像是伸在哲学的云端里而他的双足却站在芸芸众生的土地上，他慢吞吞地在肥沃的思想中运行。事实上，他似乎想把哲学的思想和人间众相紧密地结合在一起。

1916年派克老师除了继续开讲有关种族问题的课程外，又增加了《新闻媒体》《群众和公众》和《社会调查》等三门课程。我们可以说，在这几门新课程里他又抛出了储存在他知识库里的另一部分积蓄，就是他用了作为新闻记者的11个年头所得来的丰富阅历。他对这一部分储存一直是十分宝贵的。因为他时常怀念他的老师杜威博士，并一再提到研究新闻媒体是杜威老师给他出的题目。

他在《社会调查》这门课上一贯强调参与调查，就是直接去接触和观察市民的生活。当学生们开始实地调查时，他总是要跟他们一同下去，至少要一同去一次。他是个健步的人，当时可能不像目前的城市居民那样常常以车代步。在20世纪早期用自己的两条腿走动，也许还是美国城市生活中一项普通的运动项目。派克老师经常自称他也许是美国人中在城市街道上步行的里程最多的一个。有个学生回忆说："有一次我们在意大利移民区的边上走过一个破烂的仓库区时，他大声向我讲述这个区域的过去、现在和将来。他有点像是自得其乐地自说自话。"他又经常赞赏城市说："城市毕竟是文明的人居住的地方。"意思是人类的文明是城市的产物,他又常常喜欢重复 Spengler 的话,"一切伟大的文化都是城市产生的"和"世界史是城市居民的历史"。他所说的世界史不同于人类史,指的是人类的文明史。

从 1921 年到 1931 年,芝大社会学系研究生中有 15 个是以芝加哥这个城市为试验室,进行调查编写论文的。其中有七篇论文后来出版发表,其中三本由派克老师写了序言,畅销了 50 年的那本 Nel Anderson 写的 The Hobo 是其中之一。由派克老师指导的关于种族关系的论文有 42 篇。

派克老师在学生论文出版成书时写序言的在《传记》附录里提到列举的有 14 本(从 1917 到 1940 年)。1971 年出版的《黑人社会学家》(*The Black Sociologist*)一书有专章称作"派克传统"列述美国最伟大的黑人社会学家,其中有两个是派克直接的学生。

S. Lipset 在 1950 年评论派克的文集《种族和文化》时说:"如果过去 40 年里美国对种族问题的气氛和舆论有了变动的话,大部分应归功于派克和他的学生。20 年代和 30 年代初期,在种族问题上形成了美国社会学上最深的记印,是在派克鼓励下他的学生们对各种种族和民族团体的研究和结果所形成的。"

奠定社会学成为一门科学

派克老师一生中被认为最重要的成名之作是他那本巨大的《社会学这门科学的引论》,这本《引论》原是为初入大学的学生准备的引导他们进入这一门称为社会学的学科的基础课本。在我进入大学的 20 世纪 30 年代,据我所知,一般大学都极重视这种入门课程，总是由学系里能力最强也所谓最叫座的教师讲授，这一课讲好了，学生就安心在这门学科里上进了，学系也欣欣向荣，正所谓吃香了。如果不能在这门课上收拢学生的心，那就会影响到整个学系。我在《决心补课》这一节里也已表达过，由于我是个半路出家的和尚，在初入大学时没有念过社会学概论这样的入门必修的基础课，因之而自感底气不足，老来受苦。所以决定重新找到派克老师这本《引论》作为补课的入口。这个决定是一年多以前做出的，经过这一年的补课，自认为这项决定下得是不错的，对我是有益的，因为自己觉得这一年里我的确有不少新的思想在发展之中。在我这一年里所写的文章中也有所流露。按传统举行的我90岁生日的欢叙会上，朋友们又把我这一年写的文章集成《九十新语》那本小册子，已印成四集，可以作证。

说到派克老师所编的《引论》这本书，从书名本身起就得注意和多想想，它的原名是 Introduction to the Science of Sociology，直译成汉文是"社会学这门科学的引论"。读起来似乎有点别扭，因为英文里的 sociology 现在普通都译做社会学。英文 sociology 是由两个拉丁字根 socio 和 logy 组成的，socio 即社会，logy 即学科或单称学。为什么派克老师偏偏在 sociology 前加上一个 science 一字，science 中译是科学。所以这本《引论》的全名成了《社会学这门科学的引论》。派克老师加"这门科学"这个语词是不是犯了文法上的重复意义的毛病呢？因此我们对此要多想一想。

书名上标出"这门科学"的用意在本书并没有直接加以说明，对此我只能自己揣摩了。我首先想到的是科学一词的特定意义，在人们思想中不同时代不是一致的。派克老师所处的是20世纪初年的美国，当时美国的思想界特别是社会科学界对社会学这一门学科怎样定位还没一致的见解。据我所知道的,派克老师最感到恼人的是把社会学看作是一门对付当时社会上出现不正当现象的学科。当时美国正处在工业化的初期,社会上发生着种种传统眼光里看不惯的现象,群众中对这些被认为不正当的现象有着强烈的反感,当时的传统意识又深受美国早期移民清教信仰的影响。当时的社会学家包括芝加哥大学社会学系主任 Small 本人都是个受宗教信仰影响较深的人。派克老师却坚持欧洲文艺复兴中兴起的理性主义的信念。他对那些主张改良主义的社会整风派很有反感,把它称作 do-goodism("做好事主义")。他甚至说芝加哥城里最大的破坏者不是那些腐化的政客或犯罪者,而是那些口口声声闹改良的老娘们,他讨厌这种高唱做好事的人,因为他们不去分析形成社会不正当行为的原因而妄作主张。读者也许还记得他在当新闻记者时采访过一个酗酒的女犯。他发现酗酒相当于社会上的一种传染病。他认为社会学者不是一个头痛医头的走方郎中,而是个对症下药的医生,这是他要强调用理性来对待社会现象的科学态度。他在《引论》书名中标出他所讲的社会学不是那种讲做好事的说教而是用理性来对待社会现象的科学。我做这样的推测不知道是否符合老师的原意。我这样揣测是出于我回想起我在高中念书时所喜欢阅读的当时的科学和玄学的论战文章。当时我一知半解地站在科学一边,把它当作真理一般来对待。那是"五四"的余波,来源出于当时由胡适引进的杜威这些西方思想,认为科学就是讲理知,也就是讲道理的,和迷信联系在一起的玄学相对立。用我国当时的意识形态来推测派克老师的用心,可能有一点史距和时差上的错误。但如果我的揣测有一些道理的话,20 世纪的头 10 年美国的思潮就和我们"五四"之后的 10 年差不多了。

当时美国的社会学派作为一门科学还在成长之中。

接下去我们可以看看派克老师怎样开始编写这本教科书的。1916年这段时间里派克老师已经在芝大开课,上堂讲学了。除讲种族关系外新添了几门有关新闻媒体和城市调查等课程。这年发生了一桩偶然事件。在芝大社会学系来了一位新得博士的青年人,年方三十,被聘为助教,而且还要他开讲一门社会学的引论。按我在上面的说法,由这样一个年轻助教来讲《引论》似乎是出格的,因为这一门入门课程一般不会交给这样一位新手来担任的。这位新手名叫伯吉斯(Ernest W. Burgess)。他当时也感到很困难,所以去找一位讲过这门课的 Bedford 教授,想要他的讲授提纲作参考。Bedford 教授却拒绝了他。他不得已回头来找派克老师,当时派克老师已 52 岁,这位老教师却一口答应合作,因为他对当时流行的社会学入门课本很不满意,认为太不够水平,而且太沉闷无味,引不起读者的兴趣。其实我猜想他还有一个更深的想法,因为他看中了芝大的这批青年学生。认为他们有朝气有创造性,正可以吸引他们进入他念念不忘的思想领域里的探险,成为一股创业的力量。

为什么我这样猜想呢?理由是我在以上的札记中已伏了根,引用过他给他儿子的信,和他一再表示的要利用他在大学里这个职位来整理他知识库里的贮存,形成一个理论系统。他认为这位年轻讲师伯吉斯的请求正是他自己的创业机遇。

派克老师对编写这本《引论》是十分认真的。他在这本书的序里就开门见山地说出了他的志愿。他说:"这本书不应看作是许多材料的堆积,因为它是一个体系的论述。"这个体系的论述由一系列包括了从广大社会组织和人们生活的事实里提炼出来的社会学概念所构成的,这个体系就是社会的科学(science of society),社会的科学是派克老师心目中的社会学,也就是在这本书要引导学生们进入的成为一门科学的社会学。

为了给这门科学在诸多社会和人文科学中定一个位置,他在全书的正文之前加了一章称作《社会学和社会科学》。他所说的科学的社会学是由一系列概念所构成的一个体系,也就是这本《引论》主体部分从第二章起到十四章,包括构成一个体系的13个社会学概念,每章讲一个概念。他在该书的序言里说:

> 除了第一章外,每一章都包括四个部分:(1)引论;(2)资料;(3)研究和问题;(4)参考书目。前两个部分目的是引出问题而不是做出答案。其后两个部分是进一步启发提出问题和阅读资料。参考书目主要是为了提出的问题存在着不同的观点所以选择一些著作以供参考。

总之,派克老师心目中是为指导一个新加入这个学术队伍的人怎样一步一步地踏进这片知识领地。他一刻也不忘记这是一门正在成长中的学科,没有现成的定论可以用来灌输进新学者的脑中,只有启发他们用自己的观察和思考去耕耘这片土地。但作为一个指导人,他要用自己的思想以及前人的成就去引导他们进一步思考和讨论,逐步形成自己的思想成果,充实到这门学科中去,促其成长。这是一种启发性的教育方法,是派克老师的老师杜威所提倡的。

更令人感到这位老师对学生们的关心和厚望的,是他在每一章的最后还要提出一系列可以作为写作的论文题目作为结束。从启发性的导言开始到论文题目的提示，划出了一个学习的具体历程，也是一门学科的具体生长过程，派克老师在开风气、育人才的事业上真是做到了家，实在令人惊叹不止。

我在补习这本《引论》时一直感到一种大师的魅力，我不仅看到了这是一本1040页的大书，而且还看到这一本从1921年出版起到1970年还在重版的经久的读本，半个多世纪中不知有多少本书传播在这个世界上，也不知道有多少人从中学得多少关于人类社会生活的知识，帮助过多少人因为得了这些知识而提高了和丰富了他们生活内容。这笔账在事实上是存在的，当然我是不可能用数目来表达出来了。

让我们再回到1917年补说几句，派克和伯吉斯，一老一少一起在芝加哥大学社会学系开始按他们的设想，开班授课了。当时这书还没有成型，只能一面按期上课，在班上用散张印成的讲义分期分发给学生，按着上面所说的过程进行学习。每上完一段课，这两位老师引导着学生们进行讨论和写报告，收得了一个个学生的反馈。两位老师合作修改讲义。一年复一年，一班复一班，经过一次又一次的修改，他们把广大的学生引进了编写这本《引论》的队伍，也就是建设这个学科的圈子里，由于派克老师特别重视讨论时要结合实际生活发言，通过这样的反复试讲和讨论，积聚的智力能量是不易计算的。这种编写课本的方法也许是派克老师所独创。在这种方法里出力的人是众多的，受益的人为数更多。

到了1921年，经过了5年的试教，这本《引论》才改变用油印散张分发讲义的形式，由芝加哥大学出版社印成书本正式出版发行。现在我手上的这一本绿色布面的精装本是1932年6月发行的第三次重版本，由吴文藻老师在美国买来和后来保存并传给我的。

我手头这本书，全书共十四章加上附录的参考书目、拟出的论文题目和讨论的问题，一共是1040页，真是沉甸甸的一厚本。据有人统计其中所搜集的资料摘要共196篇，所引用的著名学者有10位。说是一个教科书，其实也可以说是一本社会学的大百科辞书。

他并不满足于这个社会学的体系，总是说作为一门科学，现在还没有达到成熟的程度，他引用 E. Westermarck 在1901年说的话，"社会学是一门年轻的学科"。他接着这个意思说社会学是个在成长中的科学（science in the making）。他把20年代的社会学比作在引进实验室之前的心理学和在 Pasteur 发现细菌之前的医学。因为他看到当时社会上发生问题时还是靠常识来应付，并不经过客观研究和用实验方法去对待。这使我回到上面提到的为什么他把这本入门的课本称作《社会学这门科学的引论》。

这本《引论》可以认为体现派克老师愿意当社会学这门科学的保姆的角色。他竭尽全力想方设法去培育它成长起来。他充分意识到这项工作的艰巨，所以他采用动员一切可以动员的力量来充实到这个学科的奠基工作中去。这本《引论》的编写过程中还要自始至终拉着伯吉斯这位青年人合作，并列为该书的著者，而不愿单独具名。这又是值得我们深思和学习的学者之路。

众口交誉的老师

上一节札记里我讲到了那本我用来作为补课入门的课本，也是一般认为是派克老师成名之作的《引论》时，在那节札记结束时提到了这书的著者问题。过去我们在燕京大学曾听过派克老师课的这辈年轻人中，总是喜欢提"派克社会学"的说法。派克老师返国后，1933年我们这批学生还出过一本纪念集，直称之为《派克社会学论文集》。在当时心目中这本《引论》就是派克社会学的代表作，也奉之为社会学的经典，而实际上这本著作却并不是派克老师用个人名义出版的。现在翻开这本厚厚的大书，可以看到首页书名之下所标明的著者明明有两个名字，一是Robert E. Park（派克），接下来是Ernest W. Burgess（伯吉斯），说明这是本集体著作，至少是两个作者共同的成果。这件事在我补课时，引起了我的注意。我在上一节札记里已讲过这本书产生的经过。首先是出于伯吉斯的要求，派克老师同意和他合作一起开课，那是1916年的事。按他们共同制定的授课方式和大纲，并一起编定讲义，用油印的散页在班上发给学生，再通过和学生一起讨论，逐步修改。经过5年的试讲，到1921年才正式成书出版，其后又多次重版。据说经过半个世纪至1970年还重版了一次，这时派克老师和伯吉斯已不在此世了。

这本《引论》其实不仅出于派、伯两人之力，说是集体之作是一点不过分。这个集体还应当包括他们班上所有参与思考和讨论的学生。但是话还得说回来，这个集体中主导的领导，不仅出力而且出思想的，我想还是以派克老师为主。可是他意识到这是依靠集体的力量来完成的，所以不愿以个人名义独自居功和负责。他这种精神对我国当前的文风是很有教育意义的。我国当前学术界竟有自己不动手而在别人作品上签名为著者，用以达到沽名钓誉、提级加薪的风气常使我十分痛心。因此，我在写完上节札记后，还特地翻出罗森布什的派克传查阅所附派克老师的著作目录，发现他那些重要的传世的著作都一如《引论》,都是用若干著者的名字并列的方式行世的。比如为汤麦史恢复名誉的1951年重版的《旧世界特点的移植》是用派克、汤麦史和密勒三人具名为著者的,又比如被誉为城市社会学奠基之作的《城市——在城市环境中的人性研究的建议》是派克、伯吉斯和麦根齐三人具名的。避免独自居功的精神似乎已成为派克老师的惯性,充分表现了他在个人事业里重视社会的作用,也可认为他自己对社会学的活学活用的一种优秀表现。在道德水平上说和那种假冒伪劣的世风,做出了事实上的贬责。

他这种不自居功乐于成人之名的雍雍大度的风格使他和别人合作同工时产生一种强劲的亲和力。同时也加强了伙伴间的凝聚力,反过来他在同人间也形成了一种吸引人的魅力。在他周围总是融融的一片相互吸引的团结气氛。充分表现在他的学生们对他的热诚敬爱之心。

有一位朋友知道我在温习派克老师的社会学著作,特地给我送来一份复印件,是他偶然在一本《美国社会学传统》中见到的。那是这本书的第四章,是 Helen M. Hughes 所写的介绍派克老师的文章。我没有见到那本书的原本(所以不知道该书著者是谁),这篇文章的作者我知道她和我在1979年在哈佛大学附近见到的和送我那本派克传的 Everett C. Hughes 是一家人。她在文章里说她是派克老师1920年时的学生,跟他往来有5年之久。她一贯用当时一般学生对这位老师的尊称作"派克博士"。她记得这位老师把"教室变成了酝酿新思想的园地。他要求每个学生都做实地调查,做有系统的观察和记录"。

这位休斯女士在文章中还记着派克老师和伯吉斯和学生们一

起听神经学教授 C. M. Child 在一个研究生的集会上的演讲。讲到某种昆虫的神经系统时指出昆虫的各种本能冲动怎样受大脑这个中心的指导,大脑接收外来信号后向全身做网状辐射。派、伯两位老师当场就采用这个观念并应用到都市研究上去。他们说都市就像一个生物体,道路等于神经系统。城市的中心地区通过道路影响边缘地区和邻近城市。Child 教授后来又说外来的新事物是通过中心来带动外围的,两位老师接着就发挥说,城市中心对新事物、新生活方式、新人口、新消息、新资料的抗拒力最小,所以最容易被侵入。这些新东西再从中心送到四周,形成邻近的"转型带",一波一波地向外推广,直达郊区。

上面这段回忆生动地说明派克老师是怎样从多方面去接受新的思想观点和概念来充实他自己的社会学。所以这位学生说:"我们的老师事实上等于一个师生合作事业中的资深伙伴……派克博士的角色是开头带路。"

她又说:"派克博士上课从来不读讲稿,他的很多观念是在讲堂上根据一些手写的笔记当场发挥出来的……他也常讲记者时代的轶事给大家听。他对于田野工作乐之成癖,永不厌倦。"

这位学生把这些细节写下来的目的,是要说明"派克博士把学生当同事看待。他和学生经常保持联系,对每个人的研究工作都很熟悉"。

这位学生最后说:"他是一个真正的学者,谦虚为怀,毫无骄气。他为人合群而有活力。做起事来总是兴致勃勃,毫不拘谨。"

另一个 1915 年起就长期跟随他学习的黑人学生约翰逊说:

> 我在他那门"群众和公众"的课程上最初相遇,我们过

去并不相识，对他的为人更不熟悉，但在课堂上我却被这位老师抓住了，真是心悦诚服。不久他那种平易近人、一见如故的态度吸引着他的学生们，我就是许多有机会一直跟随他一路请教、不断交谈直到办公室的学生们中的一个。有一次一同散步时，我发现自己似乎茅塞顿开地懂得了怎样用自己的经历和思考融入广泛的社会知识之中。我油然地觉得有一种豁然贯通之感，一点不觉得是外来强加于我的。这种师生之间的关系等于是朋友之间的友谊。

1924年有一个美国南方来的学生名叫汤姆生的，来念派克老师那门关于美国黑人的课程。他在派克老师办公室里听他和学生们谈话，他记下他的印象："一个学生来找他请教有关论文里的问题。派克博士却总是反过来问他个人的经历，一生的背景，他一直不断追问，最后这个学生突然想起了一些过去从来不觉得有意思的往事，像点着火一样把自己的意识燃烧了起来。"

这位老师一般总是平心静气地和学生对话。但有时他听得不顺耳时也会跟人顶嘴，但从不记在心上。比如一位名叫卡伊顿的学生，他是美国第一个黑人参议员的孙子，有下面的回忆：

> 我最初是在太平洋海岸华盛顿大学里遇见派克的。有一位教授介绍我和他谈话。我向他说我对黑人历史有兴趣。他回答我说黑人哪里有历史。这使我大为震怒，我回答他说，人都有历史，即使是我坐的那把椅子也有它的历史。我从此决心不再见他了。但几年后我到芝加哥大学，走进他的办公室。他张开两臂欢迎我。原来他当时是想触动我一下。

后来这位学生和 Drake 合作写了一本关于芝加哥的书，书名是《黑人的都会》。

派克老师是颇为幽默的人，他最讨厌装腔作势、心胸狭窄的人。他不时用嘲弄的口吻来讽刺人，目的是在激动他。所以有人说他和萧伯纳很相像，甚至把两人的姓联在一起。

有个名叫 Noss 的学生，是个日本传教士的儿子，发现下午5点站在社会科学楼出口处，准能碰到派克老师，而且可以跟他一起沿着大路走回家，可以有好一段时间跟他谈话。Noss 记得每次走到他家门口，他总是规规矩矩地向你告别。"我多次这样截住他，我喜欢这样做不仅是可以有机会和他说话，而且可以感受他的热情。"

我听到有不少人说派克老师的名气是得之于他出名的学生。这句话有一定根据，如果查阅派克老师的著作，一生并不太多，如把他和我在英国的老师马林诺斯基相比，那就很显然，马老师在我在英国留学期间，几乎每年可以读到他的新书。而派克老师一生并没有出版过多少出名的著作，如我上面所说的，即使有重要的著作也常是作集体成果出版的，但是他的学生中却有许多是出名的作家，而且有不少著作是畅销书。在上面就说过，我记得在燕京大学初次上他的课时就向我们说，他不是来教我们读书的，而是教我们写书的。这句话并不是随便顺口说的话，而说的是实话，他真是这样做的。他自己固然没有写过多少书，但的确教出了不少能写书的学生。

学生造就老师，还是老师造就学生，原是同一件事的两个方面，出于视角不同而所见有异。派克的接班人之一也是他的一个学生，Herbert Blumer 说，在他看来"派克博士对美国社会学的强烈影响来自他的著作，远不如他对学生的身教和口授"。派克老师自己也同意这个看法。派克老师的本领是在善于因材施教，跟他学习的学生并不都是出众的人才，但是他能培养出出众的学生。E. 休斯曾注意到派克多次说过，"社会学要前进，就得充分发挥现有的人才，并不能等待招到更优秀的学生"。

派克在1937年回答Louis Wirth向他请教"教育的方法"时，在最后的结论里他特别提到"教师要有想象力。一个对人富于洞察力和理解力的教师可以对学生发生强大的影响"。意思是做老师的人是要能真正理解学生为人，这正是说出了派克老师自己的体会。休斯说："正因为这位老师能设身处地地懂得学生，真像是钻到了学生们的心里去一样，他才能感动学生，使学生跟着老师所指的方向走，成为一个老师所想培养成的人才。"下面我再说一段受他指导的一个中国留学生的回忆。这位留学生名叫戴秉衡，我在燕京念书时就听吴文藻老师常提到他，虽则我并不认识他。他的回忆里说：

我是1929年秋季作为一个中国政府资助的留美学生到芝加哥大学来学习的。我很认真地想学到一点关于人性和教育的知识。我战战兢兢地初次踏进派克老师的教室。使我十分着慌的是这位老师一上来就发给我们每个人一张题目纸。纸上写着一连串社会学的概念，要我们依次写出自己的理解。这些概念我都没有学过，我只能交了白卷。我想这一定会引起这位老师的失望，所以心里就想打退堂鼓了。我在下一堂又去上这课时，他又冲着我们学生每人发了一张复制的印件，写着一个失足的姑娘的故事。他要我们每个人都写一篇对这个故事的想法。我就凭着自己真实的思想写了下来。过了一些时候，派克老师在上课时，把我们交他的答案发回给我们。使我大吃一惊的是他当众说全班只有我这一篇文章对这个姑娘失足的故事分析得最真实。而这个班上大多是来读博士学位的学生。从此，派克老师每次在校园里碰见我时一定要问我是不是 Mr. Dai，当我回答没有错时，他总是会对我说，你有分析能力。经过了几次对我这样的说后，我也开始有了信心。结果我就坚持跟他学下去，直到 1935 年，在他指导下得到了博士学位。我的论文是《芝加哥的吸毒者》，派克老师指导我走上这条心理社会学的研究道路。这时是在社会心理分析学这门学科盛行之前。

我在昆明跟吴文藻先生工作时，还听到过想请他回国到燕京来开展社会心理学的研究，但是后来就没有下文了。如果没有这次抗日战争，燕京大学不停办，说不定派克老师会通过这位学生，在中国传进社会心理学这门学科。

再说《引论》

这本《社会学这门科学的引论》是以一本芝加哥大学社会学系给新入学的学生入门的教科书的面目出世的。芝加哥大学是美国设立社会学系的第一所大学，那是在 1892 年。《引论》在 1917 年开始由派克和伯吉斯一起开课讲授，到 1921 年才由芝加哥大学出版社印成书本发行，离芝加哥大学社会学系成立已有 29 年。这

29年正是这个社会学系从占先发展到领先的过程。一般把这个大学里所讲的社会学称作美国社会学里的芝加哥学派。这个学派不但有它的特点，而且被认为标志着美国社会学的成熟和后来发展的基础。Robert. E. L. Faris 在 1967 年写了一本介绍芝加哥学派社会学的书称作 Chicago Sociology 1920～1932，著者把这个学派的开始放在 1920 年，正是《引论》行世之前的一年。不论这个学派的来源和《引论》有没有直接的关系，但是不成问题的是这本《引论》从 20 世纪的 20 年代起代表了芝加哥大学社会学的旗子。也是在这时期由于这本教科书被美国很多新兴大学所接受，作为社会学的入门读本，同时又正处在第一次世界大战结束，大批退役的年轻军人受政府资助，分配到大学里来学习，各大学里学生人数大增，社会学这门新的学科，吸收了一大批人才。芝加哥社会学系也提供了各大学新开办的社会学系的师资。这些客观的条件助长了芝加哥社会学派的名声。加上芝加哥大学在成立社会学系之后又成立了美国的社会学会，出版了《美国社会学杂志》。这个杂志又有个规定由芝加哥大学社会学系负责编辑，而且成了一个传统，直到 1936 年另有一个《社会学评论》出版才取消它的独占地位。从 1895 年开始，一个学系、一个学会、一个杂志三位一体奠定了一个学术界的主导势力。

在美国社会学史上，芝加哥学派在 20 世纪 20 年代的领先地位是公认的。对取得这个领先地位，派克老师出的力是难于低估的，他编辑了这本入门课本是其中重要的一项。经派克老师用这本《引论》培养出来的社会学者的人数我没有统计数字，但是后来在芝大的那些出名的社会学家，几乎都自称是派克老师的学生。他的一批学生确实占据了美国各大学教社会学的教师中很大的比例。我1982年初次访问加拿大时，也沾了这位老师的光。当时我在各大学里被介绍给大众时，总是带有一句"这是派克博士的学生"，因而受到另眼相看。

上面提到的那位Faris在那本书里说：

> 派克和伯吉斯所编的那本著名的《引论》，被很多的社会学者认为是所有社会学著作中最有影响的一本。在这书出版的1921年之前所有社会学概论的内容都是各说各的，相同之处不多。现在凡是各大学讲社会学时内容都和这本书相符合，而不同于早期如Small、Ross、Giddings和Ward所写的了。1921年以后的美国社会学，在方向上及内容上主要是按派克和伯吉斯这本书所定下的……这本书给社会学的领域规定了范围。使一个初学者知道从哪里入手去寻找、累积和组织关于这学科的知识。

用另一句话说，《引论》真的做到了初学社会学的人的引导者。这就是派克老师想做的事，而实际上他做到了。

这本《引论》在美国社会学的发展史上已成为一个里程碑，是可以肯定的。当然如派克老师一再说的，社会学还是一门成长中的科学，什么时候长成，到现在还难说。这本《引论》对派克老师本人来说并不是个句号，只能说是个逗号。作为一个思想探险者，走到这里可以告一段落，但并没有结束。在年龄上说他这时还没有到60岁，在他的一生中，还刚走过了一半多一些。

派克老师作为一个思想领域里的探险者，按他自己说是从他在Michigan大学二年级时，大概是1885年，遇到把他带上这条路的杜威博士时开始的。他在学校学习的时间是比较长的。1874年才进小学，那时他已有10岁，到他在Michigan大学毕业已是1887年，23岁了。经过11年的记者生活还进了哈佛大学研究院以及到德国去留学，1903年才得博士学位，已经是39岁了。又经过10年，到1913年才进芝加哥大学，安定下来整理他用了将近30年有意识地观察人们社会生活得来的问题和见识。就是当时他积存在思想库里的储蓄。这时他已经49岁，实际上他已度过了一生一半以上的时间了。这本《引论》在他一生中可以说是一个逗号，因为他已走到了作为思想探险者的半途了。

如果说他探险的目标是理解人生，也就是创立一个对人类社会生活的科学认识，即建立一门科学的社会学，这个目标虽则还不能说已经达到，但是他认为已在长成之中，也就是说已有了个底子，加以培养，可以逐步成长的了。探险的路尚未走完，但终点是已可以望见了，所以说不是句号而是逗号。

派克老师对这本《引论》在他一生事业中的定位是自觉的，有自知之明的。他已看清已走过的道路和还要前进探索的那一段。在面向未来的同时，他常想到这本《引论》怎样能跟着不断翻新。1932年11月5日他从太平洋旅行回国时坐在Chechaho Maru号船舱里给留在芝加哥大学的Louis Wirth教授的信上说："我很想和你及伯吉斯一起研究一下这本《引论》的未来。作为一本教科书，已讲到了这些概念。这些概念在思想领域里经过新的研究正在生长和变动。这本《引论》怎样跟上去？"

后来他说他觉得这本《引论》不宜再扩大了，而应当加以精炼。可以考虑把十四章浓缩成四个部分：人的本性、社会区位学、个人的社会化和集体行为。他认为："在这个计划中，这本教科书可以一次又一次地重写和重版。老的概念要以新的发现来评论和重写。这可以成为一个惯例。每一个部分可以由专门的编者分别负责。"

他这个主意并没有实现，因为到了1970年还是按老版本又重印了一次。但是这个想法，他并没有放弃，而且在其后的日子里还在向这个目标推进，这是后话了。

另一本老师的杰作

我在这本《补课札记》的第一节里已经说过，我从吴文藻老师的遗书中按他遗嘱挑选了两本书留作纪念。这两本都是派克老师的著作，一本是前几节札记里所提到的《引论》，另一本是《论城市》。这两本书是我用来作为这次补课入门的进口。

《引论》是有1040页厚厚的一本大书，《论城市》和它相比显得又小又薄了。说它又小是因为它是32开本，《引论》比它大了一级；说它又薄是因为它只有233页，不到《引论》的1/4。但是在我读来，它们的内容却在伯仲间，目的和格式又是基本一致的。《论城市》的目的是在引导想学社会学的学生们怎样从社会学角度去研究现代城市社区。范围比《引论》为小，为专，不像《引论》那样概括和全面，所以也可以说是一本从《引论》基础上发展出来的专论。

这本专论和那本《引论》的产生经过却不同。《引论》是出于伯吉斯要开课求助于派克而结成合伙的成果。这本《论城市》是派克在自己已发表的几篇论文的基础上长出来的。关于它的来历要翻出一些旧事来说一说。派克 1913 年接受汤麦史的推荐进入芝加哥大学，但是由于一些我不知道的原因，当时社会系的主任 Small 只能用神学院的教授级讲师（Professorial Lecturer）名义把派克接纳到芝加哥大学。这个名义是个没有教授权利的教师，在英文里说是 without tenure 的。在这个职位上他一直待了 10 年，到 1923 年才升为正式教授。在这段时期，他有充分的时间从事思考和写作。《引论》是从 1917 年开始编写和试讲的，到 1921 年才出书，可说就是这段时期里的学术成果。

《论城市》这本书是 1925 年出版的，这时他已经升为正式教授了。但是这本书的形成却在 1915 年。派克在这书的序言里一开始就说："若干年前有人要我为研究现代城市里的人性和社会生活写一个提纲。这本书的第一篇就是为满足这个要求而写成的。"这篇文章最初分散发表在美国社会学会的会报及其他刊物里。后来加以修改和重写成为这书的主篇。

1915 年到 1925 年其间相隔 10 年，把 10 年前的旧作重新亮出来，出于一个不平常的机缘。旧文重ояand派克老师在 1923 年取得教授地位这件事是直接有关的。当他还是"教授级的讲师"时，他不仅各方面的待遇上都是比教授差一等，他能在社会学界破土而出是以他 1923 年升为教授开始的。1925 年他就被选为社会学会的会长。作为会长有权决定学会将在该年 12 月召开的年会上讨论的主题。派克认为这是他推出城市研究的时机了。他从存稿中把 10 年前写的论文揩去尘灰进行修饰抬升为这次会上的主题论文。而且在开会前一个月，这本用这篇文章为书名的书也编成并交芝加哥大学出版社及时出版了。派克老师在 11 月 2 日已把这书的序言写出，赶上 12 月学会开年会时这书出版发行。

派克老师在这时不忘旧交和引进他进入社会学阵地的恩情,特地邀请汤麦史到会宣读《在都市环境中的个人特性问题》这篇论文。汤麦史自从1918年被诬告而脱离芝大之后从来没有参加过社会学年会。他这次出席等于是美国社会学界为他恢复名誉和地位,即等于我们这里所谓"平反"。当时在社会学界引起了轰动。派克老师这一着也受到了公众的赞赏和尊敬,因此派克传后记的作者E. Hughes称之为"派克社会学事业中的高峰"(the acme of Park's sociological career)。

这本《论城市》实际是为当时社会学芝加哥学派揭幕。这是一本论文集,除了学派的主帅派克自己带头领先抛出上述的这篇为都市社区的社会学研究奠定方向和道路之作外,还有派克在这段时期里写的三篇重要的论文,一篇是《报纸的自然史》,不仅总结了他11年的记者阅历,而且是预为21世纪信息时代作了报春的先声。还有两篇是关于城市居民的心态分析。他除了他自己的论文之外,还选用了他的老搭档伯吉斯的两篇文章和准备和他合作编写《人文区位学》一书的麦根齐的一篇关于社区的区位分析的文章。特别值得引人注意的是最后一篇由他的得意门生Louis Wirth汇编的关于城市社区的著作目录。这篇目录有168页,占全书近1/3的篇幅。它简直是有关城市研究的指导性的参考文献目录。全部目录分11部分,从城市的定义、发展史和分类到它的腹地,和本身的结构和发展,以及城市生态和居民的心态,几乎把城市研究全面都包括了进去。有了这笔总账,如果按次序的参考阅读就等于读了一本城市学的引论。而且编者还像那本《引论》一样,每一个部分都发表了编者的导言,讲述了这一部分的意义。各部分的导言加在一起,其实是一篇很完整的"城市社会学"的引论。编者这样做表示他从派克这位老师那里学到了社会学这门科学的精神。

这本《论城市》还是一本集体创作。用四个作者的名义出版。他们正是美国社会学芝加哥学派的主将。

上面我已说过，这本《论城市》不仅为"城市社会学"揭了幕，而且事实上带头引导出一系列在派克这位老师所指导下写出的专刊，大多是芝大社会学系的博士论文。这一系列专刊都用《论城市》的形式，同样大小，差不多厚薄，一式装订，只是书面的颜色不同。这一系列专刊构成了一套社会学丛书，为芝加哥社会学派摆开阵势。我在1943年初访美国时曾买过一套，但没有时间加以细读，后来这些书都在文化大劫中被抄走了，现在我只留了一个美好的印象。

未完成的种族关系研究

派克老师1917年在美国参加第一次世界大战期间曾被邀进行过一段对美国欧洲移民的"美国化"的研究工作。他利用多年和新闻媒体的关系开始研究美国几个大城市里移民们用原籍语文出版的当时称作"外语报纸"。他看到当时一个从欧洲大陆移入美国的人，要经过一个文化适应过程才能融进美国人的社会生活里。这个文化适应过程中常常出现当时美国各大城市里常见的有如"唐人街"一类保存着原籍文化传统的移民社区。所谓"外语报纸"正是这个过程中的一种现象，他研究了"美国化"的具体过程。同时也为正在成长中的社会学提供了宝贵的内容。后来这项美国化研究又扩充了内容，包括追踪移民生活中原籍传统特点转化的研究，因而引进了派克的老朋友汤麦史成为合作伙伴。结果完成了被认为是传世之作的《旧世界特点的移植》一书，以上种种我在本札记的前几节里已经讲过，不再重复了。

我在这里提起这段旧话是因为所谓移民的美国化问题，实质上和派克在美国南部研究的黑人和白人的种族关系问题，都是不同文化从接触到融合过程中出现的问题。在常被称作"种族熔炉"的美国，这个问题是它特殊历史造成的，至今还没有消解，因之它一直富于政治含义。派克老师既要在美国发展社会学这门学科，他的一生自始至终无法回避这个问题，而且这个政治意义极深的问题也决不是他一生中可以见到终结的。他的"美国化"研究的草草结束，而且还有点不欢而散，是可以理解的。尽管如此，派克老师在研究过程中却发展了他的社会学。历史的现实使这一代社会学者无法不面对这世界人类的多种文化，从对立、接触、冲突到调协、融合的过程，而又无法摆脱由这个历史过程对研究者个人的冲击，派克老师的一生正是这段历史的例证。

从美国历史来看，500年前这片美洲大陆在欧洲航海的冒险者看来，还是一块"新大陆"。这种看法和说法都和客观事实不符合的。在500年前这片大陆已有很长时间有相当密集的人类居住，而且发展了相当水平的文化和相当繁荣的经济。但初次到达这大陆的欧洲航海冒险者眼中没有看到，心里也不愿承认当时的现实。他们在这块"新大陆"把美洲原来的居民消灭了或征服了。为了引进在这里开辟土地所需要的劳动力，从非洲掠夺大批黑人进入，并建立了奴隶制度。这是美国当前所谓黑人和白人之间的"种族问题"的由来。其实都是来路不同、时间不同到达这"新大陆"的不同民族集团间的关系问题。从欧洲来的移民中又有原籍不同、入境先后的差别。先到的大多是欧洲西部大西洋沿岸的白种人,其后离海岸远一些的中欧和东欧内陆国家的居民一批批跟着移入美国。在美国立国初期,所谓种族问题主要是指黑人和白人之间的矛盾所引起的。接着在20世纪初期因为发生了世界大战,美国参战,而国内有着原籍不同的欧洲移民,各自在生活方式上和感情上归属于对抗的阵线,于是发生了"美国化"的问题。派克老师作为社会学家被拉进了这个"美国化"研究计划之中。那次"美国化"研究计划虽然以不了了之而告终,但美国的历史还在发展,过去长期以来所碰到的"种族问题"在新的时期里也以新的面貌继续发展。第一次世界大战结束后,太平洋上的航运日益发达,加上美国西部经济的大发展,东亚诸国,特别是日本人和中国人大批涌入美国西部沿太平洋诸州,和当地原有的农工劳动力在就业上发生了激烈的竞争,又以"种族关系"的名义成了20年代当地的一个火爆的社会问题。

1923年夏天纽约有一个称作"社会及宗教研究所"的民间团体找到派克教授,邀请他参加他们的太平洋沿岸各地的种族关系调查计划。这个研究所的主持人名叫G. S. Fisher,原来是个在日本宣传基督教的传教士。这时因为这个地区主张排日的团体酝酿利用立法手段限制日本移民,那些反对排日的团体也团结了起来进行对抗,移民问题已成了当时的一个政治问题。

派克不是美国沿太平洋各州的人,但对种族问题是熟悉的,而且1918年曾为研究"美国化"问题到这一带视察过,而且访问过东亚移民。他已注意到所谓"美国化"问题的另一方面就是"种族歧视"。他在1914年为Steiner的《日本人的入侵》一书所写的序言里已经说过"种族歧视是一种本能性的自卫反应,目的是在限制自由竞争"。他一向主张用他所熟悉的社会学公式——"竞争、冲突、调协、融合"来研究移民问题。他认为美国太平洋沿岸地区的白种人和亚裔移民的"种族问题"并不例外。根本原因是在该地区开发过程中这两类人的生存竞争,东亚移民的耐劳吃苦,当地的白种人比不过,因而为了保住就业机会乞求政治支持,于是形成冲突。最终解决这矛盾的路子,还是在加速调协和融合,也就是当时派克所研究的"美国化"过程。

派克老师成竹在胸地接受 Fisher 的邀请,同意参加社会及宗教研究所的太平洋沿岸地区的种族关系调查计划。他参加的步骤,是按他熟悉的社会学调查方法,首先是实地观察。他从 1923 年秋起就开始到美国西海岸做实地访问。他找人谈话,找机会家访。一面看,一面记。访问记录中保存了他这次调查的见闻和思考。他特别注重所访问对象的思想和态度,以及他们的身世和经历,下面可举些例子。

1923 年 11 月 12 日他见到驻西雅图的日本领事 Ohashi,这位先生认为世界上的纠纷其实很简单。这个世界精神方面的组织跟不上物质方面的组织。西方个人主义太多了。因而认为现代文明不会持久,派克自己在这次会谈中也有启发。他把当地的日本移民和美国南方的黑人相对比,认为日本移民太 reserve 了一点,reserve 一词相当我们所谓矜持的意思,不同于外露的对抗,而是内心的保留。美国南方的黑人对当地的白种人已经从力屈进入于心服,即使在他们对那些一时只有逆来顺受的事,也常以幽默态度加以自嘲。他们心里并不一定乐于接受,但由于明知无力抗拒只能勉强自己予以顺从。日本移民的心态还没有达到这样的地步,口上可以不出声，心里还是不甘服输。派克老师这样的分析值得我们学习，他怎样深入到研究对象的心态深处。

另一段是关于一个华裔少女的访问记录。这位少女名叫 Flora Belle Jan，是一位比较开放的华裔姑娘的典型人物。她给派克的一封信中说：

> 至少在加州，我想和美国人真正交朋友是不大可能的。我是中国女孩子中闯进过美国家庭比较最多的一个，我所遇到的美国人一般是和好的，当然也听到过一些不太令人舒服的话。可是最近我和一个出身很好的美国青年相结识。我很喜欢他，他也很喜欢我。但他多次和别人说常常不能接受我的约会，因为他的姐姐有个小圈子，不能容纳我。有时我想我本来不应闯进这个西方的世界。有一天早上我睁开眼，发现自己仿佛搁浅在外乡人的土地上。

派克记下说，这孩子碰到了种族歧视了。这是一道难于穿透的障碍。有一个华文报纸的记者向调查组说："自从我到了加拿大，当地人对我们华人的污辱，我已受够了。我在报纸上屡次提出抗议，但是 30 年来他们却一次也没有答复过我。"

派克老师通过这样的实地观察，搜集事实，像一个有经验的医生，开始对这个地方的病情做出诊断。他认为这个地区的不同人种之间已经从竞争进入冲突，虽则还没有动武，但已经动了感情。双方个人的成见形成了集体的歧视，对抗的热度已经相当高了。

派克的访问记录里还有一个例子说明个人感情的好恶怎样变成对种族的成见，又怎样发展成种族歧视。他在 1924 年 1 月 31

日访问了加利福尼亚州的一个牧场，主人是一个白种妇女，名叫Kate Vosberg。她是在一个中国保姆手上长大的。她对中国移民很亲热，但不喜欢日本移民，因为她曾雇佣过一个日本人做帮工，这个日本人拿了工资不告而别，后来又在附近另一家牧场上出现了。从此，她总是讨厌日本人。她和派克说："一个人对某一种族都有天生的感情，喜欢或讨厌。我喜欢中国人、墨西哥人以及黑人，但就是不喜欢日本人。"她的儿子曾在哈佛和牛津上过学，说他的妈妈对不同种族有不同的成见、个人的偏见。派克接着说："问题就在什么场合引起这种偏见的。"我体会这段对话的意思是个人间的好恶都是具体经历造成的，但是个人关系可以化成了种族关系，个人的偏见可以化成群众性的种族歧视，其间有个社会过程。研究者应当抓住这个过程。

派克认为如果群众能明白这个过程，防止个人因生活中发生的具体事情而形成私人间的好恶转化成集团间的相互歧视，种族关系是可以避免发生对抗和取得协调的。这是他应用社会学理论来改变历史事态发展的见解。

1924年5月26日，派克计划中的这次种族关系的实地调查刚进行到一半，消息传来，美国国会已通过了限制日本移民的法案。两个月后派克收到了东京大学一位教授的来信，告诉他东京美国大使馆前有日本人以自杀来抗议这个排日法案。派克在1926年5月份公开发表他反对排日法案的文章，题目是《在我们的面罩背后》，斥责这个法案在人类精神领域界所造成的破坏作用是不可估量的。

这个排日法案对这次派克所参与的种族关系调查是个致命的打击。正如该计划的一位负责人给Fisher的信上说的："这项调查原来的打算是一次'病情诊断'而现在已成了'尸体解剖'。"作为社会及宗教研究所所组织的太平洋沿岸地区的种族关系调查到此也宣告寿终正寝。虽则欠派克及其调查人员美金两万元的账没有归回。

1924年8月派克离开太平洋沿海地区。他在给汤麦史的信上说"这一年真是'a strenuous year'"——"鞠躬尽瘁"的一年。其实对这位老师说这个结果也不是出于意外的。美国的种族关系上出问题不是从那时开始，也不可能以那时终结。这是美国的痼疾，怎样了结直到现在还是没有人能下结语。对一个社会学者的派克老师来说，作为一个思想领域的探险者，不过又是一次新的探索，得到的启发和知识还是满载而归的。如果还记得我在上一节里所说的，1925年正是这位老师"社会学事业的高峰"的话，他在社会学会上众口交誉的热烈情况正是在他从太平洋沿海调查结束后发生的。人世的顺逆就是这样交错着发生的。

跨越太平洋

美国太平洋沿岸的种族关系调查中途夭折，1924年秋季派克老师挂印东归，从旧金山回到芝加哥。从他一生事业上说这次调查没有获得预期的收获。他在一年多时间里，动员了从洛杉矶到温哥华沿岸的12个大学的教师和210名工作人员分别在各地参加了这次调查，写出了600份报告，一共有3500页。在当地知识界是一次空前大规模的合作行动，对社会上的影响是巨大的。

对派克老师本人来说，他早就心中有数，种族问题在美国是个长期历史形成的深入肌脏的痼症，决不是短期可以治疗平复，但他相信待以时日终究会解决的。而且他也深知这个所谓种族问题的复杂性，还有待深入研究和用理智来扭转群众感情上的成见和歧视。他在考察沿海岸东亚移民时接触到中国和日本的移民，受到很深的触动。他这时已经有60岁了，但是他在这半个多世纪里，足迹还没走出过欧美两洲，他一直在西方文化中生活。尽管他接触了美国南方的黑人和这些黑人从非洲带来了一些不同于欧美文化的遗留，但由于他们长期处于被歧视和被压迫的奴属地位，已在心态上屈服于欧美文化。

派克老师虽则尽力去体会种族关系里的心态现象，但他所接触到的现实并不是平等地位上的不同文化载体间的关系。我并没有听过这位老师所讲的种族关系的课程，但是从课程的标题本身和所公布的简介来说，他还是沿用着美国通行的种族的这个名词。这个名词的含义很露骨地表明是着眼于体质的区别。在美国流行的区别种族的标准是皮肤的色素。在派克老师这个课程的简介里就提到这是讲黑人和白人之间的关系。种族是用皮肤的黑白来划分的。后来由于种族歧视把亚裔移民称作有色人种。黄色皮肤和黑色皮肤可以归在一类而和白色相对立。这种概念本身不是科学的，因为真正引起不同移民间产生矛盾的是社会竞争。竞争中的优劣出于各自的文化素质而不是体质，更不是肤色。这一个根本认识上的误导是所谓"种族矛盾"的由来。我没有上过派克老师这门课程所以不敢多说。但有见于美国至今还在受这个概念本身的误导，直到最近所谓文化冲突论，果然承认了文化的重要性，但是反过来又受到了种族概念的误导，认为文化和体质是一样难于改造的，结果导致文化差别必然会引起民族冲突的结论。这里值得美国文化自己反省,怎样从历史形成的痼疾里自己拔出来。

从这个角度来看,派克老师从这次太平洋沿岸地区移民调查,给了他面对东方文化的机会。他在和日本移民的接触中已用了矜持(reserve)一词来描写他们的心态。我的体会是他看到了日本人对西方文化内心抗拒的反应。他又从日本人的茶道里体会到这些十分定型的规矩,是从几代人的实践养成的。那就是说他已承认各民族的性格是文化的传统。不同民族间能不能相互理解不是决定于体质区别而是社会文化的差别。他沿用美国通行的"种族"这一概念正说明他终究是个美国的学者。受着美国文化的塑育,即使他已感到了把文化隔阂看成是体质上的差异是错误的,但要想冲出自身文化的烙印何其难也。

派克老师在离开旧金山、启程回芝加哥时对他的同事说,他对日本文化有点着迷了。他表示要赶紧在它消亡之前亲自去看看这个东方的雅典。这句话使我感受到他已看到了太平洋对岸有一种文化正受到西方文化的入侵,它会不会像西方的雅典一样在历史中消亡,他那时还没有信心。但是他心里明白这个文化的载体不同于他在美国南部所熟悉的黑人,也不同于在研究"美国化"时所见到的欧洲各国来的移民。所以当时他的反应是急于到东方亲自看看。我认为这种心情正可以说明他已从狭隘的种族概念中解放出来进入这个矛盾的文化实质了。

派克老师看来是个相当性急的人,当他看到了这个思想探索的新大陆时,很快地想进行一次新的旅行,走出美国这个小天地里的"种族问题",立即投入包括全人类在内的全球一体化中的文化关系问题。他是1922年说出想到东方去的,1925年他得到了一个没有预想到的机会。这时有个称作太平洋学会的团体,邀请他在6月份里去檀香山参加该会的首次会议。这会的由来我不清楚，虽则后来在40年代它和我也有一度比较密切的关系。1925年的这次集会据说到会的人并不代表什么团体或国家，但我不清楚谁决定那些被邀请人士的名单。反正派克老师是被邀请了。他对这次会议很认真。启程前还起草了一个调查提纲，包括檀香山的历史和种族结构及其关系，甚至把民间传说都列入调查项目里。但看来他这次旅行中并没有进行社会调查，但认识了许多趣味相投的人士。会议后，他又到附近太平洋上的岛屿上访问了一圈。

派克老师从1923年起在太平洋周围甚至远及非洲的"行行重行行"一直到1933年从芝加哥大学退休，一共有10年时间，他一面到各地访问，一面写出零星的札记和文章，并在各大学讲学和演说。

1925年11月太平洋学会在日本京都开会，派克老师如愿以偿地首次到达日本。同行的夫人在家信中说："老先生真正地感觉到心情舒畅。他由衷地认为这次会议正中下怀，因为他认为与会者都知道他们想在这里做什么。"他在日本过了冬到翌年3月23日才离开。他并未立即返国而是去了印尼，又从印尼到新加坡和菲律宾，然后到达上海，这是他首次到中国。他原想到北京畅游一番，但是在南京病倒了。出院后，又赴日本赶上太平洋学会的会议。

在旅途中他搜集到许多有意思的见闻和种种新的想法。但后来说"可惜我回来后都忘掉了"。他对具体的事实不一定都记得，但这些事实所引起的兴趣却保留在脑中。他见到了东方不同文化的差异和相互间的接触深入心中，使他对原有的思想反思和更新。他记得有一次在一个日本的酒楼里看到一个条幅，写着"酒香、和平、友好和互相称颂"，但是当他问一个侍者这上面写些什么，答复是各种酒的品牌。他听了之后很有感慨。认为文化之间要能互相了解是十分困难的。缺乏共识怎能从成见里走得出来？派克老师是从种族隔阂看到了背后还有一个文化差别的问题。

派克老师于 1932 年 8 月取道檀香山和日本直奔北京，在路上在给檀香山的一位曾是他学生的朋友的长信上说："我希望把各个存在种族问题地方的人组织起来，能合作进行共同的研究。研究中心一个可以设在檀香山，一个可以设在南非。我即将去印度、南非、南美等地方考察。看看这些地方的人怎么想法，有没有人想研究这个问题，是否需要合作。"又说，"我们可以先从生物的角度开始去看种族关系，看看那些地方是否承认混血的居民。然后进一步去观察这些混血的居民在文化上有什么反映。在檀香山就可以搜集一些这种混血居民的生命史，看看他们说什么语言，对异族间的通婚具有什么动机等等。这种工作不能在短时间完成，要和他们混熟了，慢慢地谈出来。"他在这信上把这次旅行的目的和工作方法都说清楚了。

派克老师到达北京后的情形我已在这份札记的第二节《派克来华》里提前讲过，在这里不再重复。他在这年圣诞节前夕离开燕京大学，如他在上面这封信里有计划地从北京到香港、西贡、新加坡和加尔各答。后来又从印度经莫桑比克和南非的 Johannesburg，这次旅行的跨度相当大。直到 1933 年的春天才返抵芝加哥，这个夏季他从芝加哥大学退休了，当时已是 69 岁。

他曾一再说过，没有在中国居住到 20 年之上的，最好不要写关于中国的文章。他自己也以此自律，所以在发表的文章中很少提出他在中国的访问，但是燕京大学的一些学生还是坚持请他留下一些话作为临别赠言。他不好推托还是写了一段话留在北京。

这就是收在《派克社会学论文集》里的《论中国》一文。我在这次补课中又翻出来读了一遍。

派克老师在这次旅行中看到的是抗战之前的北平，多少还保留着一些古老的面貌，在一个从当时已经工业化的美国大都会里来的学者，自会有他特具的角度。这里看不到美国黑白之间的"种族问题"，也不存在美国各地的多种原籍的移民，没有"美国化"的问题。这里有的在这位远客的眼中是一个他所谓"已经完成了的文明"。在这样的文明中"任何一项文化的特质……无不相互正确地配合……给人一种适合而一致的整体的印象"。派克老师在另外一个场合把中国文明比之于一种章鱼（octopus），它能用多个触角伸向不同方面，把别的东西包容进来变成自己的东西。这正是派克老师所说的融合，他看到这和"靠征服而生长"的欧洲民族扩张的过程是不同的。他实际上已在考虑全球文化的未来。可惜他似乎时间不够进一步深入下去，他被古老的中国文明所迷住了，尽管他也到过"和欧洲都市无异"的上海，但是这个正面临激变的局势，对他印象不深。他如果真的在中国多住20年，他的看法也许就不同了。

人生苦短，探索未已

派克老师横跨太平洋、绕道南非的环球旅行，是从1932年初夏的8月起到1933年的春天止，几乎有三个季度。这次"行行重行行"对这个思想领域里的探险者是最后一次壮举，但他原来打算在亚非两个大陆的知识界里组成一个合作的研究力量的宏图并

附 录

未实现。这时离他70岁的生日已不到一年了，他回到芝加哥不久就准备办理退休手续。这是年龄的规定，生物性限制，谁也无法躲避和推迟的，但是他对此没有低头。在南非时写信给他心里打算合作写《人文区位学》一书的伙伴，他的一个名叫麦根齐（R. D. McKenzie）的老学生，信上说："我要尽可能地把我的思想都写进这本书里，不然我怕我这一生将怀抱着脑中的许多东西没有见世而我已弃世而去……你将会高兴地知道我虽年已六十九，但自己似乎觉得生命力没有比近来更旺盛的了。我希望在去世之前还能做很多的事。"

至于他计划中和麦根齐合写的那本《人文区位学》，早在他和伯吉斯合写的《引论》出版后不久提出的修改意见中，已经列入分别要写的四本续编之中。

关于人文区位学本身说来话长。我在上面《派克老师在备课》一节里已说过他怎样从博览冷门书籍时得到"人文区位"的启发，而且他认为这是一门大有发展前途的学科，和值得探索的一个思想领域，甚至向他儿子提出建议作为自己的专业来考虑。尽管他儿子并没有接受这意见，但派克老师自己却一直在考虑这方面的问题。

派克传记的作者曾说："派克对社会学的爱好，最初是新闻媒体在1908年已经看中了的。1903年初次动情于集体行为，1912年结识了种族关系，最后倾心的是人文区位，到1921年才开始在他的著作里公开。"

人文区位学英文是 Human Ecology，是生物科学和社会科学交叉的学科。Ecology 最早是1866年德国动物学家 Ernst Haeckel 最早采用的名词，字根是希腊字 Oikos，意思是"生活的地点"（the place where on lives）。

生物学里的区位学是研究植物和动物生长的地区和其环境的协调关系，用以理解其兴衰消长的现象。派克教授认为这个概念也可以用来研究人类群体居住的社区。在《引论》中说："社会的经济组织作为自由竞争的一种结果，就是它的社区组织。因之，在植物及动物区位学外还有人文区位学。"1920年派克开了一门课程就称作人文区位学。在课程简介里说"决定社区的地址和发展的地理和经济因素，社区的不同类型，贸易地带，交通和运输形式的作用，贸易及其服务的分布和分散，社区问题的背景"。1930年他写了6篇文章阐述人们生活上表现区位格局的具体例子和理论上的阐述。他提出许多社会学上的重要概念，如生活网络、生存竞争、集体行为、社会的生物基础和社会平衡等等。他指出人类的社会之所以不同于植物和动物的社会就在于建立在不同的水平上，人是在文化的水平上，而动植物是在生物的水平上。

在生物水平上主要特征是竞争。在植物和动物中竞争是没有限制的。这样形成的群体是无政府状态的，是自由的。而在人类却不同。人和人之间的竞争是有限制的，受到风俗及共识的限制。人的社会是超出了生物性的竞争并采取了高级的和复杂得多的种种限制下产生的。

1918年他在课堂上曾举过一个植物界的例子来说明区位的变化。在北Carolina Piedment的一块农田如果放火烧过抛荒后，生物学家可以预言，5年后这块荒地就会杂草丛生，到第6年可以散播松树的种子，下一年将会看到一片松苗，这片松林如果在150年后又种入硬木类的树苗，250年硬木林就会取代松林。这是说一种植物会在一块地上在一定时期里取代另一种植物。他接着讲他1933年在南非看到的情形。他说最早居住在这里的是Bushman，他们以狩猎为生。然后来了 Hottentot 人，他们还是从事狩猎但是开始了畜牧。他们和 Bushman 发生冲突，因为 Bushman 用毒箭射杀 Hottentot 人畜养的牲口。结果是 Bushman 被赶入 Kalahari 沙漠。后来又来了 Bartu 人不只是狩猎和畜牧，而且开始耕地和种植 Kaffir corn 了。其后又有 Boers 进入，居住在 Transvaal 和 Orang Free State。他们把当地的土著都征服了，并把他们作为奴隶又占有了土地，组成大家庭，实行家长统治。最后英国人来了，这里发现了金刚石，英国人就长驱直入。1884 年建成了 Johannesburg 一个巨大的城市，1887 年又发现了金矿，南非就是这样从孤立和封闭状态进入了国际社会和新的世界性文明。

这里看到一个地区居民的继替过程，原始文化的居民需要广大土地来养活他们的人口，最后善于利用这片土地的人占据了这片土地。

派克老师在他所谓人文区位学里最重要的核心在他把人文世界分为四个层次，基层是和动植物等同的，称之为区位层或生物层，往上升一层是经济层，再升一层是政治层，最高是道德层。

他还有一个突出的见解是层次越是向上升级，人的自由就越是递减。因为他认为人和其他动物及植物的差别是在人用文化来制约自己。他说:"有意思的是这几个层次像是堆成了一个金字塔。区位层是基础，道德层是最高。一个人完全进入了社会秩序也就是全部生活都被组织在群体里，处处要服从整体的意志了。竞争是发生在基层生物性的自然秩序里，植物和动物群体里的个体是不受群体节制的。到了文化层，个人的自由就完全受群体的习俗、意识和法律的控制了。"他说从个人来说，自由的要求也是跟年龄而变化的。儿童时期谈不上自由，成年后为自由而斗争，年老了，也不那么想自由了。1934年他在芝大的一次公开演讲里说："人总是在想摆脱社会对他的拘束，想得到自由，要摆脱的是什么呢？还不是社会定下的要他们遵守的规矩么？"他收入《论城市》这本书中他写的一篇文章《社区组织和青少年犯罪》中，更耿直地认为群体生活为人们立下了种种限制人们行动的规则和法律，青少年不接受这些人为的限制，就成了违法、犯罪。从个人角度来说他们要的是自由；从社会的角度来看，他们是犯错误。派克老师并不是故意标新立异、危言耸听，而是要指出生物性和社会性两个层次的矛盾。他这个看法反映了当时美国正处在社会激烈变动和严重的经济危机之中。1938年，他说："现代的世界上看来欧洲的经济正在重复罗马帝国兴亡的轨迹。商业正在破坏古老的秩序，为扩大生存空间而争斗。这场争斗会建立起新的体系。新的生物性的基础正在给新的世界性社会奠定基础。"派克不相信任何平衡状态是永恒的。变动是不会停止的，世界是一个不断更新的过程。人文区位最终的任务就是研究生物秩序和社会秩序两者如何取得平衡的过程，以及一旦两者的平衡破坏后，怎样重新取得调整。也许可以用潘光旦先生的位育论来说，这就是"致中和，使天地位焉，万物育焉"。人要位育于天地万物之间。

这些有关人在天地万物之间的地位和发展的种种思想，在派克老师的一生中不能说已有成熟的看法。他本来打算和麦根齐合作把这方面的想法写成一书，而且在1924年7月麦根齐也回信同意了这个建议，他仅在这年的秋季在华盛顿大学开了一门课程称人文区位学。1925年，在社会学会年会上专设一组讨论人文区位学。1926年和1932年，派克自己在芝大开了这门课程。在1937年派、麦两人又会合在一起花了一个暑期为该书写出了42页的大纲。这份大纲主要是要讲明，人的集体生活里在一般所谓社会层次之下是否还有一个共生的或区位的层次，以及这两个层次即区位秩序和政治道德秩序之间的区别和关系是怎样的。他们还在1933年和Ronald Press签了出版合同。但是这本书始终没有完成。这事的经过和原因我们不必去追究了。总之"人文区位学"是派克没有能及身看到它成为一门学科。他提出的基本问题也并未得到最后的结论。

派克老师没有能安心下来完成这本"人文区位学"的一个原因是他在1936年秋季应邀到Fisk大学去讲学。地点是在Nashville。这是美国大学联合会把它列入A级的黑人大学。我们不必去揣测为什么这位老师要把晚年花在这所大学，而且一直呆到他离开人世，一共8年，从1936到1944年。他又不愿意听人说这是为了他对黑人特别亲热，有点偏心黑人，因为他一直反对用感情的偏向来看待种族问题的。实际上，他在这8年里经常往返访问美国及加拿大各地。自从他环游世界回来后，美国公路网和汽车产业大为发展，他这时也购买了一辆当时新式的Ford V-8。但他已年过七十，并没有学会驾驶，但是总是有学生愿意为他开车，因为在车上可以听到这位老师的种种高论。他在这段期间里的确用汽车访问过很多地方，在别人记忆中留下大量值得追忆的印象。

8年时间过得很快。但是不幸的是在他弃世之前的1941年12月发生了日本袭击珍珠港事件，我并不知道他当时的反应。矜持的日本人到这时刻暴露本性了。美国果然最后以原子弹报复了日本的偷袭。但这笔种族关系上的账应该怎么算法，我只有在另一世界里去请教这位老师了。

他对这次世界大战有一些看法在生前表达过。他觉得贸易将为新的世界社会打下生物性（区位学的）的基础，但是从社会层来说却有一堆如碎片般合不成一块的众多国家，这个状态并不妙。1939 年他曾说："看来有一种类型的社区，它的成员间在生存上相互倚赖，要分也分不开，但它们一起的集体行动却什么也发生不了，我们现在也许就处在这种状态的世界里。在这个世界上人类已进入共生（symbiosis）的关系之中，但是无力采取集体的行动（collective action）。"

看来我们这位老师这时是很失望和困惑的。他在答复战争是否和地狱一般，他说这很难说，因为我们对什么是战争还没有恰当的概念。有人问他信什么宗派，他回答他信过不同的宗派，最后觉得宗教本身是一个健全的个人和美好的社会不能缺少的。他在 1944 年春的音乐艺术会上说："建筑在机械基础上的世界秩序一定会被一个建筑在相互了解基础上的世界秩序所代替。一个由商业和外交建立起来的国际社会必须以人和人之间的友谊和道德来支持。音乐、戏剧和艺术比了语言这种理性的交流更为朴实和直接。" 1944 年他在《现代世界的使命》一文中在思索，在这个激烈变动中的世界里人们在惶惑那些被认为领导他们的人心中是否有底，他说："我们像那些希腊的思想家那样站在一个新的世界上，因为这个世界是新的，我们感觉到不论是看不到全面的人或是见闻有限的实行家，甚至具有科技修养的人，包括社会科学在内，能对我们有多少帮助。"

在这种精神状态下，派克老师还是不肯停下来。1943 年 6 月中他还是到南 Dakota 乡间去视察农民收获土豆。这原来是块穷地方，他看了高兴地说："他们翻身了，土地又绿起来了。满地奔跑着猎物，鸟在树上歌唱。"但不久到了夏天他犯了一次心肌梗塞，他感到事业还正在开始他怎也舍不得放下。1943年10月他给儿子Edward写信说:"我想到很多东西要告诉你,我突然觉得劲道又来了,像是埋得很深的根上又在萌发新芽。我相信至少我在这里还可以再过一个夏天。"

他在医生警告他此生的日子已不多时,他想起了要写他的自传。他告诉他的朋友休斯说,"我要写下我思想的自然史"(the natural history of my mind)。他所说的自然史是一件东西自身的发展过程。他自己明白他思想里的各种想法是怎样形成的,怎样变化和发展的。他想把这些思想的变化过程写下来。他在这年的2月10日给他女儿写信说:"我要把我对人的本性和对社会的本性的看法都写出来成为一个记录。不是为了家里的人回念我,而是为了研究社会心理学和社会学的人留下一个自述性的文件。"

他希望他的孙女Lisa能帮助他写这篇自传。10月18日去了一信,信上说:

> 你9月里的来信我已收到。我曾想立刻复你,但是那时我身体不行,心跳得像只小猫,血压上升,遍身寒冷,我心里不痛快。现在我好些了,所以想给你写信,告诉你一些想到的事。你说你想写一本关于太平洋战争的小书,这是个很好的计划,即使不能像你所想的那样写出来。
>
> 我要想跟你说的,第一件是赶快学会中国话和中文。我昨夜没有睡着时想到如果我要写这本书应当怎样开始。我想我要到北平去,如果日本人允许我。我要熟悉这个城市。北平是这个世界上最美丽的城市,至今还没有人把它好好地写出来过。它有三道或四道城墙,合而为一,中国城、满洲城

和紫禁城，还有个多少是欧化了的城。其中三个各有自己的城墙，一个套一个。中国的城墙本身是个有意思的题材。北平的地下世界，我曾见到过一些，因为我访问过一个出售查获赃物的市场，我也读过一个惯贼的自述，他讲了怎样躲避警察追捕的故事。我不能把有关这城市的故事都告诉你。你和 Pete 自己去看吧。好，我不讲有关北平的事了。因为老实话我对它并不知道多少。但是我满怀希望能多知道一些。麻烦的是"时间太少了"。我正在读一本 John Marguand 写的书，书名就是《时间太少了》(*So Little Time*)。他一遍一遍地重复这句话，我自己甚至每个小时也跟着他在想"时间太少了"。但是你和 Pete 有的是时间。我劝你们马上做这件事，越快越好。一定能享受到这次旅行的一切。

发出这封信后，在该年的 12 月中旬，他的病又告急了。到 1944 年 2 月 7 日结束了他的生命。据他朋友 Brearly 说在最后的日子里，他还在思考法律社会学、知识社会学和传教士对文化传播等问题。另一个朋友 C. Johnson 说："他的脑子不停地在思考，他从不丧失对生命的热情，在探索人的行为的边界，即使在最后日子里，不能说话的时候。"

如果他多活 7 天，他就到 80 岁的生日了。

后　　记

以上的补课札记写了二十一节可以告一段落了。我说明了为什么想到要补课，为什么从社会学入门课补起，为什么想到派克老师。同时也讲了我打算通过搞清楚派克老师的一生经历来帮助我理解他思想发生和发展的经过，使我能进一步学习他的社会学。

这次决心补课是前年下的主意，1998年6月开始温习旧课，到现在已快两年了。时间过得很快，但是补课这件事并没有结束，而且可说越补越感到自己学识的不足，越是想补，看来在知识的领域里我到了老年才开始真的踏上实地，真的明白了自己的贫乏，因之越来越想补，没有个结束和完成的界限。人生也许就是这回事，有始而没有终。但人是有终的，我到此告了一个段落再说。

我现在感觉到这个补课的决心是下对了。在这两年里我的确有点乐在其中，使我觉得心上总是有事要做，日子过得很容易，同时也比较踏实，有个奔头。

这次补课自己觉得也很有收获。以前我也读书，但总是有点不求甚解，不常联系自己。这次我从派克老师的一生经历入手去看他的社会学的长成，这就把我拉进了他的实际生活，看他的思想怎样一步步发展起来。学术思想是不能不从学人的身世和他所处的时代相结合的关键上去把握和去理解的。这样入手，使他的社会学活了起来，他的社会学也反映出了美国社会在这一时期的面貌，个人和集体一旦结合就越看越有滋味、越有意思。

我取得这种补课的方法，不能不感谢 E. Hughes 先生 1979 年送我的这本派克传记。这本书是罗森布什（W. Raushenbush）写的。我在补课开始时的确不知道这位著者是何许人。这也说明我读书不认真。其实在这本派克传记里就几次提到过他的名字，因为他曾在派克教授研究外籍移民的美国化问题时，和后来在太平洋沿岸调查种族关系时，都当过派克老师的助手。我最初阅读派克传时这个名字竟在眼前滑过去了,没有注意,到今年一再重读时才注意到。

我要感谢他,因为他这本派克传启发了我结合派克的生平来读派克社会学。不仅在补课方法上开导了我,而且实际上给我提供了这位老师一生的基本事迹,成了我写这本《补课札记》时最基本及最得力的依傍,我称它为我写作时不能缺少的拐杖。

我写完了这份札记时才恍然大悟,罗森布什这本派克传原来是实践派克老师临终前所表达的一个遗愿,就是他想写一本有关他的思想的自然史。他自己这个愿望没有实现,但这位老助手最终按这位老师所主张的写自然史的方法,写出了这本派克传,而且赶上我在1979年访问美国前出版了。这一连串的机遇,使这本书能传到我手中,而且经过不少看不到的运作会在我想写《补课札记》时出现在我手上。

"自然史"是派克老师在史学上的创新。这是一种写历史的方法,作为对一件史实始末经过的记述。派克老师的遗愿是把他社会学的思想怎样发生、修改和发展的经过写下来供后人参考。他的老助手就按老师的遗愿写下这本派克传,又由老师的门生休斯先生写了序言和后记,还亲手送了一本给我。这段因缘是客观历史事实,当我明白了这段经过,对我不能不产生这是"天助"的感觉了。

我在札记里已谈过罗氏的派克传其实是美国社会学自然史的一部分。它不仅叙述了派克老师怎样从一个密西西比河上的儿童长成为美国有名的社会学家的经过,而且也讲出了美国社会学成长经过中的一段重要的部分。

写这本《补课札记》时还有一段衷曲在我心头,那就是我这一生也许最后还可能完不成的一个自己承诺的任务,"重建中国的社会学"。这件事的来由我不必在此多说,我之所以要补习社会学的实际原因是我总觉得我这一生有一桩事还没有好好交代。那就是我答应带头在中国重建社会学这门学科。这是20年前的旧事。实际上,即使我再有20年,这个诺言还是难于实践。同时我届时还会感到不太甘心。

为了在中国重建社会学我已花费了20年,没有如愿实现。我只能怪自己能力不足,因而还想通过补课再补足一些。在补课时心里也总是系念着这桩心事。如果有人愿意读这些札记,希望也能理解我这番心情。

我在这时又找到派克这位老师,一方面是为了要把我一向主张的重建社会学的来源理一理。我所学到的社会学以及怎样去搞这门学科,实际上受了派克老师的影响。派克老师要建立的社会学是一门研究社会的科学。作为一门科学就必须是实证性质的,就是杜威所提倡的实证主义的社会科学。用派克老师的话来说是以实际社会生活为基础得来的科学认识,从实际社会生活里长出来的科学知识。用现在大家熟悉的话说就是理论必须联系实际。以我个人说,我这个做学问的基本道理可以说最初是从派克老师口上听来的,那就是上他第一堂课时他说他不是来教我们怎样读书而是要教我们怎样写书。从1932年到现在已经过去68年,这68年里我的确按他的教导写了不少书。书里说的话是不是符合实际,是可查可考的,身后自有公论。饮水思源,我不应当忘记这位老师。

现在来说派克老师究竟已是个历史人物了。他的教导是不是已经过时,我们应当想一想。现在时行的是开口闭口讲"后现代"，而派克老师所处的时代至多只能说是现代的初期，就是美国进入了机械化、城市化时代的前期。我在写这位老师的早年时特地指出，实际上他所诞生的美国中部地区，当时还刚刚踏进机械化和城市化的初期，甚至在密西西比河上的儿童们还尝到过乡土经济的味道。他到10岁时才有小学校可进，他的父亲从南北战争退役回来在小镇上开办一家小杂货店，也许可以说明和我们当前沿海地区的小城镇的景况还相差不远。如果说派克老师现在是过时了，但他的一生中还有一段和我所熟悉的生活是相似和相近的。他的思想正反映了美国机械化和城市化这一整段的变化。我们口头上尽管可以多讲讲"后现代"，而我们的生活实际也正处在踏进"现代化"的初期，就是机械化和城市化的初级阶段。从这个历史阶段的比较上我认为不是"过时了"，而甚至可说是"正当其时"。

以社会学的处境来说，派克老师给它当时所处的定位是"还在生长中的时期"。我们现在自己的社会学所处的地位，也许还不够"生长中"的水平，严格一些说也许只够说还在"摸索阶段"。因为我有这点体会，所以在补课时，我直觉到这位老师所碰到的境遇我还可以觉到比较亲切。我还认为当前我们一下就想学会"后现代"恐怕还不太实际，我们还是向世界上其他先进地区的"现代化"过程多学习学习为好。如我这样说是有一些道理的话，应当认为我从重温派克社会学入手来吸收一些我们"重建社会学"的养料是做得对头的。

我记得提出"重建社会学"的任务是1979年。不久乔木同志就打发社会科学院里一批研究人员去美国访问。原定乔木同志要亲自带队去美的，后来改由宦乡同志出马。我也参加了这个队伍，虽则我头上的"摘帽右派"的帽子还没有摘掉。我的任务是去看看当时美国各大学里的社会学和人类学的情况。我在这次访问中特地去找我的老同学杨庆堃先生。他是和我一起1932年在燕京大学听派克老师讲课的人。他从燕京毕业后就去美国留学，继续学社会学。后来在第二次世界大战期间美国种族歧视受到群众的冲击有了改革，开放许多禁地，到那个时候有色人种也才可以进入大学里当教授，享受 tenure。我这位老朋友因而在匹兹堡大学里获得了社会学教授的地位，而且当我去访问时，他在教授中又获得了一个荣誉的名衔。我们多年的友谊和共同的志趣，把我们又拉到了一起。他不仅同意全力支持我们在中国重建社会学，我们一起策划了一个具体的培训社会学教师的计划，由他邀请匹兹堡大学社会学系教授出马帮助我们实行这个计划。他又因为曾经有一段时期在香港中文大学教过社会学这门功课，而且帮助他的学生去美留学和返港办系，他又具备动员中文大学社会学系的力量使他们参加我们的培训工作。这两股力量在我们重建社会学的工作上发生事实上的推动作用，而且无偿地提供了这种无私的助力。没有这位老朋友的鼎力协助，我们连那个速成班性质的培训计划都搞不起来的。我借这个写这篇后记的机会记下这一笔历史，并对我的老朋友、老搭档表示深切的铭感。他是去年谢世的。他叮嘱家人，不向同人们发送讣告和不受吊唁。我尊重他的遗嘱，只在这里加这一笔，以纪念他对重建中国社会学的关怀和所做出的贡献。

我这本札记写到这里决定告一段落。从诞生到逝世，派克老师的一生我已大体上讲了一遍，但是我已说过他的社会学思想并未结束。他的思想库还有很多东西他带走了，特别可惜的是他对这个世界当前的大变局已有所先见之明没有更明白更具体地写出来。他只从他所打算写出来的人文区位学里提到这个世界上的人类将要产生一个全球化的共生体系，但没有相应的在其上层的共识体系里完成一个道德秩序。这是他的诊断，当前我们所碰到的种种困惑，根本原因就出在这里，我认为这位老师是有科学的预见的，而且也已经指出了我们努力的方法。我在结束这篇后记里应当提出这一点。

共生体系和共识体系是派克老师的社会学的基本概念，即他这方面思想理论的关键词。共生体系英文是symbiosis，共识体系英文是consensus。他是从"人之异于禽兽者何在"这个问题上下手看到人之所以为人就在他有智慧，人心可通，在心心相互可以相通的基础上，在群体中形成共识。群体不是人的特有，鸟兽亦可以同群，但鸟兽的群体里的个体间没有性灵上的相通，就是缺少这一点"智慧"，它们和人类差了一级。派克老师讲社会，社会和群体有别。群体就是聚众成群，群体里的个体要能互相了解，有个共识才成为社会。鸟兽可以有群体有集体行为，但没有社会，不能像人类一样个人之间可以相通，在认识上能取得一致，建立共识，这个共识可以代代相传，而成可以积累的文化。文化应当说是人类所特有的，世代相传。人是有历史的动物。群体和社会的区别就是派克老师所说共生和共识的区别。共生是生物界的共同现象，而共识和在共识基础累积的文化和历史，是人所特有的也就是"人的特性"（human nature）。共识这层发生了一个他所说的道德秩序或道德层面。这个层面是人类所特有的。

派克老师的人文区位学是要把人作为和鸟兽相同层面的这个生物人，怎样发展成和鸟兽相异层面的道德人的过程分析出来和讲解清楚，成为科学的社会学体系一部分。这本人文区位学在派克老师的知识库里没有达到完成体系的程度，至少是没有用语言文字表达出来使别的人有共同的认识，成为有此共识的人的文化，在人类中推广和传袭，成为社会科学的一部分。这是他的一部未完成的曲调。有没有继起者把它完成，那是难说了。

派克是个好老师，而我不是个好学生，很多他早在70年前已说过的东西，我要到老来才仿佛有点一知半解。对他这部未完成的曲调，我只能理解到现在我们这个所谓人类的"后现代"时代，也许其实正是派克老师曾指出过的那个已形成了一个全球的共生体系还缺一个相配套的共识或道德体系的半完成状态。而当今和今后一段时期的人类的责任也许就在把未完成的完成起来。

在这里我想到了另一位老师，死在我怀里的潘光旦老师。他在70年前已经用中国语言表达了派克老师用拉丁语根拼出来的英文字来表示的人文区位学，潘光旦老师用了我们两千年前老前辈孔孟的经典上的话来表达同样的意思，至少是相通的意义。我们中国文化里的老话就是潘老师所提出来的"位育论"三个字。我在这篇后记里大胆地把两个老师拉到了一起。我不是个好学生，一个老师的书还没有温习好又牵出了另一位老师。人生苦短，我手边还有多少块钱，可以供我这样去花销呢？

最后我想在这篇后记里声明的是有朋友曾建议我不必把罗氏的派克传作拐杖，不如老老实实把这本书翻译成中文来得完整。我原本应当接受这位朋友的意见，但是我早年所学的英语已经老化了。英文书籍阅读时都常感到困难，不仅常要查字典，而且发现我用的字典也许已陈旧过时，很多生字查出来的译文，用到原文里去，我还是弄不清究竟什么意思。只能凭感觉猜测。要认真翻译我已做不到了。

我还是用派克传作拐杖为好，我看着这本书，要用哪一段就用哪一段，看不懂的就略过了。我还可以顺着我的思想要加一些话，就加一些，我也可以不用拐杖自己跨步，按自己的思路写我的札记。我在这里说清楚我用札记两字就是指这是写来为自己备忘之用，不是为别人写来传达什么别的用意的。我在自己备忘录中要写什么就充分可以自主，自由思索，自由表达。当然写出来之后，有人愿意看我并不反对，那是别人的事。在我说我的备忘录不仅为自己备忘，也可以为别人备忘。我只求写札记时不受拘束而已。

最后我应当对为我这次补课和写札记服务的人表示我的感谢。我究竟有了点年纪了，做事不可能太利落，不求人。我要借书、还书，要写稿、抄写、打印，样样要自己来做，已经不行了，我处处要求助于人。再说一句，对那些为我的札记出过力的人，我表示感谢。

2000年3月15日于北京北太平庄

费孝通先生大事年表（1910—2005）

1910年　11月2日，生于江苏省吴江县县城（旧属苏州府）松陵镇富家桥弄一个传统的，同时又是一个善于接受新思想的知识分子家庭。

费孝通的父亲费玄韫（璞安）曾在科举考试中取得生员资格，1905年赴日本留学，读教育专业。回国后兴办新学，曾任江苏省教育厅视学，一生致力于教育。母亲杨纫兰毕业于上海务本女学，受到过良好的教育，是一位敢于开风气之先的杰出女性。

1911年　7月，杨纫兰在松陵镇积善弄创办私立吴江县第一蒙养院（幼稚园）。

9月，吴江县议会成立，当时在南通任教员的费玄韫当选议长。

10月，辛亥革命爆发。

1913年　入吴江县第一蒙养院，"开始（接受）正规教育"。该院后来并入爱德女校，成为该校附设的幼儿园。

1916年　入吴江县第一初等小学（俗称雷震殿小学）。喜欢听校长沈天民所讲授的"乡土志"课，认为乡土志讲的"都是些有关我们熟悉的地方，想知道的知识"。

1920年　举家迁至苏州城十全街，入振华女校（今苏州第十中学）读书。

1923 年　升入振华女校初中一年级。

1924 年　转入苏州东吴大学第一附属中学。在商务印书馆主办的《少年》杂志上，发表了《秀才先生的恶作剧》《一根红缎带》等文章。

1925 年　在《少年》杂志发表《新年的礼物》，文中写道"新年的快乐，本来不是少数人的，应当使全人类都快乐。尤其是穷人和老人"。

1926 年　继续在东吴大学附属一中读书。

1927 年　在《少年》杂志发表《圣诞节的话》《圣诞节续话》。开始参加苏州进步青年的一些政治活动，担任苏州《民报》副刊编辑。协助二哥费青办平成义务学校。

1928 年　入东吴大学医预科。在《少年》杂志和东吴一中毕业纪念刊《水荇》上发表《年终》《雪花》《一封未寄的信》《死》《桂花》《冬》等文章。

1929 年　任东吴大学学生会秘书、校刊通讯秘书，参加东吴大学学潮。

1930 年　夏，参加上海沪江大学暑期学习班。
秋，由东吴大学转入燕京大学社会学系，师从吴文藻老师。

1931 年　参加北平学生反对日本帝国主义侵占我国东北三省的游行示威活动。
翻译《印度农村改造问题》一文，刊于《社会问题》卷1第4期。

1932 年　参加燕京大学社会学研究班，听美国著名社会学家派克教授讲学。

以姐姐费达生的名义发表《提倡小规模制丝合作社》一文，刊于《国际贸易导报》卷4第6号。与费青合译《中国战争目击记》（又名《龙旗下》），刊于《再生》卷1第7、8、9期。

1933年 燕京大学社会学系毕业，获社会学学士学位。撰写毕业论文《亲迎婚俗之研究》。考入清华大学研究院社会学部，师从史禄国教授。

这期间所写的《人类学几大派别——功能学派之地位》刊于《社会思想》第24、25期；《中国文化内部变异的研究举例》刊于《社会问题》第9期；《社会变迁研究中的都市与乡村》刊于11月5日的《北平晨报》；《我们在建设乡村事业中的经验》刊于《独立评论》第75号。

1934年 在史禄国教授指导下专修体质人类学课程。所写的《周族婚姻制度及社会组织一考》刊于《清华周刊》卷41第7期；《论社会组织》《从社会进化到社会平衡》《分析中华民族人种成分的方法和尝试》，分别刊登在2月7日、3月7日和10月17日的《北平晨报》；《论内省及意识》刊于天津4月25日的《益世报》；《复兴丝业的先声》刊登在5月10日《大公报·乡村建设》。

1935年 翻译《社会变迁》一书。到北平清河军营对那里的士兵进行人体测量。和王同惠一起开始翻译《甘肃土人的婚姻》。

6月从清华大学研究院毕业，获硕士学位。毕业论文是(1)*Anthropology of Koreans* (2) *Anthropology of Criminals in Beiping*

	8月与王同惠结婚、同赴广西省大瑶山做特种民族研究的课题。途中以《桂林通讯》为总题，报告田野工作情况，文章刊于《北京晨报》、天津《益世报》和《宇宙旬刊》。

8月与王同惠结婚、同赴广西省大瑶山做特种民族研究的课题。途中以《桂林通讯》为总题，报告田野工作情况，文章刊于《北京晨报》、天津《益世报》和《宇宙旬刊》。

12月16日在转移调查地点途中，因向导失引，费孝通误踏捕虎陷阱，身负重伤，王同惠觅援求救途中失足落入山涧，溺水遇难。调查被迫中断。

1936年　年初在广州柔济医院疗伤，开始整理、编写《花蓝瑶社会组织》。

6月回家乡养伤。

7月初至8月在江苏省吴江县开弦弓村做实地调查。

9月初从上海乘轮船赴英国留学。

10月入英国伦敦大学政治经济学院，师从马林诺斯基教授。

1937年　在伦敦大学政治经济学院学习，参加"席明纳"（讨论会）、研究文化变迁问题。在马林诺斯基指导下整理在开弦弓村调查的资料，撰写博士论文。为天津《益世报》开辟《伦市寄言》专栏。

1938年　春，申请论文答辩。

夏，*Peasant life in China*（中文译名《江村经济》）通过答辩，获哲学博士学位。

秋初，离英返国。

10月底，抵达云南省昆明。

11月15日，赴禄丰县做实地调查。

12月，任云南大学社会学教授并在西南联大兼课。

1939年　博士论文 *Peasant life in China* 在英国出版。马林诺斯基

为之作序，称该书"将被认为是人类学实地调查和理论工作发展中的一个里程碑"。

主持云南大学和燕京大学联合成立的社会学研究工作站的工作并任研究员。

1940年　因日军轰炸昆明，社会学研究工作站迁至自贡魁星阁。

是年所写文章多刊于《今日评论》，如《农村土地权之外流》《土地继承和农村的粉碎》《患土地饥饿症者》《农家费用的分析》《西南工业的人力基础》等。

1941年　任云南大学社会学系主任，除授课外，大部分时间用于魁星阁工作站的实地调查。

有大量的时评、政论及学术论文发表。分别刊于《今日评论》《星期评论》《东方杂志》《当代评论》《社会科学学报》。

1942年　继续指导学生进行实地调查。

12月，接受赴美进行文化交流的邀请。

是年发表文章所涉及的报刊范围又有扩大，除前述者外，又在《中央日报》《大公报》《旅行杂志》等报刊发表文章。

1943年　年初，与潘光旦教授等人赴大理讲学，并写《鸡足朝山记》在《生活导报》周刊连载。

6月赴美国访问，写《旅美寄言》系列文章。所著《禄村农田》一书作为吴文藻主编的《社会学丛刊乙集》的一种，由商务印书馆出版。

1944年　上半年继续旅美访问活动，《旅美寄言》系列文章在《生活导报》连载。

	7月返回中国，继续在云南做内地农村调查。
	译著《人文类型》作为吴文藻主编的《社会学丛刊甲集》第三种，由商务印书馆出版。
1945年	被清华大学聘为教授，由云南大学转入西南联大，仍主持云南大学社会学系工作。被推举为《时代评论》主编。是年加入中国民主同盟。
	英文版 *Earthbound China* 即《被土地束缚的中国》（中文版书名为《云南三村》）一书在美国出版。同时有大量的时评、政论性文章刊登在《时代评论》《大公报》《中央日报》《自由论坛》《民主周刊》等报刊上。
1946年	夏秋之交，因"李闻事件"到美国驻昆明领事馆避难。
	10月，由昆明去南京后去苏州。
	11月，应英国文化交流协会邀请访问英国。《人性与机器——中国手工业的前途》《初访美国》《民主、宪法、人权》等书均由生活书店出版。另有时评、政论、随笔等多篇文章刊于《上海文化》《文萃》《时事评论》等刊物上。
1947年	2月，离开英国途经新加坡、香港地区返回上海。
	3月，到北京，继续在清华大学执教，任社会学教授。《重访英伦》由大公报馆出版；《生育制度》由商务印书馆出版；《美国人的性格》由生活书店出版。另外还有近70篇文章分别刊载在《世纪评论》《观察》《知识与生活》《大公报》等报刊上。其中《从社会结构看中国》系列和《杂话乡土社会》系列文章引人瞩目。
1948年	4月，赴西柏坡参加中共中央与各民主党派和民主人士

共商筹备政协、成立联合政府、制定共同纲领的会议。

继续撰写大量关于时评、政论和学术论文,并参加迎接北平解放的活动。

《乡土中国·乡土重建》由上海观察社出版;与吴晗、袁方等合著的《皇权与绅权》亦由该社出版;《炉边天下》和《乡土复员论》两个系列,分别刊于《大公报》和《观察》杂志。另有大量文章发表于《中国建设》等刊物上。

1949年　5月,出任清华大学校务委员会委员、副教务长。

9月,参加中国人民政治协商会议第一届全体会议。

10月1日,参加中华人民共和国成立大典。

1950年　6月,被任命为中央民族访问团团长,率团访问贵州少数民族地区。

发表《什么叫搞通了思想》《不改造就落后》《解放以来》等文章。

《大学的改造》一书由上海公司出版;《我这一年》一书由三联书店出版。

1951年　1月,从西南返京。

6月,出任中央民族学院副院长。

8月,被任命为中央人民政府民族事务委员会委员。赴广西少数民族地区考察。

当选为中国民主同盟中央委员会委员、中国民主同盟北京市委员会副主任委员。

在《新观察》杂志发表《兄弟民族在贵州》系列文章后,由三联书店结集出版。

1952年　在中央民族学院担任组织教学、科研和行政工作，继续进行民族问题的研究。

《关于广西壮族历史的初步推考》等多篇文章，分别刊登在《新建设》和《新观察》等杂志上。

1953年　春，出席纪念斯大林逝世座谈会并发言。另有《打开了和平大门》一文刊于《光明日报》。

1954年　春，当选为全国人民代表大会代表。

9月，出席第一届全国人民代表大会。访问内蒙古自治区呼伦贝尔草原。是年有多篇文章分别刊登在《光明日报》《新建设》等报刊上。

1955年　赴南京、苏州、杭州等地调查知识分子问题。

《话说呼伦贝尔草原》系列文章在《新观察》杂志上连载。

1956年　8月，赴西南进行少数民族社会史和知识分子问题调查。

10月，被任命为国务院专家局副局长、国家民族事务委员会副主任。

《话说呼伦贝尔草原》一书由通俗文艺出版社出版；另有多篇文章刊于《新观察》《光明日报》《人民日报》等报刊上。

1957年　1月在西南调查民族社会史和知识分子状况。任中国科学院学部委员。

2月，在民盟中央有关会议上汇报了关于知识分子的情况。

3月18日，在《人民日报》上发表了《知识分子的早春天气》一文。

4月下旬至5月中旬，重访开弦弓村调查农村经济情况，写《重访江村》一文，刊于当年《新观察》的11、12期。

	5月31日，在《光明日报》上发表了《早春前后》一文。 7月，被定为右派分子、受到批判。
1958年	撤销民盟中央盟内一切职务。国务院专家局、国家民族事务委员会、中央民族学院的行政职务亦被解除。保留教授职位。
1959年	4月，当选全国政协委员、出席全国政协会议。 12月，摘掉右派帽子。 配合当时中印划界工作，收集、翻译有关资料。
1960年	赋闲在家。
1961年	赋闲在家。
1962年	夏，随全国政协视察团考察内蒙古。 撰写回忆文章《留英记》。
1963年	翻译《工业文明的社会问题》。
1964年	《工业文明的社会问题》由商务印书馆出版。
1965年	赋闲在家。
1966年	9月1日，受"文革"冲击，被抄家，遭批斗。
1967年	接受批斗改造。看护老师潘光旦，直至潘老师病逝。
1968年	在中央民族学院"劳动改造"。
1969年	到湖北潜江中央民族学院五七干校劳动。
1970年	在干校劳动。
1971年	在干校劳动。
1972年	8月，由干校返京。接待来华访问的费正清夫妇。与吴文藻、谢冰心等人翻译《世界史》。
1973年	继续翻译《世界史》。开始翻译《世界史纲》。
1974年	4月，接待来访的日本人类学家中根千枝。

1975年　《世界史》一书由三联书店出版。

1976年　参与中央民族学院研究室的内部刊物《民族问题资料摘译》的编译工作。

1977年　撰写《蓄意歪曲，无耻篡改》一文，批判江青关于"'母系社会'就是女人掌权"的谬论，刊于《中央民族学院学报》。

出任中华人民共和国最高人民法院特别法庭审判员。

1978年　担任中国社会科学院民族研究所副所长。

11月，赴日本出席联合国京都东亚学者学术讨论会，发表题为《对中国少数民族社会改革的体会》的演讲。

12月，参加广西、宁夏两自治区庆祝活动。重访广西壮族自治区金秀瑶山。

当选全国政协常委、民盟中央副主席。

1979年　3月，参加有关"恢复社会学"问题的讨论会，被推举为中国社会学研究会会长，主持召开了该会首届理事会。

4月至5月，随中国社会科学院代表团赴美国考察。

10月至11月，赴加拿大访问讲学。参加加拿大蒙特利尔麦吉尔大学柯明斯讲座，发表题为《中国的现代化与少数民族的发展》的演讲。被聘为加拿大奎尔大学客座教授。

1980年　1月，任中国社会科学院社会学研究所所长。

2月，主持召开中国社会学研究会第三次扩大会议，讨论学科建设问题。

3月，赴美国接受国际应用人类学学会授予的该年度马林诺斯基荣誉奖，并成为该会会员，做题为《迈向人民的人类学》的演讲。访问丹佛大学、威斯康星大学、密执安大学、印地安纳大学、纽约市立大学、哈佛大学、芝加哥大学、加利福尼亚大学和康奈尔大学。

《访美掠影》一书由三联书店出版。

被聘为北京大学教授。

1981年　4月，赴澳大利亚讲学。

8月，三访广西壮族自治区金秀瑶山。

10月，三访江村。

11月，赴英国接受英国皇家人类学会授予的赫胥黎奖章，并做题为《三访江村》的演讲。

《生育制度》由天津人民出版社重版；《民族与社会》由人民出版社出版。

1982年　1月，四访江村。

2月，赴新疆访问。

3月，赴日本东京都，在日本国际文化会馆做题为《论中国家庭结构的变动》的演讲。

8月，四访广西壮族自治区金秀瑶山。

10月，五访江村。

12月，在南京倡议加强对小城镇建设的研究。

被选为英国伦敦大学政治经济学院荣誉院士。

《杂写甲集》由天津人民出版社出版；与吴文藻、谢冰心等人合译的《世界史纲》一书由人民出版社出版，另外有多篇文章在《人民日报》《新观察》等报刊上发表。

1983年　3月，被选为第六届中国人民政治协商会议全国委员会副主席。应邀参加香港中文大学主办的第一届"现代化与中国文化"学术讨论会。针对"中国传统文化对现代化的影响"这一主题，发表了《家庭结构变动中的老年赡养问题》的演讲。

5月，六访江村。

7月，赴贵州省，在省政协做有关民族识别问题的报告。

9月，参加江苏省小城镇研讨会，做题为《小城镇 大问题》的报告。

10月，七访江村。

《从事社会学五十年》一书由天津人民出版社出版，《重访英伦》一书由湖南人民出版社出版。是年发表的文章内容，大多是对于知识分子、智力资源开发和小城镇建设等问题的研究。

1984年　4月，赴印度新德里参加"亚洲议员人口和发展论坛"首届大会，并发表题为《中国人口的合理安排问题》的论文。

4月至5月，赴江苏省的徐州、连云港、盐城、淮阴、扬州等地考察。

7月，在香港中文大学发表题为《小城镇的发展在中国的社会意义》的演讲。

8月，赴内蒙古自治区赤峰市的巴林右旗及翁牛特旗考察。

10月，初访甘肃省定西；八访江村。

11月，赴福建省考察。

12月，赴日本参加中国对外友好协会组织的访问活动。

《杂写乙集》由天津人民出版社出版。是年发表的文章内容，多是关于小城镇发展和重建社会学的问题。

1985年　3月，辞去中国社会科学院社会学研究所所长。组建北京大学社会学人类学研究所，任所长，培养研究生。

6月，出任中华人民共和国香港特别行政区基本法起草委员会副主任。赴内蒙古自治区进行边区少数民族地区发展的调查，出席"边区开发"科学研讨会。

7月，九访江村。

8月，赴甘肃省兰州，出席"开发大西北问题"座谈会。

10月，十访江村。

11月，赴香港出席香港中文大学主办的第二届"现代化与中国文化"学术研讨会，对"中国家庭及其变迁的问题发表了《三论中国家庭结构的变动》的演讲。赴福建省闽江口考察。

12月，赴海南岛进行"地区发展与黎族苗族聚居区"的考察；参加海南开发与发展战略研讨会。

《社会调查自白》由知识出版社出版；《杂写丙集》、《社会学的探索》由天津人民出版社出版；《美国与美国人》一书由三联书店出版；《小城镇四记》一书由新华出版社出版。

1986年　2月上旬至3月上旬，初访温州。考察乡镇企业与小城镇并在杭州做了题为《小商品　大市场》的报告。

5月，赴江苏省江阴、无锡考察并第十一次访问江村。

6月，出访英国、法国、德国、意大利四国。

8月，赴甘肃省定西参加全国贫困地区经济文化开发学术研讨会；赴宁夏考察。

9月，赴南京出席"江苏小城镇研究汇报会"，并赴淮阴、盐城考察中等城市的发展状况。

被选为英国皇家人类学会荣誉会员。

《小城镇四记》获北京大学首届科研成果荣誉奖。《江村经济》一书中文译本由江苏人民出版社出版；《杂写丁集》、《论小城镇及其他》由天津人民出版社出版。

1月，在中国民主同盟五届四中全会上被选为民盟中央主席。

1987年　4月，赴河南省民权考察乡镇企业、小城镇建设。

5月，第十二次访问江村。赴湖南省常德、岳阳考察乡镇企业、小城镇建设。

7月，赴内蒙古自治区呼伦贝尔盟鄂温克族和鄂伦春族聚居区与大兴安岭林区考察。

8月，作为中央代表团成员赴内蒙古呼和浩特参加自治区成立四十周年庆祝活动。赴甘肃省和青海省海东六县考察边区与民族地区的发展状况。

9月，第十三次访问江村。

10月，赴澳门参加澳门东亚大学李约瑟讲座，并获东亚大学社会科学博士。宣读题为《中国人口分布问题的探索》的论文；发表与美国纽约市立大学亨特学院人类学教授巴博德访谈摘要《经历·见解·反思》。

11月，赴日本东京都成蹊大学，做题为《社会学中国学派和我的学术经历》的学术报告。

《小城镇四记》获北京市首届哲学社会科学研究荣誉奖。《边区开发四题》一书由浙江人民出版社出版；《边区开发与社会调查》一书由天津人民出版社出版；《沿江六行》一书由江苏人民出版社出版；译著《文化论》由中国民间文艺出版社出版。

1988年　2月，赴美国纽约接受美国不列颠百科全书奖。

3月，当选第七届全国人民代表大会常务委员会副委员长。赴陕西省宝鸡对当地城乡一体化进程进行考察。

5月，赴湖南省长沙参加"全国城乡关系和边区发展研讨会"，发表题为《压力·时机·对策》的讲话。

6月，赴香港出席香港大学主办的，主题为"宗教与伦理"的第三届"现代化与中国文化"研讨会。发表题为《论梁漱溟先生的文化观》的演讲。

7月，赴甘肃省兰州出席"建立黄河上游多民族经济开发区研讨会"。赴内蒙古阿拉善盟、宁夏西海固考察边区及民族地区发展状况。

9月，赴美国访问。

11月，赴香港，应香港中文大学邀请，在特纳讲座宣读题为《中华民族的多元一体格局》的论文。

12月，作为中央代表团副团长赴广西参加广西壮族自治区成立四十周年活动；五访金秀瑶山。接见《北京周刊》（英文版）记者，谈多党合作问题。

《山水·人物》一书由江苏人民出版社出版；《费孝通选集》由天津人民出版社出版；《费孝通学术精华录》由北京师范学院出版社出版；《费孝通外访杂写》一书由中国展望出版社出版。

《边区开发与社会调查》获北京大学第二届科研成果荣誉奖。《社会学概论》获国家教委高校优秀教材二等奖。

1989年 1月,赴广西、湖南、广东三省(区)的南岭地区考察。

3月,在"公共关系学讲习班"开学典礼上发表《从私交到公关》的演讲。

4月,率中国民主同盟代表团出访波兰,在波兰民主党第十四次大会举办的"政治经济讨论会"上,做《异军突起的中国乡镇企业》的发言。

5月,赴陕西省西安参加"城乡发展与边区少数民族地区发展研讨会"并做《四年思路回顾》的演讲。

7月,在"21世纪婴幼儿教育与发展"国际会议上,发表题为《从小培养二十一世纪的人》的书面发言。

9月,赴甘肃省兰州、甘南及陕西省宝鸡,对地区发展及移民情况进行考察。赴香港,接受香港大学授予的文学博士学位。

《中华民族的多元一体格局》一文刊登于《北京大学学报》;发表《四年思路回顾》《甘肃行》等文章。

1990年 4月10日,在江泽民同志接见时,提出"将上海建成大陆的香港"的构想。

4月至5月,赴江苏、浙江两省和上海市的长江三角洲地区进行考察。

5月,赴兰州,参加"黄河上游多民族经济开发区"第一次协调会,做题为《开发大西北》的发言。第十四次访问江村。赴云南省访问,著《重访云南山村》。

7月,参加在辽宁省阜新市举办的"区域规划与现代管理研修班",做《结合实际 修正认识》的讲话。

8月,应苏联科学院邀请访问苏联。

10月，赴内蒙古自治区包头考察边区大工业的扩散问题。著《包头行》。

11月，赴日本出席"东亚社会研究讨论会"，做题为《人的研究在中国》的讲话，在会议结束时，写下"各美其美，美人之美，美美与共，天下大同"十六个字的题辞作纪念。

发表《人的研究在中国》《重访云南三村》等文章；《甘肃杂写》系列文章和《红场小记》刊于《瞭望》周刊。

1991年　3月，在"中国民主同盟成立五十周年纪念"大会上做题为《风雨同舟五十年》的讲话。

4月，赴苏州、吴江，第十五次访问江村。著《吴江行》。

4月至5月，赴山东省惠民地区考察。

5月，考察国家级贫困县河北省广宗县。

6月，赴四川省凉山地区考察。在《凉山行》一文中提出关于大西南"一点、一线、一面"的开发思路。

7月，赴吉林省长春、延吉、珲春、四平等地考察。

7月至8月，赴辽宁省丹东考察。

9月，赴河南省民权、兰考、郑州考察。

9月至10月，赴湖南省湘西地区、四川省黔江地区和湖北省鄂西地区考察山区的经济发展及土家族、苗族聚居地区的社会经济发展状况。

11月，赴江苏省苏州、吴江、嘉兴、杭州、镇江、扬中等地考察乡镇企业发展状况。

发表《清华人的一代风骚》《〈城乡协调发展研究〉后

记》《关于内蒙古经济发展的一些意见》等文章;《旧燕归来》一书由江苏人民出版社出版。

《中华民族的多元一体格局》获北京大学学报首届优秀论文奖、北京大学第三届科研成果奖、北京市第二届哲学社会科学优秀成果特等奖。

1992年　1月,赴河北省沧州考察。

3月,考察广东省顺德、东莞、番禺;著《珠江模式的再认识》。

5月,赴山东省曲阜、临沂、日照、潍坊、邹平、泰安、济南考察;著《沂蒙行》。

6月,出席"北京大学社会学系建系十周年纪念会",做题为《孔林片思》的讲话。

7月,访问黑龙江省,在黑河与当地同志谈"出口、腹地和交通网络"的重要性。

8月,赴上海金山考察。

9月,赴甘肃省考察。赴江苏省苏州、吴江、张家港、昆山、南京等地考察城乡发展情况。赴香港参加北京大学、香港中文大学共同举办的首届"潘光旦纪念讲座";发表题为《中国城乡发展道路》的演讲。

10月,赴辽宁省沈阳市考察城市市区街道经济。

11月,担任中华炎黄文化研究会顾问。出席在江苏省无锡召开的"乡镇企业研讨会",发表题为《乡镇企业的新台阶》的讲话。

12月,赴地处黄河三角洲的山东省东营、滨州、淄博等地考察。赴沧州市考察;著《沧州行》。

《行行重行行》由宁夏人民出版社出版。

1993年　2月底至3月初，赴河北省邯郸市考察；著《邯郸行》。

3月，赴新加坡访问。

5月，赴广东省佛山、南海等地考察。赴湖北省武汉、孝感、潜江等地，考察当地庭院经济的发展状况。

6月，出席"全国乡镇企业发展与经营研讨班"，发表题为《展视中国的乡镇企业》的讲话。

9月，赴日本福冈接受该年度亚洲文化大奖。在日本福冈九州大学发表题为《关于人类学在中国》的演讲。

10月，出席北京大学第二届"潘光旦纪念讲座"。赴香港出席香港中文大学新亚书院座谈会，做题为《略谈中国社会学》的演讲。赴苏州出席香港中文大学、北京大学主办的，主题为"中国人观念与行为探讨"的第四届"现代化与中国文化"研讨会，做题为《个人·群体·社会》的演讲。第十六次访问江村。

11月，赴印度出席第四届英·甘地会议，发表题为《对"美好社会"的思考》的演讲，进一步阐释"各美其美，美人之美，美美与共，天下大同"的要义。被授予国际人类学、民族学联合会终身会员。

发表《寻根絮语》《〈史记〉的书生私见》等文章；《逝者如斯》由苏州大学出版社出版，《人的研究在中国》由天津人民出版社出版。

1994年　1月，赴香港，以邵逸夫爵士杰出学人身份访问香港中文大学逸夫书院，并做题为《近年来中国农村经济发展的几个阶段》的演讲。

2月，赴广东省、海南省考察。

5月，赴河南省考察，在信阳参加中原经济协作区第九届年会；著《信阳行》。

6月，赴山东省访问。

7月，赴山西省考察。

8月至9月初，访问菲律宾，接受菲律宾拉蒙·麦格赛赛"社会领袖"奖；发表题为《社会科学对中国农村发展的贡献》的演讲。

9月，赴河北省及山东省考察。

10月，赴江苏省考察，第十七次访问江村。赴安徽省蚌埠参加淮海经济区第九届市长专员联席会议，并考察凤阳小岗村、阜阳、蒙城等地。赴香港参加北京大学、香港中文大学主办的第三届"潘光旦纪念讲座"。

11月，赴河北省沧州，江苏省南京，福建省福州、福清、长乐、莆田，江西省鹰潭，浙江省杭州、温州考察。著《家底实　创新业》。

发表《近年来中国农村经济发展的几个阶段》《从史禄国老师学体质人类学》《从蚌龙想起》等文章;《芳草天涯》一书由苏州大学出版社出版。

1995年　3月，赴江苏省考察。

3月至4月赴上海浦东考察。

4月，赴广东省考察。赴河南省漯河、新密、项城、郑州等地考察；著《豫中行》。

5月，第十八次访问江村。

6月，在河北省广宗主持民盟中央扶贫工作现场会，会后访问无极。赴天津市考察，发表题为《天津献策》的讲话。出席北京大学第一届"社会文化人类学高级研讨班"，提交题为《从马林诺斯基学习文化论的体会》的论文；发表题为《继往开来，发展中国人类学》的讲话。赴贵州省考察。

7月，赴内蒙古自治区赤峰考察；著《三访赤峰》。

8月，赴辽宁省、黑龙江省考察。

9月，赴甘肃省考察。

10月，赴江苏省考察。参加北京大学、香港中文大学主办的第四届"潘光旦纪念讲座"及纪念北京大学社会学人类学所建所十周年学术座谈会，发表《开风气 育人才》的演讲。

11月，参加中共中央统战部组织的对张家港、吴县、吴江、昆山、常熟及浦东等地的考察。参加全国人大常委会执法检查组赴湖北省武汉、福建省南平，对教育法执行情况进行检查。出席"中国小城镇发展高级国际研讨会"，做题为《论中国小城镇的发展》的发言。

12月，赴云南省昆明参加纪念"一二·一"运动五十周年纪念活动。《行行重行行》获全国高等学校首届人大社会科学研究优秀成果社会学类一等奖。发表《农村、小城镇、区域发展》《小城镇研究十年反思》《晋商的理财文化》《开风气 育人才》等文章；《言以助味》由苏州大学出版社出版。

1996年　3月，赴江苏省镇江、扬中、江阴、南通、张家港、常熟、吴江考察沿江城市的港口交通发展及小城镇建设情况。

4月，赴河北省广宗及石家庄郊区考察。第十九次访问江村。

4月至5月，赴河南，在郑州主持"河南省跨世纪发展战略研讨会"。

5月，赴徐州、连云港考察亚欧大陆桥。参加由中央统战部组织的京九铁路沿线地区考察活动。

6月，赴徐州参加淮海经济协作区成立十周年大会。参加全国人大常委会执法检查组赴黑龙江省哈尔滨，检查教育法执行情况。

7月，赴辽宁省沈阳、鞍山、营口、大连、旅顺等地考察大中型企业的状况。

8月，出席"国际图书馆协会联合会第62届年会"，做题为《从小书斋到世界新型图书馆》的发言。

9月，赴山东省泰安及江苏省南京考察。参加全国人大常委会执法检查组赴上海，检查教育法执行情况；并在参加复旦大学第五届"潘光旦纪念讲座"后，赴吴江市参加北京大学主办的"中国文化对世界未来发展的贡献学术研讨会"暨贺费孝通教授从事学术活动六十年欢聚会；第二十次访问江村。

11月底，在民盟第七届中央委员会第五次会议上辞去民盟中央主席职务。任中国民主同盟名誉主席。

发表《简述我的民族研究经历和思考》等文章；《爱我家乡》由群言出版社出版、《学术自述与反思》由三联书店出版、《费孝通学术文化随笔》由中国青年出版社出版、《费孝通选集》由海峡文艺出版社出版。

1997年　1月，出席北京大学重点学科汇报会，做题为《开创学术新风气》的发言。出席北京大学社会学人类学研究所举办的第二届"社会文化人类学高级研讨班"，做题为《重读〈江村经济〉序言》和《反思·对话·文化自觉》的讲话。

3月，第二十一次访问江村。

4月，赴深圳参加"民盟京九沿线地区经济发展研讨会"，做题为《从京九铁路通车说开去》的讲话。赴香港出席香港中文大学、北京大学、台湾东华大学主办的，主题为"社会科学的应用与中国现代化"的第五届"现代化与中国文化学术研讨会"开幕式。做题为《人文价值再思考》的讲话。

7月1日，作为中国政府代表团主要成员之一，赴香港参加香港回归祖国的政权交接仪式。

8月至9月，赴辽宁省沈阳参加沈阳经贸洽谈会。参加全国人大常委会执法检查组，赴四川省成都检查"科技进步法"执法情况。

11月，参加全国人大常委会执法检查组贯彻"科技进步法"的执法检查：考察江西省九江、景德镇等地，提出该地区关于"机遇、基地、机构、基金、人才"的发展思路。

12月，在深圳参加"京九沿线地区经济合作与社会发展研讨会"，做题为《为京九沿线城乡发展提供一些意见》的讲话。

发表《青春作伴好还乡》《人文价值再思考》《上海浦东开发开放中的一个重要问题》《游滕王阁小记》等文章；《走出江村》由人民日报出版社出版、《行行重行行续集》由群言出版社出版。

1998年　2月，参加北京大学一百周年校庆活动，发表题为《完成"文化自觉"使命　创造现代中华文化》的讲话。

3月，第八届全国人大常委会副委员长任职期满，除保留北京大学教授一职外，辞去所有公职。

4月下旬，访问河北省衡水，继续对京九铁路沿线地区的实地调查（也叫"串糖葫芦"）。

5月，赴杭州参加国际学术研讨会，发表题为《中国农村工业化与城镇化发展》的论文。

5月底至6月初，访问山东省菏泽、聊城，继续对京九铁路沿线地区的调查。

6月，被推选为中华炎黄文化研究会会长。出席北京大学举办的"二十一世纪文化自觉与跨文化国际系列讲座"暨第三届"社会文化人类学高级研讨班"。发表题为《读马老师遗著（文化动态论）书后》《从反思到文化自觉和交流》《世变方激　赶紧补课》的讲话。

7月，赴山东省青岛、威海、烟台进行小城镇建设的考察。

9月，赴江苏省南京、淮阴、连云港、盐城、南通对苏北小城镇建设进行考察。

10月，赴西柏坡参加纪念"五一"口号发表五十周年纪念会。三访温州。

11月，赴香港中文大学参加王宽诚基金会的学术活动。

随即赴番禺接受该年度"霍英东杰出奖"。并考察东莞、顺德、中山、深圳、珠海、广州等地。

12月中下旬,再赴香港、参加由中华炎黄文化研究会、香港中文大学、香港中华文化促进中心联合主办的"中华文化与二十一世纪"国际研讨会,发表题为《中华文化在新世纪面临的挑战》。

发表《文化的传统与创造》《区域经济发展的新思考》等文章;《往事重重》和译著《甘肃土人婚姻》由辽宁出版社出版。

1999年　2月,与北京大学社会学人类学研究所研究人员座谈,发表《参与超越　神游冥想》的讲话。

3月,赴江苏省考察小城镇建设。

4月,赴河北省考察小城镇建设。在北京大学社会学人类学研究所举办的农村问题系列讲座上做题为《我的农村研究》的讲话。

5月至7月,赴江苏省高淳、靖江,上海市奉贤,浙江省温州,江西省赣州和湖南省长沙、株洲等地考察小城镇建设。

7月底至8月初,赴黑龙江省哈尔滨、佳木斯、同江对中国少数民族中的"小民族"情况进行考察。看望了赫哲族同胞,深入了解他们的生活经济情况。在与当地干部座谈时发表了题为《小民族　大家庭》的讲话。

8月,参加中华炎黄文化研究会举办的"99暑期座谈会"发表题为《必须端正对异文化的态度》的讲话。赴景德镇参加"99百年传统手工艺研讨会",发表题为《更高层次的文化走向》的讲话。

9月，赴衡水继续考察京九铁路沿线中心城市的发展情况。出席由民盟中央、清华大学、中央民族大学共同召开的纪念潘光旦先生诞辰一百周年座谈会，做题为《推己及人》的讲话。

10月，赴江苏省吴江，出席香港中文大学、北京大学、台湾东华大学主办的，主题为"面向二十一世纪的中国社会学与人类学"的第六届"现代化与中国文化研讨会"开幕式，做题为《重建社会学与人类学的回顾和体会》的演讲。

11月，参加上海大学上海社会发展研究中心揭牌仪式，并担任该中心主任，做题为《培养真正有学问的人才》的演讲。

12月，赴香港参加香港中文大学第55届毕业典礼并获得荣誉社会科学博士。后赴深圳、惠州、东莞、顺德、南海，对小城镇建设及城市现代化社区建设进行考察。

发表《区域经济发展的新思考》《我心中的爱国者》《家庭工业和私营企业》等文章。《费孝通文集》（十四卷本）由群言出版社出版。

2000年　3月，赴江苏省南京、吴江考察。

4月，赴上海市、深圳调查社区建设状况。

5月，到中国艺术研究研究院做有关"西部人文资源的保护、开发和利用"的学术报告。发表了《有关开发西部的人文资源的思考》的文章。

6月，赴常州考察；赴上海对社区建设进行考察；赴西安参加"陕西省实施西部大开发高级研讨会"发表题为《积极拥护、支持西部开发大战略》的讲话。并参观杨凌农业高科技示范区。

7月,赴上海市、厦门调查社区建设情况,并出席由中国人类学学会、北京大学、厦门市社会科学联合会主办的"二十一世纪人类的生存发展国际学术研讨会"暨第五届社会文化人类学高级研讨班,发表题为《新世纪 新问题 新挑战》的演讲。出席"国际人类学与民族学联合会(IUAES)中期会议",做题为《创建一个和而不同的全球社会》的主旨发言。

8月,赴沈阳、鞍山了解该地社区建设情况。赴昆明参加"云南民族文化大省建设第二次高级研讨会",并赴大理、丽江调查西部人文资源的开发和利用的情况。赴泉州参加"汉民族研究2000年国际研讨会"。在福州调查社区建设情况。

9月,赴江苏省吴江考察,并赴上海市调查社区建设情况。赴甘肃省兰州参加西北民族学院建校五十周年庆祝活动。

10月,赴辽宁省大连调查社区建设情况。赴江苏省吴江参加"2000年中国吴江贸易洽谈会"及"中小企业二十一世纪展望"座谈会,做题为《新形势 新探索》的发言。

11月,赴上海市参加"社区建设研讨会"及调研。赴广东省调查小城镇及社区建设情况。赴香港参加香港中文大学举办的"杨庆堃纪念座谈会"。参加中华炎黄文化研究会、北京大学、中国艺术研究院联合主办的"二十一世纪中华文化世纪论坛——经济全球化与中华文化走向国际学术研讨会",宣读题为《经济全球化和中国"三级两跳"中对文化的思考》的论文。

发表《关于当前城市社区建设的一些思考》《关于当前城市社区建设的再思考》《论西部开发中的文化产业》《故地重游多新见》《论西部开发中的文化产业》等文章。

2001年　3月至4月,赴江苏省、上海市调查小城镇建设及社区建设情况。

4月,参加清华大学九十周年校庆活动。

5月,赴广东省深圳参加中国少数民族和民族地区名、特、优、新产品交易会。赴浙江省考察。赴江苏省南通参加南通师范学院五十周年校庆。参加中华炎黄文化研究会成立十周年大会。

5月至6月,出席在沈阳召开的"中国古代玉器与传统文化学术研讨会",做题为《中国古代玉器和传统文化》的发言。

6月,参加中央民族大学五十周年校庆活动;参加中国民主同盟成立六十周年庆祝大会。在兰州主持召开"西部人文资源的开发利用研讨会",并发表了题为《九访兰州　两次讲话》的文章。

7月,赴四川省进行城镇化发展及西部人文资源保护开发利用的调研。赴甘肃省兰州参加由北京大学、西北民族学院主办的"第六届社会文化人类学高级研讨班",

发表题为《人类学与二十一世纪》及《民族生存与发展》的讲话。

8月,参加中华炎黄文化研究会暑期论坛工作座谈会。

9月,赴上海召开社区论坛座谈会。赴福建省厦门参加民盟部分省市基础教育研讨会。

10月,赴香港出席由北京大学、香港中文大学、台湾法鼓人文社会学院、东华大学联合主办的,主题为"科技发展与人文重建"的第七届"现代化与中国文化研讨会"开幕式。发表题为《进入二十一世纪时的回顾和前瞻》的讲话;后出席长城教育基金会主办的"中国西部少数民族地区教育发展研讨会"。

11月,赴海南省调研城市化发展情况。赴广东省调研城镇及城市化发展情况。

发表《关于"多元化的西部文化"和"文化生态失衡问题"的谈话》《再谈中国古代玉器和传统文化》《人类学与二十一世纪》等文章;群言出版社出版《费孝通文集》第15卷。

2002年　4月,赴上海市,参加上海大学举办的"社区建设理论研讨会",发表《对上海社区建设的一点思考》的讲话。

5月,赴山西省太原参加山西大学百年校庆。赴南京参加南京大学百年校庆,在"世界著名科学家论坛——科学与社会进步"上做题为《文化论中人与自然关系的再认识》的讲话;访问东南大学。

6月,参加天津南开大学社会学专业班毕业二十年聚会。

7月,赴吉林省长春,参观吉林大学文学院,被授予吉林大学名誉教授。并对长春城镇化及社区建设情况进行调研。赴上海参加上海欧美同学会主办的"上海及长江三角洲地区合作与发展国际研讨会",发表题为《上海作为国际大都市的回顾与前瞻》的论文。

8月,参加中华炎黄文化研究会暑期论坛工作座谈会。

10月,举行"费孝通教授从事学术活动65周年座谈会"。

11月,出席北京大学社会学建系二十周年庆祝大会做题为《继往开来建设二十一世纪中国的社会学》及《回眸七十年》的演讲。列席中国共产党第十六届全国代表大会开幕式。

发表《关于"文化自觉"的一些自白》《"补课"问题应引起知识界的注意》《哲学社会科学的春天》等文章。

《费孝通直译文集》(上下册)由群言出版社出版。

2003年　3月,参加北京中国高校校友海外联谊会主办的"费孝通教育基金"成立大会。赴南京调查城镇化建设发展情况。

4月至6月,赴上海市参加"世博会与上海城市文化精神座谈会"。

7月,访问黑龙江省大庆、哈尔滨;向中央有关部门提出《对大庆地质灾害治理的建议》和《对大庆利用俄原油的建议》。

8月,赴山西省太原参加"晋阳文化与民族精神"座谈会及中华炎黄文化研究会暑期论坛工作座谈会。

8月底至9月初,第十一次访问甘肃省,五访定西。赴陕西省西安调查城镇化建设情况;参观杨凌农业高科技示范区。

9月，赴广东省广州、东莞、深圳访问，了解"内地与香港更紧密经贸关系安排"（CEPA）正式签署后、广东省在推动包括粤港澳在内的泛珠江三角洲"9+2"计划的实施情况。

11月，获首届江苏省小城镇建设与研究终身成就奖。在"《小城镇　大问题》发表二十周年座谈会暨颁奖仪式"上发表题为《我的思路框架》的书面发言。

12月，在北京参加"纪念费孝通教授《小城镇　大问题》发表二十周年座谈会"，并发表了题为《再谈从小城镇到区域经济》的书面发言。

12月29日，生病住院。

2004年　在医院住院。

2005年　4月24日病逝。

后　记

　　五本一套的"费孝通精选集"终于编完了。为了编这一套精选集，编者花了近两年的时间重新阅读费孝通先生的作品，并记笔记。在这样的过程中编者增长了不少的知识，同时也提高了自己的思想境界，觉得阅读费先生的著作就是在不断地让自己的灵魂得到成长，让自己的眼界得到提升。为此，非常感谢商务印书馆给了编者这次难得的机会。费孝通先生已经逝世十五周年了，但他的学术思想的光芒不但没有退却反而更加强烈了，究其原因就在于他的研究是脚踏实地的，许多的思考和理论都是来自于中国的社会实践的现场研究，经得起时间的考验。另外，他曾说，他的研究是多维一刻的，即是站在此刻反思历史、正视当下、展望未来，而我们的今天就是他当年展望的未来，因此，他当年的研究不仅没有过时，还在继续照亮我们今天发展的路。编者编的这五个内容的研究，每一个内容都与当前中国社会发展息息相关，值得我们好好地去研读。由此也觉得自己参与这一工作中，非常荣幸所以不敢懈怠。

　　在这里我首先要感谢中林博士，我们的相识在于我们都在费孝通先生生前所在的北京大学社会学博士后流动站学习过，这个流动站是费孝通先生生前建起来的。中林因为年轻，他做博士后的时候费孝通先生已经去世，但费先生的书还是每位在站博士后

后 记

的必读书目，他的思想影响着后来进站的每一位博士后。

北京大学社会学人类学博士后流动站，在管理博士后工作的于惠芳老师的带领下非常团结，每年都有一个博士后回站日，坚持了近二十年，也因此，我和后面的师弟师妹们有了联系。而且，我还担任过一届博士后联谊会会长，中林是联谊会里面的骨干。我们一起商议要为费孝通先生学术思想的研究贡献点力量，这套书也由此而产生了。这也算是北京大学社会学人类学博士后们共同为费孝通先生的学术研究贡献一份力量，也是为了方便读者们研读和理解费孝通的学术思想出一份力。

在这套书出版之前，我要感谢张荣华先生，他既是费先生的女婿也是费先生的秘书，在费先生生前有关老先生的所有事务性的工作都是由他掌管，在我跟随费先生学习期间他为我提供了不少的方便，跟随费先生出门考察、到家去学习等都是由张荣华先生为我安排。出版这些书所需要的资料和照片也都是由他提供的，包括供编书参考的《费孝通全集》也是他送给我的。还有费先生的女儿费宗惠女士，由于经常去费先生家求教，还与费先生一起出行考察，得到过她的许多关照。每次与费先生谈话晚了，她都要留我吃饭。下午三四点，费先生要吃甜点，只要我在也会有我的一份，如今想起来心中充满温暖。现在她已作古，在这里对她表示深切的怀念，并以此书纪念费孝通先生，同时也纪念费宗惠女士。

方李莉

2020 年 4 月